Poderes Sindicais em Debate

PODERES SINDICAIS EM DEBATE: DESAFIOS E OPORTUNIDADES NA AUTOEUROPA, TAP E PT/ALTICE

AUTORES
Hermes Augusto Costa, Elísio Estanque, Dora Fonseca, Manuel Carvalho da Silva

EDITOR
EDIÇÕES ALMEDINA, S.A.
Rua Fernandes Tomás, nºs 76-80, 3000-167 Coimbra
Tel.: 239 851 904 · Fax: 239 851 901
www.almedina.net • editora@almedina.net

CENTRO DE ESTUDOS SOCIAIS, Universidade de Coimbra
Colégio de S. Jerónimo, Apartado 3087, 3000-995 Coimbra, Portugal
Tel.: +351 239 855 570 • Fax: +351 239 855 589
www.ces.uc.pt • ces@ces.uc.pt

REVISÃO
Ana Marta Ramos

DESIGN DE CAPA
FBA.

IMAGEM DA CAPA
Elísio Estanque

PAGINAÇÃO
João Jegundo

IMPRESSÃO E ACABAMENTO
ARTIPOL - www.artipol.net
1.ª edição: março, 2020

DEPÓSITO LEGAL
468619/20

Este livro contou com o apoio financeiro da Fundação para a Ciência e a Tecnologia (FCT/MEC), através de fundos nacionais e de fundos europeus FEDER através do Programa Operacional Competitividade e Inovação COMPETE 2020 no âmbito do projeto PTDC/IVC-SOC/3533/2014 – POCI-01-0145-FEDER-016808.

ALMEDINA | GRUPOALMEDINA

BIBLIOTECA NACIONAL DE PORTUGAL – CATALOGAÇÃO NA PUBLICAÇÃO

PODERES SINDICAIS EM DEBATE

Poderes sindicais em debate : desafios e
oportunidades na Autoeuropa, TAP e
PT-Altice / Hermes Augusto Costa... [et al.]. – (CES)
ISBN 978-972-40-8070-3

I – COSTA, Hermes Augusto

CDU 331

Poderes Sindicais em Debate

Desafios e oportunidades na Autoeuropa, TAP e PT/Altice

Hermes Augusto Costa
Elísio Estanque
Dora Fonseca
Manuel Carvalho da Silva

ALMEDINA

ces Centro de Estudos Sociais
Universidade de Coimbra

A Coleção CES/Almedina é o instrumento mais visível da produção científica atualmente desenvolvida no Centro de Estudos Sociais (CES) da Universidade de Coimbra.

Procura espelhar a atualidade e a interdisciplinaridade dos debates nas Ciências Sociais e Humanas que marcam a investigação aqui realizada.

Disseminar o trabalho de investigação e contribuir para a reflexão científica em curso constituem-se como os seus dois objetivos principais – sempre a partir de perspetivas históricas, culturais, políticas e sociológicas diversas, que não temam abraçar os novos desafios epistemológicos em emergência, sendo exemplo os diálogos com o Sul e desde o Sul.

A parceria que está na origem da Coleção procura potenciar as vantagens que resultam do encontro entre a produção científica realizada no CES – enquanto unidade de investigação de excelência reconhecida internacionalmente – e o prestígio das Edições Almedina.

Todos os manuscritos submetidos à Coleção CES/Almedina passam por um rigoroso processo de revisão por pares, em sistema de double-blind peer review.

Mais informações em www.ces.uc.pt/pt/publicacoes/ces-almedina

ÍNDICE

TERCEIRA PARTE
ANÁLISE EMPÍRICA: ESTUDOS DE CASO

INTRODUÇÃO

Este livro resulta do projeto de investigação «Reconstruindo o poder sindical na era da austeridade: três sectores em análise»,[1] realizado entre junho de 2016 e março de 2019. Quando o projeto começou a ganhar forma, em final de 2014, já o contexto laboral português tinha sido fustigado por uma profunda crise económica e social, ditada, por um lado, pela influência externa associada à intervenção da *troïka* (Banco Central Europeu, Fundo Monetário Internacional, Comissão Europeia) na sequência do pedido de resgate financeiro, em maio de 2011, e, por outro lado, pela adoção interna (concretizada sobretudo no XIX Governo Constitucional) de políticas de austeridade. E ainda que o arco temporal da investigação seja posterior à institucionalização da austeridade em Portugal, o objetivo delineado foi o de, inevitavelmente, olhar para esse passado recente de modo a procurar percecionar os impactos desestruturadores decorrentes desse período, em especial a sua incidência sobre o trabalho e os sindicatos. Além disso, procurámos igualmente proceder a um mapeamento dos caminhos de reconstrução e de recuperação sindical.

Na verdade, as organizações sindicais continuam hoje a enfrentar desafios de consolidação e renovação face aos processos de crise, quer os que lhes foram impostos «de fora» (com a austeridade), quer dos problemas vivenciados «por dentro» (défice de representatividade, de agregação de interesses

[1] A investigação realizada contou com o apoio financeiro da Fundação para a Ciência e a Tecnologia (FCT/MEC), através de fundos nacionais e de fundos europeus FEDER: o Programa Operacional Competitividade e Inovação COMPETE 2020, no âmbito do projeto PTDC/IVC-SOC/3533/2014 — POCI-01-0145-FEDER-016808.

ou de eficácia da ação sindical). Daí o propósito, por um lado, de proceder a um balanço crítico do património histórico do sindicalismo em Portugal e sobretudo, por outro lado, de fazer um levantamento das suas possibilidades de afirmação em sectores como o metalúrgico, dos transportes e das telecomunicações, também eles sujeitos a transformações e restruturações.

Na linha de investigações anteriores que realizámos (Costa, 2008a; Estanque e Costa, 2011; Silva, 2007b), também neste livro reconhecemos o lugar central do trabalho na sociedade e a sua valorização na edificação do modelo social que vingou na Europa. Por um lado, o Estado Providência e todo o edifício legislativo que consubstanciou o direito do trabalho e consagrou o compromisso capital/trabalho enquanto garante de fatores de estabilidade e segurança no salário, nos horários de trabalho e nas condições de trabalho; por outro lado, não podemos esquecer o histórico papel que o sindicalismo desempenhou ao conduzir largos sectores da classe trabalhadora a alcançar padrões de vida próximos da classe média. Em nosso entender, as lutas e conquistas democráticas protagonizadas pelos sindicatos constituem uma força decisiva como resposta à crise de vitalidade com que o sindicalismo se debate na atualidade. É nessa capacidade de reação, e subsequentes ações propositivas, que podemos encontrar contributos importantes na construção de novos caminhos para a sociedade numa conjuntura pós-crise.

Mesmo que vivamos hoje num contexto de «pós-austeridade» favorável à superação de algumas das barreiras decorrentes do processo de «desvalorização interna» (Silva *et al.*, 2017) a que a economia portuguesa foi sujeita, a prevalência de «leis» impositivas do(s) mercado(s) e das obrigações perante a União Europeia (UE), constitui, todavia, uma evidência de que a remoção das «pedras no caminho» foi apenas parcial. São estas tendências que justificam a necessidade de repensar o papel do sindicalismo, as suas diferentes modalidades de intervenção social específica e eventuais articulações com outras forças sociais, culturais e políticas, num tempo em que a fragilização da mobilização social evolui lado a lado com o persistente enfraquecimento da identidade coletiva da classe trabalhadora.

Na primeira parte do livro (capítulo 1) apresentamos e discutimos alguns dos debates recentes sobre poderes e processos de restruturação sindical. Trata-se, por um lado, de uma discussão mais ampla sobre a ideia de «poder social», articulada com contextos laborais, lógicas e culturas organizacionais.

Mas, por outro lado, como não poderia deixar de ser, trata-se sobretudo de uma análise mais *fina* sobre os poderes, isto é, os espaços onde o campo sindical pode colher os recursos de poder para a sua revitalização. Ainda que tal possa afigurar-se como contraditório, tanto mais que o trajeto sócio-histórico do sindicalismo está muito mais ancorado na ideia de «contrapoder» do que propriamente na ideia de «poder», não deixaremos de percorrer várias abordagens dos «recursos de poder» sindical por forma a empreender uma sistematização de propostas capazes de abrir caminho, antes de mais, no plano teórico. E implicitamente estamos também a dialogar com o célebre triângulo «classe-mercado-sociedade» proposto no início deste século por Richard Hyman (2001). Na verdade, em situações de crise (como a decorrente da austeridade) os sindicatos configuram-se como atores «de classe», pois continuam a realizar mobilização/luta em diferentes sectores profissionais e a promover greves e ações de protesto em distintos contextos, nacionais ou internacionais. São igualmente atores da «sociedade», pois abraçam estratégias de negociação e diálogo social sobre amplos temas económicos, sociais e culturais. E são ainda atores de «mercado», pois atuam em mercados de trabalho cada vez mais complexos, competitivos e internacionais, procurando influenciá-los sob múltiplas formas, atendendo a critérios como a qualificação da força de trabalho ou a adaptação a processos de inovação empresarial.

Na segunda parte do livro (capítulo 2) convidamos o leitor a um confronto com os «critérios analíticos» propostos para delinear a nossa análise nos três sectores já referidos (metalúrgico, dos transportes e das telecomunicações). Com efeito, nesses três sectores pretendemos estudar a atuação dos sindicatos tendo em conta os seguintes seis critérios de análise (alguns deles apresentados sob a forma de dicotomia): representatividade; qualificação; conflito/negociação; nacional/internacional; público/privado; inovação. Trata-se de seis enfoques conceptuais sob os quais se procura identificar a complexidade que cada um transporta, questionando as preocupações sindicais com as especificidades de cada um dos sectores. Se em algumas dessas linhas de análise se evidenciam, à partida, preocupações mais diretamente sindicais (como nos critérios representatividade; conflito/negociação; nacional/internacional), outras parecem apontar mais para especificidades sectoriais (como nos critérios qualificação; público/privado; inovação).

De igual modo, não deixamos de proceder a um cruzamento entre esses critérios e as formas de poder analisadas na primeira parte do livro.

A terceira parte do livro (capítulos 3, 4 e 5) é ilustrada pelos estudos de caso que combinam a vertente sectorial com a análise empresarial. Aí se procede a um cruzamento entre cada um dos casos e os critérios analíticos (mencionados na segunda parte do livro), à luz das transformações e reestruturações operadas em três empresas de referência no contexto português: a Autoeuropa (sector metalúrgico), a TAP Air Portugal (sector dos transportes) e a Portugal Telecom/Altice (sector das telecomunicações). Ainda que a tais empresas e sectores estejam associados critérios analíticos preferenciais, em cada capítulo da terceira parte testámos a hipótese segundo a qual a conceção dos sindicatos enquanto «classe», «sociedade» e «mercado» não está exclusivamente associada a um único sector de atividade. Com efeito, encontramos formas de negociação em sectores com tradições de luta e estratégias de conflito em sectores onde a paz social seria mais previsível ou orientados para mercados de bens não-transacionáveis, ou seja, que estão abrigados da concorrência externa. De igual modo, teremos ocasião de demonstrar que a prevalência dos critérios analíticos propostos para aferir a capacidade (ou não) de reconstrução do poder sindical é variável consoante os estudos de caso. O que significa que se, por um lado, encontramos situações de transversalidade, por outro encontramos especificidades que, muitas vezes, são ditadas por episódios associados aos processos de transformação das relações laborais que condicionam a ação sindical.

Embora a nossa premissa de partida se baseie, como dissemos, na ideia de que os sindicatos constituem uma força incontornável da qual depende em larga medida a coesão da sociedade (e o advento de uma economia mais sustentada no bem-estar dos trabalhadores), as dificuldades e bloqueios com que se vêm confrontando nas últimas décadas não escondem a enorme perplexidade perante o futuro, no plano nacional e internacional. Reconhecer e identificar os constrangimentos estruturais que incidem atualmente sobre o campo sindical significa explicitar o lugar conflitual que continuam a ocupar face a uma economia demasiado rendida às forças do mercado e do capital financeiro. Mas os caminhos de resposta às dificuldades que enfrentam terão de ser prioritariamente pensados em função dos recursos e iniciativas que os sindicatos possam mobilizar por iniciativa própria. E a outra face da moeda implica a elaboração de diagnósticos que, embora empenhados no reforço do campo sindical, assumam a busca de objetividade como um desígnio fundamental e a capacidade crítica como um princípio inquestionável.

PRIMEIRA PARTE

DEBATES SOBRE PODERES E RESTRUTURAÇÃO SINDICAL

CAPÍTULO 1

DOS DISCURSOS DA CRISE SINDICAL AOS DISCURSOS DO PODER

O ponto de partida deste capítulo assenta numa reflexão sobre a «crise do sindicalismo». Para tal, será sempre necessário atender às «variedades de sindicalismo» a fim de apresentar uma perceção mais apurada, no quadro de tais diversidades, das fraquezas e das forças do campo sindical tal como o conhecemos. Mas o facto de partirmos das dificuldades — crise, bloqueios, debilidades, recuos e vícios diversos — com que o movimento sindical se vem debatendo desde há várias décadas, em particular nos países ocidentais e na Europa, não significa que descuremos quer todo o potencial de conquistas que os sindicatos proporcionaram às sociedades modernas, quer o papel decisivo que ainda hoje ocupam enquanto pilares insubstituíveis dos sistemas democráticos e do Estado de direito na defesa dos trabalhadores. É, aliás, devido a essa função que continuam a ser indispensáveis na defesa dos direitos, liberdades e garantias numa sociedade coesa, justa e plural, de acordo com os valores humanistas das democracias mais avançadas.

Além do legado teórico sobre o sindicalismo e as relações de trabalho, a discussão que pretendemos expor recusa acantonamentos rígidos, pelo que, em vários momentos, a reflexão deverá abrir-se a outros contributos, como é o caso da teoria das organizações. Essa ligação poderá ajudar a uma visão mais ampla e rica, ao assumir um registo interescalar em torno dos fenómenos de poder. Por exemplo, a abordagem sobre a «fontes de poder» informal nas organizações (Bernoux, 1995) revelou-se muito adequada na análise dos estudos de caso em que a variável organizacional e da «cultura de empresa» se assume como central. A partir dessas premissas teóricas procuraremos delinear as hipóteses explicativas que abrirão caminho à análise dos estudos de caso, centrados na realidade portuguesa, mas sem perder de vista o seu enquadramento europeu e internacional.

As principais abordagens centradas nos «recursos de poder» do campo sindical procuram, assim, sistematizar algumas das propostas e perspetivas de análise que, em especial no domínio da sociologia, têm animado os debates contemporâneos nesta matéria. Sem essa problematização em torno da crise e do poder sindical não seria possível uma perceção das possibilidades de renovação do movimento sindical à luz das tendências em curso na esfera económica e laboral nos finais da segunda década do século XXI. Daí que na derradeira secção deste capítulo chamemos também a atenção para a revitalização do sindicalismo, que, caso se concretize, deverá refletir-se em diferentes domínios, desde os aspetos mais estruturais da sociedade e da economia aos mais próximos da atividade interna dos sindicatos, enquanto organizações complexas e permeáveis à transformação social.

1.1. Problematizando a ideia de crise sindical

O problema da crise do sindicalismo há muito tem sido apontado por diversos especialistas. Mas hoje a profundidade das transformações estruturais no mundo laboral obriga-nos a colocar a interrogação: *será que o campo sindical permanece enleado numa crise de que poderá sair com maior ou menor dificuldade, ou antes mergulhou numa entropia estrutural de que já não consegue livrar-se?* No início deste século, Peter Waterman (2002) enunciava as suas fragilidades em vários domínios, designadamente a tendência para uma forte resistência à mudança. Em larga medida devido ao impacto da globalização e da livre circulação de capitais, bens e serviços à escala transnacional, mas também na sequência da desindustrialização, da revolução tecnológica e do crescimento do sector dos serviços, o sindicalismo há muito dava sinais de debilidade. Com o capital e os seus fluxos a operarem no plano global, os sindicatos continuaram a centrar-se na escala nacional, pois tanto a ação reivindicativa quanto a construção do diálogo social continuaram muito circunscritos aos Estados nacionais.

Se à partida isso poderia parecer facilitar a missão de solidariedade internacionalista do movimento sindical, tal não se veio a verificar, antes pelo contrário. Apesar da «interconetividade reticular» (Waterman, 2002), da comunicação e do diálogo através dos meios digitais desenvolvidos pela quarta revolução digital, os sindicatos parecem não saber tirar desses meios o potencial organizativo que eles podem oferecer. É visível a dificuldade na passagem à ação criativa e na promoção de novos repertórios e redes de ativismo informático alicerçadas, por exemplo, nas novas tecnologias de informação e comunicação (TIC). As matérias salariais não deixaram de ocupar o topo das prioridades das lutas sindicais — de facto até voltaram a ganhar importância —, mas isso não se traduziu numa melhor articulação com a comunidade alargada, com outros movimentos sociolaborais e categorias não sindicalizadas ou não passíveis de sindicalização.

Por outro lado, a própria ideia de crise sindical e as discussões que tem suscitado ao longo de várias décadas exigem que o nosso olhar se centre não apenas nos contextos económico e laboral mas também no sindicato enquanto organização. O sindicato é uma realidade social estruturada, composta por uma multiplicidade de dimensões — desde os comportamentos mais visíveis às táticas, jogos de poder, alianças e estratégias, em que os atores reclamam para si uma certa margem de autonomia — e onde os seus principais líderes e protagonistas ocupam um lugar de destaque no palco mediático que uma posição de topo oferece. A questão da liderança não exprime apenas as competências e qualidades dos dirigentes na defesa dos interesses de uma «classe» profissional. Revela, ao mesmo tempo, uma performance que a sociedade pode identificar, reconhecer e valorizar, revertendo tal reconhecimento em capital simbólico em benefício de quem está sob os holofotes. Também o líder incorpora poder. Não só o poder que lhe é diretamente delegado pelos associados, mas também o que advém da força dos aparelhos e recursos internos que controla. O dirigente reforça o seu *status* quando se expõe e se assume como representante de muitos, em especial se a sua ação é bem-sucedida. Também a este propósito podemos invocar Max Weber ao lembrar que o significado da ação social não se confunde com as intenções, nem o estatuto de cada um pode ignorar a componente estético-expressiva que emana da sua visibilidade pública.

Duas expressões complementares podem ser utilizadas para questionar a ideia de crise no universo sindical. Por um lado, é lícito falar em «crise de sindicalismos» (no plural), pois a ideia de crise afetou a organização sindical um pouco por todo o mundo e atingiu correntes muito distintas. Por outro lado, o uso da expressão «crises do sindicalismo» não só sugere que há distintos fatores que explicam a tendência de quebra, como assinala que os diferentes países foram afetados de forma distinta por essa diversidade de fatores de crise e dinâmicas de mudança do mercado de trabalho (Costa, 2008a; Estanque, Costa e Silva, 2015).

Um dos mais prestigiados estudiosos do sindicalismo europeu, Richard Hyman, já há um quarto de século afirmava que apenas uma minoria de movimentos sindicais atravessara uma crise genuína em matéria de sindicalização (Hyman, 1994). Porém, as circunstâncias em que evoluiu o mundo laboral alteraram-se substancialmente nas últimas décadas. Em contraponto com o velho *slogan* comunista, segundo o qual a vanguarda transformadora é constituída por «aqueles que nada têm a perder a não ser as suas próprias correntes», a maioria destas análises concorda que os mais vulneráveis foram os que mais sofreram, mas foram regra geral os mais fortes que resistiram melhor e alcançaram conquistas mais duradouras. Assim, o declínio de um dos principais indicadores de crise — a taxa de sindicalização (ver adiante capítulo 2) — é mais o produto de mudanças estruturais no emprego do que propriamente um sinal de uma rejeição do sindicalismo. Por um lado, devido à terciarização das economias, principalmente na Europa, assistiu-se ao desaparecimento de empregos em sectores de grande densidade sindical (de trabalho dos *blue-collar*). Por outro lado, surgiram novos empregos em sectores e ocupações (como os serviços privados ou o trabalho *white-collar*, onde o sindicalismo tradicionalmente apresentou maiores debilidades), cuja realidade mudou profundamente a partir da segunda metade do século XX. Com efeito, é necessário atender a outras abordagens, nomeadamente da sociologia britânica, onde já desde a década de sessenta se destacava o crescimento da força sindical no sector dos serviços e entre profissões de classe média (Giddens, 1973; Parkin, 1978). Na verdade, estas fortaleceram-se significativamente com o crescimento do Estado Providência, passando a assumir um maior protagonismo, justapondo de modo mais direto a negociação e o conflito, o neocorporativismo das lutas laborais e o seu impacto na transformação estrutural das sociedades, incluindo nos processos de mobilidade social (Goldthorpe, 1969; 1989).

É uma tendência consensualmente aceite o recuo dos sindicalizados e da sua capacidade de mobilização (mormente em torno da greve), mas convém atender à diversidade de situações no cenário internacional (Ross, 1996). Na Alemanha, por exemplo, a ação sindical não só privilegiou historicamente a cogestão e os compromissos institucionais de tipo reformista, como permitiu conjugar remunerações elevadas com aumentos de produtividade e ainda garantiu o ajustamento tecnológico aos processos de organização do trabalho, não obstante recuos nas condições laborais na primeira década deste século. Num contexto mais recente, a pressão sindical foi decisiva para a introdução (desde 2015) do salário mínimo e de uma nova regulação da extensão de convenções coletivas (Däubler, 2014), situação que contrastou com o que sucedeu na periferia da zona euro, desde logo no caso português, em especial durante os anos mais duros da austeridade, entre 2011 e 2014 (Costa, 2012; Leite *et al.*, 2014; Silva *et al.*, 2017).

É um facto que o movimento sindical atravessou (e atravessa) um recuo à escala internacional, ainda que se trate de uma tendência não homogénea e até desigual ou ambígua (Crouch, 2017). Nalguns países, o cenário foi mais negativo: nos Estados Unidos da América e na França, a sindicalização manteve-se em níveis baixos; na entrada do século em curso também países como o Brasil, o México, a Argentina, o Chile ou a Bolívia registaram declínios nas taxas de sindicalização e no número de greves (Boito Jr., 2003; Santos, 2006). Em sentido contrário, houve países em que o sindicalismo registou progressos: não só quando se manteve mais ou menos estável (Canadá), como também quando se criaram condições de florescimento sindical (países do Leste europeu) ou até de início de uma organização mais autónoma do movimento sindical (em alguns países asiáticos a atravessar processos de industrialização mais recentes) (*idem*).

O cenário que se vinha desenhando nas últimas duas décadas do século passado agravou-se com a entrada no novo milénio. Não obstante algumas experiências de conversão de velhas práticas sindicais em estratégias inovadoras (Kloosterboer, 2008), a crise sindical é uma realidade, ainda que, como já advertimos, as suas manifestações, causas e efeitos sejam diferenciados entre países, apesar dos «arranjos institucionais» em que os sindicatos participam (Stoleroff, 2013). Através dos discursos da crise sindical, é não só a identidade do trabalho e do trabalhador que é posta em causa (Catalano, 1999), como o são os mecanismos de regulação propiciados pela negociação coletiva ou as estratégias de solidariedade (Rosanvallon, 1988; Castel, 2008).

É possível sintetizar alguns dos debates em curso sobre a crise sindical e identificar fatores relevantes que terão contribuído para despoletar a tendência de fragilização do sindicalismo: 1) fragmentação de interesses em torno da classe trabalhadora, provocada pela diferenciação, segmentação e flexibilização dos mercados de trabalho, induzidos pela globalização neoliberal; 2) peso excessivo da economia financeira sobre a «economia real», o que subalternizou e subverteu o valor do trabalho produtivo, comprometendo igualmente os índices de remuneração e qualificação; 3) constrangimentos colocados ao desenvolvimento do trabalho sindical numa base estruturada e continuada; 4) fragilização dos laços de solidariedade entre os trabalhadores e da fidelidade ao sindicato, como corolário do individualismo e do deslaçamento social das atuais sociedades; 5) perda de representatividade sindical e o consequente défice de mobilização de trabalhadores para as ações de luta; 6) limitado alcance das ações de luta transnacional do sindicalismo, fazendo do «internacionalismo» uma «metáfora adiada» (Costa, 2008a), em favor de prioridades nacionais; 7) excesso de proximidade e até de dependência de estratégias partidárias, não obstante a proclamada autonomia (face a partidos políticos e outros fatores externos) consagrada nos estatutos das organizações sindicais; 8) uma frágil política de alianças sociais entre os sindicatos e outros atores sociolaborais (redes, movimentos, etc.) ou outros públicos não sindicais (Rosanvallon, 1988; Waddington, 2005; 2014; Silva, 2007a; Kloosterboer, 2008; Costa, 2008a; 2017b; 2018a; Estanque, 2012a; Sousa, 2011; Estanque e Costa, 2011; 2013; 2014; Estanque, Costa e Silva, 2015; Costa e Estanque, 2019).

Estes múltiplos focos de crise sindical não podem, claro está, dissociar-se das tendências estruturais mais globais e da conjuntura económica da última década. As crises no território Europeu e a austeridade geraram um processo de «integração desagregadora» (*divisive integration*), sendo cada vez mais visíveis as clivagens entre sindicatos de um mesmo grupo de países e também entre países (Paugam, 2000; Dubet, 2014; Lehndorff *et al.*, 2017), um processo que, aliás, se vem revertendo numa generalização do que chamaríamos hoje uma «exclusão precarizadora», particularmente intensa nos países periféricos do sul da Europa. Quer na Europa quer na América do Norte, o consenso político em torno do sindicalismo tem vindo a sofrer uma erosão, nos planos da prática política e das propostas programáticas ou discursivas (Gumbrell-McCormick e Hyman, 2013). Na América Latina o fenómeno tem assumido particularidades, mas evidencia igualmente tendências preocupantes, designadamente no caso do Brasil onde, por um lado, se verificou durante o «lulismo» um forte reforço institucional do campo sindical, mas, por outro, o sindicalismo se viu descredibilizado justamente por ter-se deixado confundir (sobretudo a corrente «Cutista» maioritária) com o aparelho de Estado e distanciado dos movimentos populares mais genuínos. Assim, apesar da enorme informalidade, da pobreza e da exclusão que caracterizam a classe trabalhadora brasileira, e até da crescente «proletarização» do sector dos serviços, as lutas sociais daquele país desligaram-se do sindicalismo e, em muitos casos, foram instrumentalizadas por correntes populistas e interesses instalados (Antunes, 2013; Braga, 2012; Ferraz, 2013; Oliveira *et al.*, 2014).

A globalização trouxe consigo desafios que desestabilizaram os sistemas nacionais de relações laborais alicerçados na relação triangular entre sindicatos, empregadores e governos, enfraquecendo a capacidade de regulação exercida pelos sindicados no plano nacional. As transformações ao nível da organização e do processo de produção, como por exemplo a substituição de trabalhadores estáveis por uma força de trabalho precária, conformaram uma classe trabalhadora estruturalmente desagregada, minando as bases tradicionais do poder de negociação dos trabalhadores. Concomitantemente, a deslocação dos centros de produção para regiões de salários mais baixos, de menor proteção social e sem tradição sindical, o *outsourcing* de atividades-chave, etc., criaram pressões adicionais sobre os sindicatos. Mas estes lidam também com outros efeitos, nomeadamente com os resultantes da sua estrutura interna (Frege e Kelly, 2003), como sucede com os fenómenos burocráticos. Os efeitos da estrutura interna revelam-se na adoção de um conservadorismo «imobilizador», muitas vezes transformando os sindicatos em organismos voltados para si próprios e pouco permeáveis à mudança. Igualmente, não deve ser esquecido que as condições de comunicação e de «negociação» no seio das organizações são permanentemente condicionadas pelas relações de poder que as atravessam.

Contudo, na esteira de Silver (2003), é importante salientar (como já deixámos antever) que, ao mesmo tempo que é visível o recuo do sindicalismo em algumas partes do globo, em outras o movimento sindical tem dado sinais de vitalidade, seguindo a deslocação do capital produtivo para paragens mais atrativas. A interpretação de Silver vem, pois, questionar a «unidirecionalidade» do impacto das transformações na organização da produção sobre o trabalho e o movimento sindical, reconhecendo que as transformações introduzidas podem, ao aumentar as ramificações geográficas de disrupção, potenciar a vulnerabilidade do capital e, assim, o poder de negociação dos trabalhadores. Atentemos então em distintos cenários.

1.2. As variedades do sindicalismo

Como sugerimos na secção anterior, o cenário de crise sindical, apesar de dominante, não é transnacionalmente uniforme, pelo que faz sentido falar em várias formas de enquadrar o papel do sindicalismo. Assim sendo, no quadro das variedades de sindicalismo, são frequentemente identificados quatro tipos de regimes Europeus ocidentais: países nórdicos, centrais, do sul e anglófonos (Bernaciak *et al.*, 2014; Gumbrell-McCormick e Hyman, 2013; Costa, 2018a; Costa e Estanque, 2019). Os principais desafios variam consoante o país e os seus impactos são mediados pelos contextos institucionais e pelas estratégias, recursos de poder e inter-relações entre os atores-chave (governos, empregadores e sindicatos). No quadro 1 são apresentadas as principais características dos quatro tipos de regimes que a literatura tem abordado de forma mais ou menos consolidada. Porém, a esses quatro modelos acrescentámos um quinto grupo de países, relativo ao modo como se configuram as estruturas sindicais nos países de Leste (os chamados «modelos em transição»).

Os países nórdicos (Suécia, Dinamarca, Noruega e Finlândia) são os que apresentam as taxas de sindicalização mais elevadas da Europa — os sistemas «Ghent» são um forte incentivo à filiação sindical, a par do costume e da tradição social mencionados por Visser (2002). O sistema de relações laborais baseia-se num compromisso de classe institucionalizado entre organizações de trabalhadores e de empregadores abrangente e forte. O contexto sindical não é marcado por divisões ideológicas. Ao invés, as organizações são de natureza sectorial e ocupacional: trabalhadores manuais, de colarinho branco e profissionais ou com formação superior.

Os países da Europa central (Alemanha, Áustria, Suíça, Holanda e Bélgica) pautam-se por uma tradição de diálogo social forte e materializada em instituições tripartidas. Os sindicatos são envolvidos na formulação e administração de políticas públicas, e, apesar da densidade relativamente baixa, a cobertura da negociação coletiva é alargada e extensível a empregadores/empresas não signatários. Os sindicatos do sector privado são particularmente fracos e as comissões de trabalhadores são normalmente dominadas pelos representantes sindicais, enfrentando a ameaça da internacionalização e descentralização das empresas. Em geral, os sindicatos gozam de um apoio institucional forte, estando por isso menos expostos à erosão dos poderes associativo e organizacional.[2]

O modelo de sindicalismo dos países do Sul (França, Itália, Espanha, Portugal e Grécia) tem na sua base um contexto muito específico: industrializações tardias, autoemprego elevado, predomínio de pequenas e médias empresas, e uma tradição de partidos comunistas fortes e de movimentos operários e sindicatos ideologicamente divididos, entre outras coisas. As relações laborais são muito politizadas, marcadas pelo conflito e orientadas para a negociação com o governo, sendo que a regulação do emprego depende mais da legislação que da negociação coletiva. Os recursos financeiros dos sindicatos derivam principalmente de subsídios estatais indiretos.

Os países anglo-saxónicos (Inglaterra e Irlanda) apresentam uma base legislativa fraca no que diz respeito ao emprego e aos direitos sindicais, e os sindicatos debatem-se com a hostilidade dos governos de uma forma geral. O poder institucional dos sindicatos é por isso limitado, sendo que estes dependem essencialmente dos seus poderes associativo e/ou organizacional e societal. As divisões ideológicas não são um fator importante neste grupo de países. O campo sindical encontra-se organizado de acordo com ocupações e indústria, predominando sindicatos gerais, de grande dimensão. A negociação coletiva multiempregadores no plano sectorial é praticamente inexistente, o que significa que os sindicatos têm de conquistar o reconhecimento empresa a empresa.

Por fim, um quinto conjunto de países abrange os países de Leste. Estes caracterizam-se por estruturas de representação fracas e fragmentadas. Dividem-se

---

[2] Os recursos de poder sindical serão abordados com detalhe mais à frente.

em dois subgrupos: Estados Bálticos (Estónia, Letónia, Lituânia) e Países do Visegrado (Polónia, Hungria, República Checa, Eslováquia). Os primeiros apresentam uma densidade sindical bastante baixa. Os sindicatos e outras estruturas representativas são excluídos da formulação de políticas, e a cobertura da negociação coletiva é diminuta. Os Países do Visegrado caracterizam-se por um tripartismo fraco, relações laborais conflituais e uma negociação coletiva descentralizada, com acordos sectoriais escassos e uma utilização diminuta dos mecanismos de extensão.

Quadro 1 — As variedades do sindicalismo no contexto europeu

	Países nórdicos[a]	Países centrais[b]	Países do sul[c]	Países anglo-saxónicos[d]	Países de Leste[e]
Elementos do contexto	Sistema Ghent; Partidos social-democratas fortes; Estados Sociais igualitários.	Coligações multipartidárias; Estados Sociais menos igualitários; Centrais sindicais e sindicatos na formulação/administração de políticas públicas.	Industrialização tardia, peso do sector agrícola, percentagem elevada de autoemprego e de pequenos empresários frequentemente antissindicatos; Peso da Igreja Católica (obstáculo à modernização); Ditaduras (Portugal, Espanha, Grécia); Tradição de partidos comunistas fortes.	Economias de mercado liberais; Base legislativa fraca (direitos laborais e sindicais).	Modelos de transição (capitalismo e economia de mercado) Estados Bálticos: reestruturação difícil, desemprego e desigualdades salariais crescentes; integração na UE (implementação de disposições sociais consagradas na legislação europeia); níveis salariais e gastos públicos abaixo da média europeia. Países do Visegrado: posição intermédia (economias de mercado maduras na fase comunista); preservação do Estado Social; investimento estrangeiro; renovação da base industrial.
Modelo de relações laborais	Compromisso de classe institucionalizado Organizações de trabalhadores e de empregadores fortes e abrangentes; Sindicatos e centrais sindicais de trabalhadores manuais, de colarinho branco e profissionais.	Tradição de diálogo social e instituições tripartidas; Conselhos de empresa (dominados por representantes sindicais).	Movimentos operários e sindicatos ideologicamente divididos; Relações laborais conflituais e politizadas; Primado do legislado sobre a negociação coletiva.	S/ divisões ideológicas; Sindicatos: natureza sectorial e ocupacional; Predomínio de sindicatos gerais de grande dimensão.	Estruturas de representação fracas e fragmentadas; Papel dominante do Estado na formulação e implementação dos objetivos das políticas sócio económicas; Tripartismo fraco. Eslovénia (exceção): posição importante dos sindicatos; acordos tripartidos e pactos sociais.
Taxa de sindicalização e Densidade Sindical	Mais elevadas da Europa (Suécia e Dinamarca).	Densidade sindical relativamente baixa.	Baixas ou muito baixas (caso da França).	Densidade sindical relativamente baixa.	Densidade sindical extremamente baixa (com a exceção da Eslovénia).
Negociação Coletiva	Instrumento de regulação do emprego articulado pelos sindicatos (Suécia e Dinamarca).	Cobertura alargada (sectorial e/ou intersectorial).	Negociação coletiva institucionalizada, mas redução da cobertura e descentralização.	Baixa cobertura das convenções coletivas; Predomínio da negociação ao nível da empresa.	Estados Bálticos: cobertura extremamente baixa. Países do Visegrado: negociação coletiva descentralizada, escassez de acordos sectoriais, procedimentos de extensão raramente usados. Eslovénia: cobertura alargada das convenções coletivas.

[a] Suécia, Dinamarca, Noruega e Finlândia.

[b] Alemanha, Áustria, Suíça, Holanda e Bélgica.

[c] França, Itália, Espanha, Portugal e Grécia.

[d] Inglaterra e Irlanda.

[e] Estados Bálticos (Lituânia, Letónia, Estónia), Roménia, Bulgária, Eslovénia, Países do Visegrado (Polónia, Hungria, República Checa, Eslováquia).

Fonte: Elaboração dos autores com base em Gumbrell-McCormick e Hyman (2013)

Como indicam Gumbrell-McCormick e Hyman (2013), as expressões da crise do sindicalismo são mediadas pela interação entre os diferentes tipos de capitalismo e de sindicalismo e fatores externos — aos quais acrescentamos os fatores internos que decorrem do próprio funcionamento e trajetória dos sindicatos —, sendo importantes os tipos de relações em que os sindicatos se encontram envolvidos. Estas relações são de quatro tipos: (i) com os membros e apoiantes, levantando questões de democracia e responsabilidade (lógica da filiação); (ii) com os empregadores, colocando as questões do reconhecimento e da distribuição, mas também da produção do lucro (lógica da influência); (iii) com os governos, envolvendo questões de enquadramento económico e jurídico das relações laborais, o estatuto de representação dos sindicatos na formulação de políticas (lógica da influência); e (iv) com a sociedade civil (ou opinião pública), que se tornou cada vez mais importante face à diminuição dos recursos internos dos sindicatos e busca de legitimação externa e de alianças com outras organizações não-governamentais, transcendendo por isso a divisão entre as lógicas da filiação e da influência.

1.3. As abordagens dos recursos de poder

A noção de «recursos de poder» tem implícita a existência de uma relação social de interdependência assimétrica entre diferentes atores sociais. O poder não é uma «coisa» ou um recurso fixo, mas uma relação dinâmica. Numa visão *weberiana*, trata-se de uma relação social entre atores em que um deles está em condições de alterar o comportamento dos outros independentemente da sua vontade e da base em que essa possibilidade repousa. São conhecidas as formas de legitimação ou de autoridade em Max Weber: a tradição, a base racional-legal e o carisma. Estas formas favorecem a aceitação ou o consentimento, mas, sendo tipos-ideais, surgem em geral associadas ao poder coercivo, isto é, aquele que em última instância pode recorrer ao uso da força para ser cumprido. Sendo esta uma perspetiva adequada ao entendimento da dinâmica de grupos, convém lembrar que — no campo produtivo em particular — o sistema económico capitalista estabelece desde logo uma forte assimetria estrutural que coloca o assalariado na posição subalterna perante a hierarquia que serve o capital. Podemos, pois, situar Weber no esquema teórico de Marx para melhor entendermos a complexidade do poder e a variedade de jogos que ele prescreve nas relações sociais em diferentes níveis de análise.

É a partir dessa conceção mais geral de poder enquanto relação social que a abordagem dos recursos de poder sindical — *power resources approach* — deve ser perspetivada. Ainda que o sindicalismo tenha sido originariamente concebido como «contrapoder» (no sentido político do termo, sublinhe-se), o que é facto é que ao longo da sua história, fosse para avançar nas conquistas e direitos que foi construindo, fosse para transcender as crises e a repressão que por vezes o atingiram, os sindicatos foram capazes de reinventar formas de ação e consolidar novas fontes de influência e de poder. A superação da «crise» pode ocorrer por via de uma redinamização do «poder abalado» do sindicalismo (Costa, 2008a), e é nesse sentido que a abordagem dos recursos de poder remete para a génese do movimento operário, ou seja, recuperando a premissa básica de que a força de trabalho pode defender os seus interesses com sucesso através da mobilização coletiva (Lehndorff *et al.*, 2017). O conceito de «poder sindical» tem suscitado diversas problematizações e desdobramentos: a) a capacidade sindical associada às competências dos atores; b) os arranjos institucionais sob os quais os atores operam (reflexo de relações de poder passadas); c) as estruturas de oportunidades (económicas, políticas, organizacionais); e d) as capacidades de outros atores no seio destas relações (Lévesque e Murray, 2002; 2005; 2010).

Uma proposta fundadora foi apresentada por Richard Hyman, que concebe o poder sindical como envolvendo três vertentes: a) a obtenção dos objetivos delineados pelos sindicatos num contexto de resistência; b) um enquadramento legal e institucional que legitime as ações previstas na agenda sindical; e c) a capacidade para influenciar as atitudes e perceções de empresários e governos, bem como do público em geral e dos próprios associados, de modo a criar um clima ideológico favorável à sua atuação (Hyman, 1994). Por sua vez, Jelle Visser (1995) considera que a força dos sindicatos se encontra presente em três tipos de poder: organizacional, institucional e económico.[3] O poder organizacional consiste na capacidade dos

[3] Esta tipologia de Visser encontra correspondências noutros autores: por exemplo, na proposta de Schmalz e Dörre (2013), o poder económico corresponde ao *marketplace*

sindicatos: a) mobilizarem e recrutarem membros; b) agregarem o pessoal operacional, técnico e de supervisão e a produção direta e indireta dos trabalhadores numa única organização; c) evitarem a fragmentação dos sindicatos profissionais; d) susterem divisões ideológicas; e) trabalharem com estruturas partidárias sem caírem na dependência delas; f) construírem uma extensa organização externa com ramos ao nível da empresa e um controlo centralizado dos processos de decisão.

Outra leitura realça contornos mais específicos da questão do poder (Jensen, Madsen e Due, 1995), por exemplo, distinguindo entre poder conflitual e poder político. O primeiro remete para os contextos de maior tensão, combatividade, protesto, ação coletiva ou greve. Esta forma de poder esteve muito presente no contexto de austeridade, designadamente no retrocesso verificado nos direitos sociais nos países da periferia da zona euro (Campos Lima e Martín Artiles, 2011; Costa, Dias e Soeiro, 2014). A outra forma de poder — o poder político — é igualmente indissociável da ação sindical e encontra concretização no exercício de pressão e influência sobre os atores políticos institucionais sempre que uma diversidade de fatores (salários, carreiras, condições de trabalho, etc.) são objeto de desvalorização por parte desses mesmos atores, gerando-se instabilidade no sistema de relações laborais. Em nosso entender, trata-se de duas formas de poder complementares, sendo uma mais evidente no espaço público (nas ruas) e outra no domínio dos mecanismos institucionais e das instituições de representação política.

Por sua vez, a perspetiva de Erik Ollin Wright (2000) estabelece uma distinção entre «poder estrutural» e «poder associativo». O primeiro refere-se à posição dos trabalhadores assalariados no sistema económico, tratando-se de um recurso de poder primário, que não depende da existência de uma representação coletiva de interesses. Neste sentido, é fundamental termos presente que o sistema social é estruturado em classes sociais e camadas estratificadas da força de trabalho, pelo que a própria estrutura da economia — distribuição de riqueza, propriedade, capital educacional, *status,* etc. — produz uma variedade de condições fundadas em desigualdades e fontes de poder muito distintas, o que, desde a génese do capitalismo, obriga a que

bargaining power, enquanto o poder institucional corresponde ao *workplace bargaining power*, que remete para o estatuto dos trabalhadores no processo produtivo.

quem não possui outros meios de subsistência seja obrigado a «vender» a sua força de trabalho em troca de um salário. Assim, esse poder estrutural, desequilibrado, já está lá, inscrito no sistema socioeconómico. Os sindicatos surgiram exatamente na sequência dessa relação estrutural que o capitalismo moderno construiu, fundada no antagonismo capital-trabalho. A ausência de poder individual fez surgir a identidade de classe e a ação coletiva como fator decisivo que travou o mercantilismo selvagem do século XIX (Tilly, 1975; Thompson, 1989).

As diferentes linhas de desenvolvimento que a partir daí foram surgindo variaram largamente em função das lutas sociais e da capacidade de cada sociedade, de cada Estado, de imprimir mudanças que fossem, ou não, ao encontro de modelos sociais mais justos e equilibrados. O descontentamento dos trabalhadores e a reconversão das «classes económicas»[4] em conflito político foram exatamente os ingredientes que ofereceram ao sindicalismo a principal base de combate, isto é, o seu maior «recurso estrutural» de poder. Um poder que se afirmou como principal contrapoder no mundo industrializado ao longo dos últimos duzentos anos. Deste modo, esta forma de poder assume contornos variados em função do modelo de desenvolvimento socioeconómico de cada país. Ainda que hoje a força do capitalismo global incida em todas as latitudes, o modo como capital e trabalho são mediados, ou não, pelos mecanismos de regulação varia de acordo com as políticas económicas e sociais de cada Estado. Nesse sentido, é forte o condicionamento ditado pelas estratégias dos empregadores na gestão das cadeias de valor e dos processos de trabalho (Lehndorff *et al.*, 2017).

Visto do lado dos sindicatos, o «poder estrutural» decorre do poder de provocar disrupção, isto é, interromper ou restringir a valorização do capital (Piven *apud* Schamlz e Dörre, 2013), emergindo da posição que os trabalhadores ocupam no mercado de trabalho ou no processo produtivo

[4] Recorde-se aqui a velha distinção marxista da «classe-em-si» *versus* «classe-para-si», que, no Ocidente, teve tradução empírica e política desde a era da I Revolução Industrial até meados do século XX. Contudo, na atualidade, essa dicotomia terá de ser entendida com mais cuidado, dada a enorme instabilidade e fluidez dos conflitos laborais que, na verdade, tornaram anacrónica a clássica perspetiva de a «classe operária» se afirmar em «vanguarda política». Na verdade, trata-se aqui mais de uma referência a categorias socioprofissionais específicas do que a uma «classe social» no sentido marxista.

(Silver, 2003). Wright assinala ainda a existência de dois subtipos de poder estrutural, que Beverly Silver (*idem*) denomina por: *marketplace bargaining power*, isto é, o poder que resulta de mercados de trabalho rígidos, posse de qualificações e competências raras, desemprego baixo e disponibilidade de outras fontes de rendimento; e *workplace bargaining power*, decorrente da localização estratégica de um grupo particular de trabalhadores num sector industrial.

O segundo tipo de poder enunciado por Wright é o «poder associativo», que consiste nas «várias formas de poder que resultam da formação de organizações coletivas de trabalhadores» (Wright, 2000: 952). Historicamente enraizado em enquadramentos legais, este tipo de poder depende essencialmente da união dos trabalhadores para a formação dessas organizações, pelo que requer um processo organizativo, bem como a emergência de atores coletivos capazes de produzirem e executarem estratégias eficazes de luta e negociação. Nessa medida, trata-se de atores dotados de intencionalidade e de capacidade estratégica, bem como de predisposição para o conflito (Silver, 2003; Schmalz e Dörre, 2014; Dörre, 2017).

O poder associativo pode, até certo ponto, compensar o enfraquecimento do poder estrutural de um sindicato. Um tal poder não é exclusivamente determinado pelo número de membros (Lévesque e Murray, 2010), ainda que a densidade sindical seja comummente tomada como seu indicador (Lehndorff *et al.*, 2017). A eficiência organizativa (utilização de recursos materiais e humanos de forma eficiente), a participação dos membros e a coesão interna (a solidariedade entre os membros permite a superação de situações de crise) são também fatores a serem otimizados de forma a que a ação associativa seja a adequada às condições estruturais subjacentes e aos interesses dos membros. Esse aspeto é também enfatizado por Lehndorff *et al.* (2017), ao sublinharem a necessidade de distinguir entre a força numérica e a capacidade de mobilizar os membros. Isto é, o facto de um sindicato contar com um número elevado de membros não lhe confere necessariamente maior poder associativo, ou maior capacidade de mobilização, uma vez que este último depende em grande medida das atividades desenvolvidas *no* e *pelo* sindicato. Por outro lado, o financiamento dos sindicatos não é um fator despiciendo no que toca ao poder associativo e depende do número de associados, se bem que em grau variável, conforme o enquadramento legal de cada país (encontrando-se, assim, também em jogo o poder institucional). Tendo em conta estes fatores, é referida a possibilidade de o poder associativo ser reforçado através da organização de novos grupos de membros, realocação de recursos, ou, por exemplo, da introdução de novas formas de participação (Ganz, 2000). Ou seja, se a redução do poder associativo se reflete no «encolhimento» dos recursos infraestruturais e da solidariedade interna, a tendência de declínio pode ser contrariada por mudanças na estrutura organizativa e pelo recrutamento de novos grupos de membros (Schmalz e Dörre, 2013). Aparentemente, as perdas de filiação poderiam ser compensadas por uma maior aposta na captação dos cada vez mais numerosos trabalhadores precários; no entanto, estes enfrentam enormes constrangimentos no local de trabalho que contestam a filiação sindical, a qual os próprios trabalhadores não reconhecem como vantajosa.

Além das duas formas de poder já mencionadas (poder estrutural e associativo), conferimos aqui destaque a mais duas: o «poder institucional» e o «poder societal». O chamado «poder institucional» emana de direitos consagrados pelo quadro jurídico vigente e que as instituições respeitam. É, pois, uma forma de poder que remete para a legislação laboral (que, no caso português, está essencialmente reunida no código do trabalho), que reúne leis reconhecidas quer por estruturas de cogestão, quer por acordos coletivos (Dörre, 2017; Lehndorff *et al.*, 2017; Schmalz e Thiel, 2017). A legislação consolida e generaliza os resultados das negociações e conflitos, fixando condições que atravessam ciclos económicos e mudanças de curto-prazo na correlação de forças, com impacto nas estratégias de ação de comissões de trabalhadores, sindicatos, associações de empregadores e atores políticos. O poder institucional influencia a capacidade de os sindicatos se organizarem e representarem trabalhadores, mas igualmente a sua posição na negociação coletiva, afetando também as estratégias de ação dos atores políticos. Trata-se, portanto, de uma forma de poder particularmente sensível à intervenção legislativa, às condições económicas subjacentes, ao comportamento do capital, e a mudanças na base institucional dos direitos dos trabalhadores, mas que pode ser explorado pelos sindicatos mesmo em momentos de declínio do poder organizacional/associativo ou do poder estrutural. Por outro lado, o poder institucional também restringe a capacidade de ação dos sindicatos, pois enfatiza a representação institucional de interesses em detrimento da ação das bases e do movimento como um todo. De acordo com Schmalz e Dörre (2013), este tipo de poder pode ser reduzido à capacidade de usar o meio institucional em seu próprio benefício, ao mesmo tempo que é mantida a autonomia política. Um indicador forte do poder institucional dos sindicatos é a cobertura da negociação coletiva (Lehndorff *et al.*, 2017), por sinal bastante afetada pela crise em alguns países, como Portugal e a Grécia.[5] Nesse âmbito, cabe mencionar também as práticas de extensão dos acordos celebrados.

Quanto ao «poder societal» dos sindicatos, ele corresponde quer aos diferentes estímulos e canais que potenciam o sucesso da ação sindical a partir de contextos viáveis de cooperação em conjunto com outros grupos sociais e organizações, quer ao apoio da sociedade às reivindicações sindicais (Schmalz e Dörre, 2013; Lehndorff *et al.*, 2017). O exercício do poder societal depende da capacidade de afirmação e do revigorar da credibilidade do projeto sociopolítico, de forma que a sociedade se reveja nele. Isso implica que o sindicato seja capaz de difundir as suas propostas para lá do local de trabalho e de cada sector profissional.[6] O poder societal pode ser de dois tipos, que se reforçam mutuamente: *poder colaborativo* e *poder discursivo*. O primeiro reside na capacidade de os sindicatos construírem coligações e agirem no interior das redes da sociedade civil organizada (ou movimentos sociais) e de desenvolverem objetivos comuns e compromissos

---

[5] No caso português, o número médio de portarias de extensão passou de 91 (entre 2005 e 2011) para 18 (entre 2012 e 2015), ou seja, uma quebra superior a 80% (GEP/MTSS, 2016: 391).

[6] Em nosso entender, um primeiro esboço do que aqui se designa por «poder societal» foi a proposta de «sindicalismo de movimento social» ou de «novo sindicalismo social» avançada por vários autores (Waterman, 1998; 2012a; 2012b; Moody, 1997a; 1997b; Seidman, 1994; Scipes, 2000; Adler e Webster, 1999; Tapia e Alberti, 2019). Os processos de transição democrática no contexto brasileiro e sul-africano são alguns dos exemplos de referência ilustrativos de uma abertura à sociedade civil. Além de pressupor a construção de uma cidadania fora do espaço da produção, o sindicalismo de movimento social, enquanto guia para alianças sociais amplas (Costa, 2017b), encerra, entre outras características, a promoção de articulações e formas de diálogo com outros movimentos e comunidades não sindicalizados (movimentos de igrejas, mulheres, ecológicos, direitos humanos, paz), a promoção da democracia de base e o encorajamento de relações horizontais diretas, tanto entre trabalhadores como entre trabalhadores e outras forças sociais democráticas/populares.

mútuos com esses atores. Neste ponto, é enfatizada inclusive a importância da ligação a partidos políticos (Lehndorff *et al.*, 2017). O *poder discursivo,* por seu lado, corresponde à capacidade dos sindicatos fornecerem padrões de interpretação (*framing*) em torno de questões polémicas e de influenciarem com êxito o discurso público e a definição de agendas de ação estratégica. A criação de novos padrões de interpretação é essencial para capitalizar o *poder societal.*

1.4. Do cruzamento entre tipologias

Das diferentes propostas e dimensões que apontámos sobre os recursos de poder aplicados ao campo sindical, interessa-nos a partir daqui desenhar um olhar mais concreto que nos conduza à compreensão da realidade sindical em articulação com os diversos sectores e estudos de caso. Convém começar por lembrar, na linha de outras abordagens, que de entre as competências estratégicas atribuídas aos sindicatos a primeira delas é saberem transformar as ameaças em oportunidades. Os estudos centrados na chamada revitalização sindical orientam-se, regra geral, nesse sentido (Gumbrell-McCormick e Hyman, 2013). A tipologia anterior pode conjugar-se com outras dimensões e, assim, ajudar a avançar para uma possível hipótese de trabalho dirigida ao caso português. O modelo que é possível cruzar refere-se a diferentes modos de mobilização a que os sindicatos podem recorrer para capitalizar os referidos recursos de poder: (i) solidariedade interna; (ii) integração em rede (*network embeddedness*); (iii) imagem externa/comunicação para a sociedade; e (iv) recursos infraestrurais/financeiros (Lévesque e Murray, 2010). O quadro seguinte sintetiza o argumento que a seguir se desenvolve.

Quadro 2 — Recursos de poder *versus* modos de mobilização

Recursos de poder / Modos de mobilização	Estrutural	Associativo	Institucional	Societal
Solidariedade interna	--	++	+-	-
Integração em rede	+	+-	+-	++
Imagem externa / Comunicação	+	+	+-	++
Recursos infraestruturais/financeiros	+	++	+-	+-

Fonte: Elaboração dos autores

Sendo certo que os meios que os sindicatos têm à sua disposição são escassos, trata-se, então, de colocar como exigência uma utilização mais otimizada e eficaz dos mesmos. A «solidariedade interna» é um desses meios que vale a pena analisar, ainda que o poder associativo se possa distinguir do poder organizacional.[7] A «solidariedade interna» faz apelo a identidades coletivas coesas e a uma vitalidade deliberativa,[8] de que os sindicatos dependem para atingirem os objetivos. Ou seja, trata-se de uma solidariedade ou coesão interna do grupo ou da organização que varia na razão inversa da sua ligação à sociedade e a outros atores coletivos. Se a união interna da associação corresponde ao grau de identificação dos seus membros com a cultura e *modus operandi* que lhe são próprios, isso estará inevitavelmente ligado à perceção da demarcação social em relação a outros grupos. Tradicionalmente, sabemos bem como a formação das ortodoxias deriva de um sentimento de hostilidade da parte do núcleo duro em relação

[7] Gumbrell-McCormick e Hyman (2013) distinguem entre «poder associativo» e «poder organizacional». O primeiro é identificado com o número de membros de um sindicato, pelo que os próprios membros são tomados como um recurso da organização só pelo facto de estarem filiados, facto importante do ponto de vista financeiro. O «poder organizacional» é, comparativamente, um tipo de poder mais «ativo», pois vai além da mera condição de membro de algo. Pressupõe o desenvolvimento de formas de capital social entre os membros, promovendo, assim, a sua identificação e envolvimento nas ações da organização.

[8] A vitalidade deliberativa refere-se à participação dos membros na vida do sindicato e envolve dois aspetos: mecanismos internos básicos da representação sindical e a extensão da participação dos membros e qualidade do envolvimento nos vários órgãos de deliberação (Lévesque e Murray, 2010).

a públicos externos ou grupos rivais. Daí que, por exemplo, o discurso das lideranças reflita muitas vezes formas exacerbadas de demarcação ou supostas ameaças não apenas derivadas de um poder estrutural que subalterniza o sindicalismo, mas também de sindicatos de outra filiação. Podemos perceber isso, no caso português, olhando a clássica rivalidade entre as duas principais confederações sindicais. Perante o agudizar da fragilização sindical e perda de associados, a solidariedade interna só pode converter-se em capacidade renovadora se for capaz de conjugar-se com os restantes meios de ação que acima enunciámos.

A «integração em rede» (*network embeddedness*) é, por exemplo, um fator de grande potencial que tem vindo a ser sugerido como ferramenta para o fortalecimento da ação sindical. Combinada com as várias formas de «recursos de poder» da nossa tipologia, esta atividade vai ao encontro dos novos instrumentos informáticos e de ativismo digital face aos quais o campo sindical se tem mostrado em geral arredado. A sua fragilização poderia ter sido travada caso as instâncias dirigentes tivessem em devido tempo alcançado uma real consciência do potencial que isso oferece. Entre os diferentes recursos referidos (poder estrutural, associativo, institucional e societal) todos eles poderiam ser reforçados se o investimento neste meio de resposta fosse efetivamente uma prioridade. Evidentemente que a disponibilização e expansão das redes comunicacionais no conjunto da sociedade constitui em si mesma uma «ameaça» ao poder sindical, na medida em que esse processo obedece a uma tendência geral da «estrutura» económica que, ao mesmo tempo que fragmentou o trabalho, individualizou as relações sociais e mercantilizou o próprio uso das tecnologias digitais. Porém, este é um meio que se ofereceu como um novo território em disputa pelas classes e atores que se digladiam pela hegemonia da mudança societal e laboral. A força dos novos movimentos sociais e dinâmicas de ação coletiva — mais ou menos radicais, esquerdistas, nacionalistas, populistas, etc. —, que se alimenta e expande com bases nessas ferramentas e redes digitais, mostra bem como é um erro os sindicatos permanecerem de fora. É claro que existem contra tendências e começam a surgir núcleos dinâmicos que aglutinam sectores novos da força de trabalho, sobretudo os mais precarizados e mais jovens. Mas o campo sindical mais tradicional tem continuado a olhar impotente ou condescendente para esses sectores e para o campo do ciberativismo, ao mesmo tempo que as suas bases vão envelhecendo e desertando. A integração em rede, mais do que as velhas hierarquias verticalizadas, favorece ligações horizontais com os diversos congéneres, com movimentos sociais ou outros atores sociais. Os sindicatos que se encontram integrados em redes e espaços de solidariedade mais alargados apresentam maior possibilidade de desenvolver uma agenda própria que lhes permitirá influenciar os processos de mudança.

Os «recursos narrativos/comunicacionais» derivam do esforço de atualização programática, vinculados a valores, significados partilhados, histórias e ideologias que agregam identidades e interesses. São, por isso, instigadores da constituição de plataformas capazes de interpretar e agir sobre as mudanças, bem como de antecipar algumas das suas consequências mais destrutivas sobre o mundo laboral. Esta dimensão é igualmente fundamental para fortalecer outras fontes e recursos de poder, em particular o poder societal, estrutural e associativo. Como afirmámos anteriormente, o campo sindical sempre assentou na dupla face que o acompanha desde a sua génese: conflito e negociação. Daí que o recurso institucional possa mostrar-se num plano secundário quando a estrutura sindical se dirige a um público mais amplo e enfatiza mais a mobilização do que o diálogo. De facto, esta vertente faz apelo essencialmente a um investimento estratégico na atualização teórica e na formação técnica dos quadros sindicais a fim de poderem captar mais eficazmente a crescente complexidade da vida social e as contradições que isso arrasta para a esfera laboral e do emprego. Os movimentos difusos que nos últimos tempos atraem núcleos inseridos no campo sindical (ainda que por vezes obedecendo a forças organizadas do exterior) operam cada vez mais a partir dos meios digitais (Facebook, Twitter, WhatsApp, etc.) e das plataformas de *opinion making* que constroem segundo uma conjugação vertiginosa de pragmatismo e hiperrealismo (Castells, 2013; Stallabrass, 2012).

Os recursos que aqui designamos como *formas e meios de ação internos* — também chamados recursos infraestruturais (Frege e Kelly, 2003) —, referem-se aos meios materiais e humanos e sua alocação através de processos, ações organizacionais programáticas que podem incluir uma dimensão de inovação tendo em vista potenciar os recursos disponíveis.[9] Embora tais

[9] São exemplos os programas e processos para envolver os membros (comunicação, educação e formação, métodos de fornecer serviços — *servicing*), utilização de novas

meios sejam fundamentais para dar corpo aos recursos de poder que advêm de diversos domínios, a sua influência faz-se notar mais diretamente na própria esfera associativa, já que implica, em primeiro lugar, a autonomia de meios e recursos, nomeadamente financeiros, que estabelecem a margem de manobra dos sindicatos (Schmalz e Dörre, 2013). De igual modo, é importante atender aos meios humanos, ou seja, ao volume de associados, às atualizações da quotização dos membros, assim como ao número de ativistas mobilizáveis, seja em ações coletivas seja na difusão da mensagem do sindicato e do público em geral.

Do cruzamento das diferentes propostas e da enunciação das principais características das várias fontes de poder fica claro que se trata de um conceito dinâmico e sujeito a múltiplas influências. Como um todo complexo, a abordagem dos recursos de poder sindical abre, assim, espaço para convergências, ambiguidades e discordâncias (Schmalz, Ludwig e Webster, 2019), Sem prejuízo disso, em nosso entender, o poder sindical desenvolve-se na interação estabelecida entre membros e apoiantes, com entidades empregadoras e com o Estado, segundo o modelo tripartido de diálogo social que define o modelo laboral europeu. Por outro lado, é importante sublinhar que a ação estratégica dos sindicatos comporta combinações diversas, desde situações específicas a recursos de poder externos, incluindo os que atrás acabámos de enunciar. Assim, de entre os recursos institucionais, vale a pena destacar as relações privilegiadas com as forças partidárias, bem como a presença nas instâncias de concertação social. Esta ligação resulta da prática antiga das lutas sindicais e do movimento operário internacional que, em especial entre os finais do século XIX e os princípios do século XX, serviram de campo de disputa por parte de diferentes correntes ideológicas, uma ligação que, como se sabe, ainda hoje permanece, embora de forma mais dissimulada. Aliás, esse é um ponto que teremos de assinalar, dado tratar-se de um «recurso de poder» carregado de ambivalências, isto é, num contexto em que a atividade dos partidos políticos e a sua proximidade (maior ou menor) a determinadas correntes sindicais é vista com descon-

tecnologias (*sites*, redes, treino de funcionários e ativistas, desenvolvimento de vídeos, etc.) e novos métodos de recrutamento (treino, alocação de recursos, etc.) (Kumar e Murray, 2006).

fiança por parte da opinião pública. Daí a contradição entre beneficiar-se de um recurso (um partido com representação parlamentar, por exemplo) inserido nas instituições do poder político, mas, em contrapartida, ver a sua imagem menorizada por parte de sectores significativos da sociedade civil.

1.5. Da lógica organizacional à renovação sindical

A discussão dos recursos de poder sindical que empreendemos anteriormente deve ser vista como parte integrante do sentido de mudança que se reclama também para o movimento sindical. Como sublinharam Estanque e Costa (2011), a crise e a renovação devem ser analisadas em paralelo, podendo a superação da primeira ser um sinal inequívoco da confirmação da segunda.

Como inicialmente assinalámos, a noção de organização articula-se de forma muito próxima com os fenómenos burocráticos que, por sua vez, ao mesmo tempo que são portadores de racionalidade, dão lugar a formas de dominação, como nos alertou Max Weber (1992). Assim, à semelhança de qualquer organização, os sindicatos são «vítimas» das perversões do sistema burocrático (Crozier, 1981; Crozier e Friedberg, 1981; Michels, 2001), «vítimas» ativas na medida em que a necessidade de manutenção do *statu quo* as empurra para lógicas que buscam um «equilíbrio assente numa série de ciclos viciosos relativamente estáveis, desencadeados a partir de um clima de impessoalidade e centralização das decisões» (Crozier, 1981: 281). A abordagem de Philippe Bernoux ajuda-nos a compreender a complexidade da lógica organizacional, desde logo ao fazer a distinção entre a estrutura formal do organigrama e a zona subterrânea que, numa empresa de grande ou média dimensão, configura o que designa por «sistema concreto de ação». Aí reside a dupla dimensão onde o formal e o informal se conjugam no sentido de explicitar as fontes de poder em contexto organizacional. Retomando a proposta de Michel Crozier e Erhard Friedberg, P. Bernoux enuncia quatro fontes de poder: (i) o saber técnico, (ii) o controlo da comunicação interna, (iii) o domínio das relações com o exterior, e (iv) o conhecimento das regras da organização (formais e informais) (Bernoux, 1995).

As implicações decorrentes dessa abordagem são instigantes, quer pela sua pertinência na análise organizacional em geral quer porque podemos aplicar a mesma perspetiva ao estudo dos próprios sindicatos, que são igualmente estruturas organizadas onde o poder se dissemina entre os atores que neles se inserem. No caso, a lógica burocrática que inevitavelmente se expandiu no campo do sindicalismo — tal como nos partidos políticos — não deixou de se revelar crescente e poderosa. Todos os sistemas estáveis tendem para a burocratização, e esta não é apenas um garante da eficiência, como Weber chegou a prognosticar, mas antes tende a tornar-se centralista, rotineira, fechada sobre si mesma, impessoal mas povoada de pequenos micro poderes segundo um ciclo vicioso de relações paralelas que, regra geral, conduz à criação de oligarquias tendentes a perpetuar-se nos postos de decisão (Crozier, 1981; Michels, 2001).

Apelar à renovação sindical significa, implicitamente, pugnar pela afirmação de poderes sindicais em distintos domínios. Não sendo essa a função primordial dos diagnósticos académicos, não deixa de ser um desígnio de equipas que, ao estudarem este campo, se assumem ao mesmo tempo como engajadas no contributo para uma maior coesão social e democraticidade do sistema socioeconómico. Diversos especialistas — académicos, quadros sindicais e instituições destinadas à reflexão estratégica sobre o campo sindical (de que é exemplo, na Europa, o Instituto Sindical Europeu) — vêm alertando nas últimas décadas para o crescente desgaste do sindicalismo no que respeita quer à sua aceitação e imagem junto da sociedade, quer à sua capacidade organizativa e de mobilização, quer ainda ao contributo que pode acrescentar para um modelo mais progressista e solidário de organização económica e do próprio sistema político democrático. Já atrás identificámos alguns desses contributos teóricos que nos fornecem importantes argumentos para enriquecer a nossa análise.

Uns mais ousados e inovadores, outros mais voluntaristas e empenhados, e outros ainda mais ideologicamente assumidos, os diagnósticos são variados e com eles os apelos a uma viragem nas formas de intervenção, a começar pelas estruturas dirigentes. Para uns, a renovação deve começar por uma aposta mais forte na filiação, ou seja, uma prioridade ao que atrás apontámos como o poder associativo como garante da sustentabilidade, ao mesmo tempo que se apela a um maior investimento na representação e relacionamento no local de trabalho, revigorando desse modo, na linha de Bourdieu, o que pode designar-se de sindicalismo «de capital social» (Waddinton, 2014; Dörre, 2017).

Outras análises realçam a importância de fatores como: modernização de estratégias organizacionais; reengenharia das estruturas sindicais e técnicas de organização; renovação dos repertórios de ação coletiva; e a criação de pontes entre *insiders* e *outsiders* no mercado de trabalho (Murray, 2017), uma distinção que remete para o problema da precariedade e para as dificuldades que esse enorme contingente tem vindo a evidenciar na aproximação ao sindicalismo tradicional. A instabilidade e fluidez entre atividades laborais, entre emprego, semiemprego e desemprego, a multiplicidade de vínculos e subcontratos e a crescente presença de empresas intermediárias (muitas delas recorrendo a práticas à margem da legalidade), são traços marcantes de uma força de trabalho heterogénea mas que tem em comum o facto de alimentar uma massa laboral que engrossa um *precariado* que está longe de ver nos sindicatos um caminho alternativo viável, antes aceitando sem resistência um quotidiano no purgatório ou até às portas do inferno. Este é o novo *precariado*[10], que parece desarmado e sem condições de poder reverter a hiperexploração de que é vítima em «classe perigosa» (Standing, 2011).

Podemos advogar para o sindicalismo alguns dos mesmos instrumentos familiares ao mundo empresarial, já que a instabilidade dos contextos laborais e as convulsões repentinas que atingem atualmente o mercado de trabalho requerem, tal como na empresa, um apurado planeamento estratégico, suportado por identidades coesas e equipas flexíveis, por um associativismo forte mas imaginativo e aberto à novidade. A nova segmentação do trabalho — e a tendencial extinção do emprego permanente e seguro como modelo hegemónico — exige, porventura, um maior sentido de visão para detetar sectores, grupos, camadas de força de trabalho submetidas a novas condições, mas incorporando alguns «recursos de poder» (por exemplo, qualificações, conhecimento, educação, domínio dos meios informáticos, etc.) que lhes permitam interpretar as propostas sindicais e torná-las em novas energias revitalizadoras.

[10] Em alguns dos seus traços semelhante, mas em muitos outros bem diferente do *proletariado* do século XIX, que inspirou Marx e Engels, em especial no que diz respeito à sua dispersão e heterogeneidade, que estão nos antípodas da concentração fabril da era da Revolução Industrial.

Esse planeamento estratégico responderia, assim, às mudanças ao nível dos mercados, estratégias empresariais e necessidades dos trabalhadores, e nele deve igualmente incluir-se a revolução tecnológica e as possibilidades dos novos meios informáticos para a emergência de formas organizativas mais consentâneas com a realidade presente e futura. Não sendo uma panaceia, as novas tecnologias da informação estão a ser integradas numa combinação complexa de estratégias, proporcionando, entre outras coisas, a exploração de novas identidades e a emergência de plataformas organizacionais alternativas que podem favorecer os sindicatos. Uma tal vocação inovadora estará seguramente mais ao alcance de sindicatos da nova geração, porventura mais pequenos, mais abertos a visões alargadas da sua função social e que buscam solidariedades noutros movimentos, sem medo de contaminações ameaçadoras por parte dos novos repertórios do ativismo do ciberespaço (Rego *et al.*, 2016; Costa, 2018b; Estanque *et al.* 2018).

Os desafios da renovação sindical obrigam inevitavelmente a um exercício constante de confronto entre ambições e receios. No plano das ambições podem identificar-se, entre outras, as seguintes potencialidades: a Internet estimula e intensifica os processos de comunicação entre organizações, permitindo um diálogo mais rápido e barato com um público mais amplo, ou possibilitando criar arquivos digitais de livros, revistas, panfletos e outros materiais desenvolvidos por organizações de trabalhadores em todo o mundo; a mobilização é mais eficaz em resultado da transmissão de informações em tempo real, assim como da denúncia de violações dos direitos laborais; criam-se condições para uma maior flexibilidade e conciliação entre emprego e vida familiar, etc. Por sua vez, no plano dos receios, podem elencar-se obstáculos como: o analfabetismo digital; o déficit democrático no local de trabalho, que limita o acesso dos trabalhadores à Internet; as restrições de idioma que não deveriam existir num contexto que se ambiciona de uma rede de trabalho verdadeiramente global; e competição por maior atenção em ambientes cada vez mais moldados pela obtenção de dados; etc. (Carneiro, 2018; Costa, 2018b).

Estamos, pois, cientes de que os padrões de representação sindical convencionais são ainda abertamente tributários de um modelo industrial já ultrapassado, o que obriga a repensar e «reinventar» velhos modelos organizacionais e os velhos repertórios clássicos herdados dos tempos promissores da vanguarda operária. Noutros casos, a cultura corporativista e conciliadora permanece circunscrita a reivindicações materiais de uma categoria em concreto e distante de visões mais amplas da transformação da sociedade e do mundo do trabalho (o sindicalismo de serviços é atrativo, mas com escasso potencial inovador, e tende a aceitar o «poder estrutural» que lhe advém desse enquadramento). Esse reequacionar não pode ignorar o conflito, já que a conflitualidade é indissociável das dinâmicas de estruturação e de normalização inerentes ao funcionamento de qualquer organização. E é sobretudo a partir dessa tensão que a ação sindical pode continuar a assumir-se como motor da mudança sociolaboral, um motor permanentemente sujeito à necessidade de inovação e readaptação.

O plano da conectividade e do ativismo virtual é, sem dúvida, um dos temas em foco, dado que nele podem confluir camadas da força de trabalho muito diversificadas. Nessa dimensão, forjam-se interesses e identidades capazes de atrair os chamados *outsiders* em condições de fazer com que a mensagem sindical alcance maior ressonância no seio de segmentos menos familiarizados com a linguagem sindical, um campo que tem sido destacado como exemplo dos padrões emergentes de representação coletiva — os «*platform workers*», (Vandaele, 2018) —, o qual favorece a coexistência entre organizações sindicais, associações mutualistas, cooperativas e outras estruturas semelhantes da economia solidária. As novas dinâmicas e estratégias das plataformas de trabalho digital, as instituições do mercado de emprego e os quadros legais de cada país, as culturas e identidades sindicais, as opções programáticas dos sindicatos, os recursos de poder dos trabalhadores e a sua capacidade para os colocarem em ação continuam a oferecer-se como um manancial de meios por onde passará — caso tenha sucesso — a futura onda de renovação (ou «reinvenção») do sindicalismo nacional e internacional.

Em suma, os atuais modelos sindicais veiculam recortes e valorizações distintas para o lugar do sindicalismo no mundo atual, mas as fontes de «poder sindical», internas e externas, que aqui procurámos elencar são um «mundo a ganhar» para revigorar um domínio decisivo da sociedade civil organizada. Esse mundo está longe de estar ganho, mas as suas potencialidades parecem estar vinculadas à «grande transformação» da era digital em curso. A postura que aqui procuramos desenvolver pretende ir além do mero registo teórico. No capítulo seguinte, onde explicitamos os critérios analíticos que servem de guião orientador dos nossos estudos de caso (abordados na terceira parte do livro), teremos ocasião de ilustrar a evolução, bem como as contradições e insuficiências das principais formas de «poder sindical» aqui discutidas enquanto dimensões decisivas para uma possível revitalização do sindicalismo português.

SEGUNDA PARTE

RECONSTRUINDO O PODER SINDICAL: GUIÃO DE ANÁLISE EM TRÊS SECTORES

CAPÍTULO 2
SEIS CRITÉRIOS DE ANÁLISE

Neste capítulo procedemos a uma apresentação fundamentada dos critérios analíticos em que assenta a pesquisa empírica: representatividade; qualificação; conflito/negociação; nacional/internacional; público/privado; inovação. Em paralelo, e sempre que considerado oportuno, procedemos ao cruzamento entre esses critérios e as formas de poder analisadas na primeira parte do livro.

2.1. Representatividade

Como antes assinalámos, o poder associativo remete para aspetos como a densidade sindical, a eficiência organizativa e os índices de participação e coesão internos. No entanto, além da importância interna, a representatividade é também o fator mais diretamente indutor de confiança por parte da sociedade. Todavia, o conceito de representatividade tem significados e obedece a critérios legais distintos de país para país. Não existe, portanto, um modelo único de representatividade, e mesmo entre os Estados Membros da UE persistem distintas formas de representatividade, uma vez que os parceiros sociais são condicionados pelo sucesso eleitoral, pelo poder organizacional em termos de grau de adesão e pela capacidade de negociação (Eurofound, 2016a).

Pode dizer-se que há um elemento de ordem quantitativa que *a priori* é inerente à representatividade e que poderá resumir-se na questão «quantos são?». E aqui é mais ou menos consensual tomar a filiação sindical e a taxa de sindicalização como indicadores fundamentais no domínio das relações coletivas de trabalho. Tais indicadores permitem, aliás, «pesar» a influência dos sindicatos numa dada sociedade e a sua interação com os outros atores políticos e sociais (Sousa, 2011). A *filiação sindical* (ou sindicalização) constitui uma componente crítica da força organizacional dos sindicatos e um elemento essencial da sua legitimação e reconhecimento, sendo, por isso, um recurso-chave dos sindicatos (Eurofound, 2010). Consiste na valorização do pagamento de uma quota enquanto associado (Ebbinghaus e Visser, 2000). Por sua vez, a *taxa de sindicalização* (ou densidade sindical) diz respeito à relação entre o número de sindicalizados e o número de sindicalizáveis, em que os sindicalizáveis correspondem ao universo de trabalhadores por conta de outrem no âmbito de um dado sindicato, traduzindo a relação entre a filiação atual e a filiação potencial. Os seus níveis são influenciados pelos seguintes fatores: o sector de atividade (público ou privado, sendo tradicionalmente mais elevada no caso do primeiro); a idade (os índices são mais baixos entre os trabalhadores mais jovens); a dimensão da empresa (as pequenas e médias empresas apresentam sistematicamente índices de sindicalização menores); e os contratos de trabalho (sindicalização mais baixa para contratos temporários e precários) (Eurofound, 2010). Estes fatores são frequentemente combinados com outras variáveis, como sejam o género e a nacionalidade.

A taxa de sindicalização assume-se, segundo Sousa (2011), como um dos indicadores mais seguros na avaliação da representatividade ao permitir o estudo comparativo, diacrónico e sincrónico, de diferentes organizações sindicais dentro de um país ou entre países, sendo por isso um elemento crucial para determinar a influência e grandeza de cada associação sindical. Porém, salienta este autor, o apuramento rigoroso da mesma confronta-se com vários obstáculos que se prendem com a fragmentação e precarização crescentes do trabalho contemporâneo, bem como com a tendência para a informalidade. Em bom rigor, tanto a filiação sindical como a taxa de sindicalização são indicadores fundamentais diretamente ligados à viabilidade e efetividade da negociação coletiva, diálogo social e participação nas relações coletivas de trabalho (Eurofound, 2010).

Na sequência da reforma laboral de 2009, o governo e os parceiros sociais haviam acordado que seria através de um documento único anual que as entidades empregadoras prestariam informações perante a Administração do Trabalho a propósito de diversos aspetos laborais. Regulado pela Portaria n.º 55/2010, do designado «Relatório Único» passou a constar uma diversidade de informações (antes dispersas) entre as quais se incluem as relativas à representatividade sindical e associativa. E como se afirmava no *Livro Verde sobre as Relações Laborais*, «entre as melhorias apresentadas por este Relatório Único, destaca-se a referida obrigação de informação acerca da filiação sindical e em associações de empregadores, informação essa que tem a virtude de permitir à Administração do Trabalho ter dados acerca da abrangência dos instrumentos de regulamentação coletiva, bem como possibilitar uma análise mais concisa sobre o âmbito das portarias de extensão» (GEP/MTSS, 2016: 306).

No entanto, é defensável o argumento segundo o qual a qualidade dos dados de sindicalização continua a ser fraca e a informação fornecida pelo Relatório Único e que é preenchida pelas entidades empregadoras pouco credível. Desde logo pelo receio de possíveis represálias, visto que as entidades empregadoras dispõem de conhecimento de todos os sindicalizados entre os seus trabalhadores. Além disso, enquanto associações privadas e estratégicas, os sindicatos estão no direito de não facultar dados sobre os seus filiados, não obstante a recomendação da Organização Internacional do Trabalho para a existência de critérios objetivos e predeterminados de representatividade dos parceiros sociais (Rego, 2017).

O apuramento da representatividade sindical é, na verdade, um desafio que importa ultrapassar, sobretudo porque quer a filiação quer a taxa de sindicalização são importantes para percecionar o posicionamento do sindicalismo num quadro de relações de poder (Sousa, 2011). A dificuldade em apurar com rigor a representatividade coloca obstáculos ao reconhecimento público das organizações sindicais, contribuindo para a fragilização das suas relações com os demais atores sociais e políticos na negociação coletiva e no diálogo social. Constitui também um obstáculo no contexto de um sindicalismo de carácter pluralista e competitivo. Além disso, a recusa da maioria dos sindicatos em publicitar essa informação, até como forma de prestação de contas aos associados, é problemática (*idem*). Os dados administrativos, como os que constam das atas dos processos eleitorais, são inacessíveis e verifica-se a ausência de inquéritos específicos, ao que acresce a lacuna em matéria de sindicalização das estatísticas relativas à força de trabalho (como o Inquérito ao Emprego ou o Relatório Único) (Alves, 2014). Nestes termos, se os dados fornecidos pelos sindicatos forem os únicos disponíveis, o número de filiados não é conhecido com exatidão, pelo que a tarefa de apurar com rigor a representatividade continua a ser um desafio inquietante por solucionar.

Mas é fundamental atender ao facto de que a representatividade não se explica apenas com base na evolução da sindicalização. O grau de cobertura da população ativa empregada pelas convenções coletivas de trabalho, a abrangência dos locais de trabalho pelos sindicatos ou outras formas de organização dos trabalhadores (comités de empresa, comissões de trabalhadores), os conflitos laborais, a potencial influência das organizações sindicais na formação das políticas públicas, ou ainda a efetiva capacidade de mobilização social, são, como adverte Sousa (2011: 5), outros fatores a ter em consideração. Torna-se, pois, necessário levar em linha de conta uma «representatividade política» (de recorte qualitativo) dos sindicatos e que corresponderia a medidas de aferição da congruência entre representados e representantes. Isso significa atender à qualidade e não apenas à quantidade, pois mesmo contando com poucos membros os sindicatos podem continuar a desempenhar uma crucial função de mediação (por exemplo, entre indivíduo e Estado). De igual modo, as organizações sindicais podem compensar a baixa densidade sindical com uma integração nas estruturas do diálogo social e de um sistema jurídico de representação dos empregados, acrescendo também os mecanismos para a extensão da cobertura da negociação coletiva como meio de assegurar a proteção dos trabalhadores (Eurofound, 2010).

Um outro fenómeno relacionado com a representatividade sindical e que é típico da organização sindical em Portugal é o *free rider* (Sousa, 2011; Portugal e Vilares, 2013), isto é, o comportamento daquele que, sem se sindicalizar, «vai à boleia», colhendo os benefícios da sindicalização de terceiros. Além de explicar um decréscimo nas taxas de sindicalização, esse fenómeno parece também ajudar a explicar que o reconhecimento do papel do sindicalismo pode ser feito através de uma representatividade reconhecida a partir *de fora,* que prevalece sobre uma vivência do mesmo a partir *de dentro.*

Decididamente, a questão da representatividade sindical coloca desafios de organização da composição interna dos inscritos em sindicatos. A este respeito, as dimensões contratuais, etárias e de género são incontornáveis (Bernaciak *et al.*, 2014). Quanto à dimensão dos vínculos contratuais (e tendo por referência o caso português), observou-se que mesmo na «era da geringonça» (ciclo político de 2015–2019) o número de trabalhadores com contratos precários aumentou (Almeida, 2017; Observatório sobre Crises e Alternativas, 2018; Estanque e Costa, 2018), sendo que esses trabalhadores são também aqueles que apresentam índices de sindicalização mais baixos. No que concerne aos trabalhadores jovens,[11] é reconhecido que a associação sindical varia em função da idade, sendo que os jovens entre os 18–24 anos apresentam a menor taxa de sindicalização (Campos Lima e Martín Artiles, 2013). A indiferença desta faixa etária em relação ao campo sindical relaciona-se não só com a rotação entre empregos, mas também com a expansão de subjetividades e estilos de vida que tendem a distanciar-se de um discurso sindicalista já gasto e que se revela em muitos aspetos esgotado, pelo menos à luz das representações da atual juventude.

Por fim, a questão do género revela-se atual, nomeadamente na representação ou sub-representação de mulheres. Apesar das confederações sindicais disporem de comités para a igualdade de género, tal não tem correspondência na ocupação de lugares de topo (direção) por parte das mulheres. Na verdade, a existência de estruturas sindicais direcionadas para a igualdade de género não contraria uma tendência de alheamento e distanciamento da problemática da igualdade (Ferreira e Monteiro, 2013) e nem constitui uma garantia de efetividade das políticas. Revela mais a persistente presença de

---

[11] A este respeito, o estudo conduzido por Vandaele (2012) relativo à perceção de jovens representantes sindicais de vários países da Europa filiados na CES sobre as respostas das suas confederações à questão da baixa densidade sindical entre os trabalhadores jovens. Os resultados sublinham a existência de uma dupla insatisfação para com os sindicatos: tanto por parte dos trabalhadores jovens que não veem os seus interesses representados, como por parte dos seus representantes mais jovens face ao tipo de resposta das confederações. A par da escassez de recursos financeiros, é mencionada a falta de «voz» dos jovens, remetendo para a necessidade de campanhas de recrutamento direcionadas para os trabalhadores que se situam nas faixas etárias mais baixas. O referido estudo assinala ainda a lacuna de uma política mais formal, sistemática e proactiva ao nível das confederações no que concerne ao «envelhecimento» das organizações sindicais, comprometendo assim a possibilidade de uma renovação geracional em países como Portugal, Espanha e Reino Unido, aos quais se somam países da Europa Oriental e Central (Eurofound, 2010; Kloosterboer, 2008; Waddington, 2014).

uma herança marcada pela masculinidade, muito embora mais esbatida na atualidade e não obstante alguns casos sectoriais onde a liderança feminina já é uma realidade.

Em síntese, e apesar de a sindicalização variar de sector para sector e poderem registar-se sinais de retoma nalguns dos sectores — o que constitui um teste à robustez do «poder associativo/organizacional» —, é num contexto geral de retração (ou estagnação) sindical que nos situamos. Por esse motivo, o critério «representatividade» cruza-se mais diretamente com o «poder associativo» dos sindicatos, ainda que com esse critério também interfiram os restantes recursos de poder do nosso modelo de análise. O nosso desafio é, pois, através dos estudos de caso analisados na terceira parte deste livro, percecionar em que medida estão a ser contrariadas as tendências gerais dos últimos anos, que apontam para o declínio da taxa de sindicalização, bem como para um decréscimo da filiação sindical, ambos associados ao enfraquecimento do papel dos sindicatos na sociedade e na economia (Eurofound, 2010; Lehndorf *et al.*, 2017).

2.2. Qualificação

Analisado de forma complementar ao critério da «representatividade», o critério «qualificação» vai ao encontro do perfil sociodemográfico dos membros de sindicato, sendo que nesse perfil se inscrevem os níveis de formação e as qualificações dos trabalhadores do sector/empresa em análise. Se no critério da representatividade é posto à prova, como se disse, o poder organizacional/associativo, o critério «qualificação» remete para o «poder estrutural» do sindicalismo.

Na verdade, este critério analítico deve ser considerado em várias vertentes e, como tal, apresenta um perfil plural. Nessa medida, abarca as habilitações literárias dos trabalhadores de um dado sector, mas também as qualificações dos dirigentes, quadros e delegados de um determinado sindicato ou sector de atividade. Em Portugal, ocorreram avanços significativos nesse campo nas últimas décadas, dado o aumento da população empregada detentora de formação de ensino superior (cerca de 26%) e de secundário completo (27%), assim como a redução dos trabalhadores apenas portadores de ensino básico (GEP/MTSS, 2016). Porém, são ainda evidentes atrasos estruturais em matéria do perfil escolar e profissional em comparação com os países da UE ou da OCDE. Assim, o perfil educacional dos grupos profissionais é em grande medida estruturado pelo nível de escolaridade: as atividades ligadas ao sector primário e ao operariado coincidem com habilitações escolares mais baixas. Tal aplica-se igualmente, ainda que com algumas nuances, aos trabalhadores das atividades menos qualificadas dos serviços. Os técnicos de nível intermédio e o pessoal administrativo são, regra geral, detentores de ensino secundário ou pós-secundário, enquanto o grupo dos especialistas em atividades técnicas, intelectuais e científicas é composto maioritariamente por trabalhadores com habilitações de nível superior (Cantante, 2018). Em geral, e relativamente aos padrões internacionais, pode dizer-se que os níveis de escolaridade e as qualificações da população portuguesa são baixos (Araújo, 2017).

Tendo por referência trabalhadores sindicalizados, um estudo de Rebelo e Brites (2012) solicitado pela CGTP assinalou uma elevada percentagem dos trabalhadores com estudos superiores (24,6%) entre os sindicalizados. Todavia, tal não corresponde, como salvaguardam os autores, ao panorama sindical em Portugal, já que os sindicalizados na administração pública e no sector dos serviços assumem um peso desproporcionado na amostra do referido estudo. Os autores estimam que cerca de um terço dos inquiridos com formação superior estão sindicalizados. O baixo peso da população escolarizada foi igualmente notado noutras estruturas de representação laboral (como os conselhos de empresa europeus), designadamente quando aí se traçou um perfil sociográfico dos representantes de trabalhadores portugueses: a maioria (85,7%) não havia completado o 12.º ano e apenas pouco mais de um quarto tinha completado o terceiro ciclo (28,6%) (Costa e Araújo, 2009).

Os dados apresentados acerca da realidade laboral e sindical apontam, assim, para um panorama de baixas qualificações, colocando desafios importantes nesse domínio, quer ao nível da força de trabalho quer dos representantes dos trabalhadores. Nesse sentido, a formação ministrada pelos sindicatos emerge como tema relevante, na medida em que poderá constituir uma saída para a superação dos défices de qualificação da força de trabalho, como sugerimos no passado (Costa, 2001b; Estanque e Costa, 2011). A qualificação não pode ser desligada da revitalização do poder dos sindicatos, bem como da dignificação da condição do trabalho e do trabalhador. Por outro lado, a formação e a qualificação assumem uma grande importância no caso do movimento sindical português, dado o peso acentuado de camadas etárias envelhecidas e com baixas qualificações (Estanque, Costa e Silva, 2015).

Apesar da constatação dessas limitações, a formação sindical tendeu a ser vista como uma espécie de «parente pobre» do sindicalismo português (Costa, 2001b). Uma série de fatores concorreram para tal, desde a falta de quadros técnicos e dirigentes a tempo inteiro — no caso dos líderes sindicais, o facto de se encontrarem sobrecarregados pode constituir um impedimento à sua participação em atividades de formação —, à ausência de financiamento para o desenvolvimento de mais módulos de formação, passando pela aposta deficitária das entidades patronais quer na qualificação dos trabalhadores quer na formação sindical, ou mesmo por uma avaliação escassa das necessidades específicas e das expectativas (*idem*). Por outro lado, a própria efetividade da formação sindical é posta em causa pelo seu carácter irregular e alcance limitado. Nesse sentido, a otimização da utilização de novas tecnologias no âmbito da formação sindical poderá constituir uma via capaz de superar limitações.

No plano europeu, especialmente nas últimas décadas, tem sido colocada uma grande ênfase na educação e formação como uma área estratégica para o desenvolvimento económico, como uma via capaz de ir ao encontro de uma sociedade mais inclusiva, como uma forma de reforçar processos de empregabilidade e ainda de estimular uma identidade sindical europeia (Agostini e Natali, 2013; Heyes, 2014). Várias entidades sublinham a importância que, no plano comunitário, é concedida a essas matérias, chamando a atenção para a necessidade de estratégias pró-ativas de desenvolvimento de competências em sintonia com as exigências colocadas pelas transformações em curso no processo produtivo. Um maior envolvimento dos parceiros sociais nas iniciativas de educação e formação pode ser decisivo em termos de diálogo social no plano europeu, como bem reconhece a própria Confederação Europeia de Sindicatos (CES) (Heyes, 2014). Porém, são imensos os obstáculos ao investimento em formação e tornou-se flagrante a ausência de correspondência entre empregos e competências, o que agrava a vulnerabilidade dos trabalhadores, sobretudo os menos especializados, apesar das recomendações no sentido de uma formação ao longo da vida ativa que prepare os trabalhadores para trajetórias profissionais mais estáveis e diversificadas (Fayolle, 2011).

Os sindicatos podem desempenhar um papel fundamental no colmatar das necessidades de qualificação. A filiação sindical (analisada atrás no âmbito do critério «representatividade») pode promover a eficácia da formação providenciada pelas entidades empregadoras, na medida em que os trabalhadores, em virtude da sua filiação, terão uma voz ativa na definição dos conteúdos e das modalidades de formação (Waddoups, 2014). Por outro lado, a vigência mais ou menos longa dos acordos celebrados pode contribuir para a perpetuação de programas e práticas de formação anacrónicas e desadequadas, ainda que cada vez mais seja importante que a negociação coletiva contemple as necessidades de formação. Sendo certo que são variadas as dificuldades/obstáculos que se colocam à implementação de estratégias de qualificação/formação, nomeadamente à sua implementação pelos sindicatos, a CES fornece várias recomendações a esse título que passam, entre outras coisas, pela formação dos representantes sindicais de forma a dotá-los de conhecimentos e competências que lhes permitam apoiar a aprendizagem no local de trabalho.[12]

No caso concreto de Portugal, tanto a CGTP como a UGT dão mostras de reconhecer a importância que é conferida às qualificações e à formação no quadro do movimento sindical europeu. No caso da CGTP, o sistema de formação sindical tem como objetivo capacitar os quadros sindicais (delegados e dirigentes) para a organização e ação sindical a partir dos locais de trabalho, cumprindo uma função de atualização permanente imposta pelas transformações em curso. Trata-se de algo que é apresentado como um investimento estratégico, de carácter político e ideológico. A formação sindical é fornecida muitas vezes através de um instituto criado por iniciativa da própria confederação,[13] estando sujeita a atualizações e às necessidades de cada conjuntura. Abrange temáticas como organização e intervenção

---

[12] https://www.etuc.org/en/document/etuc-resolution-supporting-workplace-learning-tackle-unemployment-europe (acedido em 21.12.2018).

[13] Vários módulos são ministrados pelo Instituto Bento Jesus Caraça (IBJC), criado por iniciativa da CGTP-IN, em 1994 (cf. o link http://www.cgtp.pt/formacao).

sindical no local de trabalho, ação reivindicativa (por exemplo, técnicas de negociação), comunicação (por exemplo, utilização de novas tecnologias de comunicação e informação), ou a formação de formadores. No caso da UGT, quer a formação sindical quer a formação escolar e profissional[14] são fornecidas via CEFOSAP[15] (Centro de Formação Sindical e Aperfeiçoamento Profissional), que tem como destinatários dirigentes ou quadros sindicais da UGT e de sindicatos filiados, trabalhadores não filiados, desempregados ou mesmo empresários.

Refira-se ainda, a este propósito, a importância de iniciativas promovidas por correntes minoritárias no seio das referidas centrais ou fora delas, como é o caso da corrente ligada à BASE-FUT, ou ainda os muitos encontros, fóruns e cursos de formação dinamizados pela Liga Operária Católica (LOC) e pela Juventude Operária Católica (JOC), uma tradição da ação social da Igreja com contributos importantes no sindicalismo português desde os tempos do Estado Novo. O problema, estamos em crer, é que apesar dos bons exemplos, tais iniciativas são insuficientes, quer pela sua escassa regularidade, quer pela reduzida abrangência dos quadros e sindicalistas envolvidos nessas ações. Embora também ocorram iniciativas mais abertas com contributos de académicos e especialistas independentes, a ação sindical e a formação de quadros sindicais, para ser efetiva, requereria um programa estratégico mais abrangente e um envolvimento mais ativo das instituições ligadas ao mundo do trabalho. Sendo este critério, enfim, um fator que deriva diretamente do «poder estrutural» — uma vez que reflete o esforço mais geral da sociedade no desenvolvimento socioeconómico —, não deixa, no entanto, de revelar a sua vinculação à própria iniciativa da atividade sindical e, portanto, ao «poder associativo».

[14] Nesse domínio é fornecida orientação e informação sobre ofertas escolares, profissionais ou de dupla certificação e em relação a processos de reconhecimento, validação e certificação de competências (RVCC) nas opções profissional, escolar e de dupla certificação.

[15] O CEFOSAP resultou de um protocolo celebrado entre o Instituto de Emprego e Formação Profissional (IEFP) e a UGT em 1996 (cf. o link https://www.cefosap.pt/article/quem_somos.html).

2.3. Conflito/Negociação

Sendo inerente às relações sociais desenvolvidas em sociedade, o binómio conflito/negociação é, como tal, indissociável do tipo de relações e interações (mormente entre capital e trabalho) de que o sindicalismo é um protagonista secular. Por um lado, basta atentar nos objetivos fundadores de emancipação generalizada dos trabalhadores e de valorização do seu estatuto para perceber que os mesmos estão, desde sempre, subjacentes à atividade dos sindicatos, historicamente protagonistas de mobilizações rebeldes dirigidas aos detentores de poder (Ebbinbhaus e Visser, 2000; Ross e Martin, 1999). Lado a lado com a faceta mais conflitual, de mobilização e luta por direitos laborais (que, afinal, podem ser entendidos como direitos humanos no trabalho), a institucionalização dos conflitos de classe é tributária de uma atenuação da faceta mais irreverente dos sindicatos, que, ao constituírem uma «voz» que articula interesses e congrega exigências, passaram a organizações de negociação institucionalizadas, como é o caso do modelo *tripartit* de concertação social (Dahrendorf, 1982).

Tal como a célebre fórmula do militar e teórico prussiano Carl von Clausewitz, segundo a qual «a guerra é a continuação da política por outros meios», o sociólogo francês Jean-Daniel Reynaud afirmou que «a greve é a continuação da negociação por outros meios» (Reynaud, 1982). O conflito e a negociação são, pois, o complemento um do outro nas sociedades democráticas. Daí que as estratégias monitorizadas pelos sindicatos possam colocar a tónica ora na negociação e/ou na celebração de acordos/pactos sociais, ora na greve enquanto instrumento de ação conflitual. A maior ou menor ênfase no conflito ou na negociação, quer na narrativa de cada corrente sindical, quer na sua prática concreta, desafiam a identidade dos sindicatos enquanto atores «de mercado», «de classe» ou «de sociedade», segundo a terminologia que aqui tentamos seguir (Hyman, 2001; 2007). Sendo verdade que as estratégias sindicais se encontram alicerçadas nas trajetórias nacionais específicas e nas tradições nelas incrustadas, contextos particularmente críticos como os de crise económica podem ser indutores de reorientações (Visser, 1996). Tendo em conta contextos desse tipo, é possível observar — ainda com maior acuidade do que em conjunturas de estabilidade — o desenvolvimento de estratégias mistas de «*boxing and dancing*» (Campos

Lima e Martín Artiles, 2011), isto é, uma combinação entre conflito e negociação, a qual se conjuga sempre com a linguagem dominante de cada corrente e em linha com o seu património de lutas passadas (Thompson, 1987; Stedman-Jones, 1989).

Nos estudos de caso analisados na terceira parte deste livro, procuramos precisamente estar atentos tanto aos focos de luta social como às estratégias negociais nos três sectores em análise. Por um lado, no campo do conflito, e para cada um dos estudos de caso, tratou-se de procurar perceber, entre outros pontos: qual a expressão do conflito naquela empresa e sector nos últimos anos; as motivações associadas às lutas; possíveis inflexões ou recrudescimentos; o peso atribuído às manifestações e greves como estratégia do sindicato; e os ganhos decorrentes de uma ação coletiva conflitual. Por outro, no campo da negociação, interessava-nos perceber a relevância dos acordos e convenções coletivas celebrados por cada sindicato entre 2008 e 2013, e de 2013 até ao presente. Em especial, de modo a identificar: os conteúdos principais dos acordos/convenções; as dificuldades associadas a tais processos; a sua aplicabilidade; e os resultados obtidos. E ainda que quer o conflito quer a negociação se joguem sobretudo na relação entre capital e trabalho, também a relação entre o campo sindical e o Estado deve ser tida em conta. Assim como o relacionamento entre organizações sindicais filiadas em diferentes estruturas (CGTP ou UGT), ou entre estas e as comissões de trabalhadores, ou ainda entre essas estruturas de representação e a «cultura da empresa» onde ocorrem os processos de diálogo no quotidiano. Mas atentemos seguidamente em cada um dos campos de forma um pouco mais autónoma.

Como se sabe, uma das contradições inerentes ao mundo laboral e que subjaz ao próprio direito do trabalho repousa na dessintonia entre relações individuais e coletivas. Ou seja, trata-se de uma distinção fundamental entre as lógicas da classe empresarial e da classe trabalhadora: enquanto a primeira realiza o seu interesse de classe agindo individualmente, a segunda apenas coletivamente o pode fazer (Offe, 1995). Assim, sendo a ação da classe trabalhadora de tipo *dialógico*, o processo de fazer coincidir os interesses individuais com os interesses da classe ou de um seu segmento terá de passar por um processo escrutinado através de múltiplas negociações. Dito isto, importa não esquecer que, à medida que assistimos a uma crescente segmentação do trabalho, assistimos também a uma crescente individualização da sociedade no seu conjunto. Ambos os fenómenos terão contribuído para o aumento significativo da conflitualidade individual, mesmo na esfera laboral, onde a litigação através dos tribunais de trabalho se tornou uma arma que os próprios sindicatos usam recorrentemente.

Nestes termos, os conflitos individuais de trabalho são objeto do direito do trabalho, que tem por base um código que se organiza a partir do princípio de discriminação positiva, que pressupõe uma relação de subordinação jurídica de um dos sujeitos ao outro. Essa dimensão evidenciou um crescimento significativo à medida que a contratação e as convenções coletivas foram regredindo. Por sua vez, a dimensão coletiva dos conflitos pode ser vista como o corolário do falhanço dos processos de negociação — mormente dos processos de negociação coletiva — sobretudo quando estes são atravessados por diversos bloqueios, como sucedeu em especial durante o período de intervenção da *troïka* em Portugal (Campos Lima, 2016, 2017).

Regra geral, no epicentro da conflitualidade está a greve, um direito conotado com a ideia de «liberdade de associação» (IUR, 2013: 2), e que se traduz numa interrupção conjunta e articulada da prestação do trabalho direcionada para um propósito comum (GEP/MTSS, 2016: 404; OIT, 2018: 135). Ao longo de muitas décadas traduziu-se em múltiplas conquistas e avanços civilizacionais, quer do ponto de vista das condições de trabalho (redução de horários, articulação trabalho/vida familiar, defesa dos postos de trabalho, proibição de despedimento sem justa causa, entre outros), quer do ponto de vista das retribuições pecuniárias (instituição de um salário mínimo nacional, aumentos salariais substanciais, 13.º e 14.º mês, etc.). A greve como estratégia está voltada para a obtenção de benefícios e concessões (Dias, 2012) e não deixa de denunciar, principalmente a greve geral, a exclusão dos sindicatos da formulação de políticas públicas por parte dos governos (em especial os de orientação conservadora).

A greve pode cruzar-se com as noções de democracia e regulação sociojurídica, com a(s) ideologia(s) e tensões entre a ação coletiva e a litigação individual, com as escalas e controvérsias, ou ainda com as temporalidades e resultados. Em contexto democrático, a greve é regulada de forma positiva e com o objetivo de ajustar as partes em confronto, de modo a não comprometer à partida e irremediavelmente a relação entre essas partes. Associada a essa ideia de regulação social positiva está, como advertem Costa, Dias e Soeiro (2014), uma dupla rejeição: por um lado, da ideia de que existem soluções definitivas para os conflitos; e, por outro, de uma solução para os conflitos que contemple mais conflito/repressão. Nesse plano, revestem-se de particular importância, entre outros aspetos, o reconhecimento das diferenças entre as partes envolvidas (governo, sindicatos e patrões) e a definição de regras de procedimento que contribuam para a minimização das diferenças (Dahrendorf, 1982).

A escala mais comum para a realização de greves é, sem surpresas, a escala nacional, pois é nela que salários, condições de trabalho e regimes jurídicos são definidos e são passíveis de discordância e contestação. E a contestação, sendo em geral de base sectorial, tanto pode ocorrer no sector público quanto no privado. Ainda assim, se, por exemplo, uma greve geral abarca, por norma, tanto o sector público como o privado, quando os trabalhadores do sector privado se organizam coletivamente para exercer o direito à greve enfrentam tradicionalmente mais dificuldades. Seja como for, os resultados das greves devem ser analisados à luz do grau de alcance dos objetivos (de ambas as partes), o que pode suceder no curto, médio ou longo prazo (Costa, Dias e Soeiro, 2014).

A frequência com que ocorrem as greves, assim como o tipo de envolvimento dos trabalhadores nelas, pode ser vista «mais [como] uma medida da conflitualidade de um sistema de relações industriais do que da força sindical e só deve ser utilizada com reservas e em conjunto com a consideração de outras variáveis como uma medida da capacidade de mobilização sindical» (Stoleroff, 2013: 231). Regra geral, são os próprios líderes sindicais que, enquadrados constitucionalmente pelo direito à greve, sugerem que a greve é o último recurso utilizado pelas organizações sindicais sempre que outras formas de diálogo se esgotaram ou redundaram em fracasso.

O recurso à greve é porventura mais expectável em contextos de crise económica, de perda de direitos e de retrocesso civilizacional (Hyman, 2012; Costa, Dias e Soeiro, 2014), podendo inclusive assumir a forma de greve geral, em resultado de um descontentamento generalizado de uma sociedade (Galas e Nowak, 2016; Dias e Fernandes, 2016; Costa e Dias, 2016). Em todo o caso, também em contexto de recuperação económica, a greve pode funcionar como elemento de pressão para «obrigar» governos a cumprir expectativas criadas (Costa, 2019). Tal sucedeu, de resto, no caso português, com a multiplicidade de greves e ações de protesto que atingiram o país ao longo de 2018 (em especial nos últimos meses do ano), assim como em 2019, e que envolveram profissionais de distintas áreas de atividade: enfermeiros, médicos, professores, oficiais de justiça, técnicos de diagnóstico, funcionários judiciais, juízes, guardas prisionais, estivadores, bombeiros, motoristas de matérias perigosas, etc. Na administração pública, registe-se inclusive o facto (algo surpreendente) de o XXI Governo Constitucional liderado por António Costa ter registado inclusive (mesmo antes do final de 2018) mais greves do que o XIX Governo Constitucional liderado por Passos Coelho.[16]

No que diz respeito à negociação, importa referir que, tal como o conflito, esta se constitui como um processo. Assim sendo, pressupõe a identificação de fatores condicionantes (teor das questões que estão em jogo, poder e competências das partes em diálogo, tempo disponível, intermediação de terceiros, cultura organizacional, etc.), um mapeamento de momentos (que vão desde a preparação das matérias a negociar, à perceção recíproca das intenções das partes em jogo, ou ainda à predisposição para fazer cedências e contrapropostas e formalização de um possível acordo, etc.) e um balanço de como decorreu uma negociação (quanto ao grau de alcance dos objetivos, ao que mudou no relacionamento entre pessoas que atuam em nome de organizações, ou inclusive no que concerne os impactos emocionais associados a uma relação de negociação) (Neves e Ferreira, 2011).

A capacidade de regulação económica, social e jurídica da negociação coletiva constitui um dos elementos estruturantes do mundo do trabalho (Ferreira, 2006; Supiot, 2007). A negociação coletiva é uma instituição do mundo laboral com uma história longa, moldada pelas especificidades nacionais decorrentes das diferentes combinações entre o Estado e as organizações de trabalhadores e de empregadores. Corresponde a um processo em que a associação coletiva dos trabalhadores, em particular os sindicatos,

[16] Dados de greves comunicadas disponíveis em https://www.dgaep.gov.pt/index.cfm?&OBJID=32B5C008-D957-4C3E-B00A-2ECE2208212A&ComDest=0&Tab=4 [acedido em 27.12.2018].
Dados de adesão às greves disponíveis em https://www.dgaep.gov.pt/index.cfm?OBJID=E61955EA-6194-44BC-A938-B6DCBBEC5902 [acedido em 27.12.2018].

visa negociar com as associações de empregadores a definição das condições e relações de emprego, refletindo assim a capacidade de pressão de cada uma das partes sobre a outra (Clegg, 1976). Na mesma linha, Campos Lima (2016) sublinha que a definição das condições e relações de emprego através da negociação coletiva traduz sempre a expressão das capacidades relativas das partes e respetivas relações de poder num determinado contexto.

Nas últimas décadas, a dinâmica da negociação coletiva e o papel dos sindicatos têm sofrido transformações que levaram ao enfraquecimento dos seus recursos de poder. Um fator a assinalar é a tendência acentuada para a descentralização do processo de negociação, ou seja, a mudança da negociação do nível sectorial (ou intersectorial) para o nível da empresa, fragilizando a base reguladora dos acordos multiempregadores (Bernaciak *et al.*, 2014). Simultaneamente, em alguns países a negociação perdeu o seu carácter «organizado» (coletivo), sendo visível a tendência de individualização das condições de trabalho através de sistemas de remuneração relacionados com o desempenho e o «mérito», o que coloca um desafio particular aos sindicatos pois enfraquece a solidariedade entre trabalhadores (Campos Lima, 2017).

A crise financeira de 2008 colocou novos desafios à negociação coletiva e ao diálogo social, reconfigurando-os (Glassner e Keunen, 2010). Veio acentuar o processo de «descentralização organizada», criando o perigo de uma «descentralização desorganizada» na qual a negociação local sobre os salários é realizada sem a cobertura de um acordo nacional ou sectorial. No entanto, e como assinala Maria da Paz Campos Lima (2016: 10; 2017: 250–251), a pressão sobre os sistemas de negociação coletiva não foi uma novidade provocada por esta crise, mas sim a intensificação e generalização dessa pressão. Para a autora, em Portugal, o início do retrocesso do quadro legal da negociação coletiva sucedeu com a aprovação do Código do Trabalho (em 2003), «principalmente através da reversão do princípio do tratamento mais favorável ao trabalhador na relação entre legislação e convenções coletivas de trabalho, e da institucionalização de mecanismos de caducidade e denúncia unilateral das convenções coletivas» (Campos Lima, 2017: 251).

O desenrolar da crise, os pedidos de resgate financeiro e as consequentes medidas de austeridade tiveram um forte impacto na regulação das relações laborais. Embora com especificidades, as reformas introduzidas em matéria laboral convergiram em torno de três núcleos: o das relações coletivas de trabalho, marcado pelo enfraquecimento da negociação coletiva e do papel dos sindicatos; o da redução da segurança no emprego, através de alterações introduzidas na legislação em matéria de despedimentos; o do tempo de trabalho, com a negociação de períodos mais longos e flexíveis com redução das remunerações (Eurofound, 2014; Clauwaert e Schömann, 2012; Yannakourou e Tsimpoukis, 2014). Assim, no que aos pactos sociais diz respeito, as dificuldades políticas e económicas tornam os acordos bipartidos e tripartidos mais difíceis, mas também mais necessários, ao mesmo tempo que as medidas de reestruturação e cortes se revelaram um fator precipitador do conflito no plano laboral (Bernaciak *et al.*, 2014). No quadro das dificuldades registadas ao nível da concertação social em Portugal, não podem deixar de se assinalar várias «entorses» entre 2009 e 2015: excesso de governamentalização; subordinação à agenda externa da UE (i.e., ao respeito estrito pela aplicação do *Memorando de Entendimento* assinado com a *troïka*); défice de resultados das negociações, testemunhado pelas dificuldades na conciliação das decisões do diálogo social quando os acordos não são assinados pela totalidade dos parceiros sociais ou nas situações em que os conteúdos alargados das negociações abrangem vários domínios legislativos sem condições de execução definidas, etc. (Almeida *et al.*, 2017).

Ora, o contexto «pós-austeridade», em especial com o início do XXI Governo Constitucional, assentou numa negociação política — a célebre «geringonça» —, tendo criado condições para a formação de consensos mais alargados no campo social, designadamente envolvendo os parceiros sociais. Com efeito, a reversão de processos de privatização em empresas estratégicas (como a TAP), a restituição de salários, pensões e subsídios de férias e Natal, o restabelecimento da semana das 35 horas, o reforço de mecanismos de regulação laboral na administração pública, a criação de um subsídio de desemprego para trabalhadores independentes, etc., foram apenas algumas das medidas geradoras de consenso e ativadoras do valor da negociação e do compromisso entre Estado e parceiros sociais (Estanque e Costa, 2018).

No plano macro, a celebração (em junho de 2018) de um acordo de concertação social sobre a revisão da legislação laboral visou, por um lado, reduzir a precariedade e a segmentação do mercado de trabalho e, por outro lado, promover e dinamizar um diálogo social a todos os níveis. Ainda assim, não obstante os propósitos inerentes à celebração do acordo, nem todos os parceiros sociais o subscreveram. A CGTP, por exemplo, ficou de fora, alegando que, ao invés de reduzir a precariedade, tal acordo aumentava-a, e ao invés de dinamizar a contratação coletiva, conservava a caducidade das convenções e a possibilidade de as entidades patronais optarem pela convenção coletiva com menores direitos para os trabalhadores e que fosse menos onerosa (CGTP, 2018a, 2018b). Ou seja, na linha do que argumentámos acima, nem o conflito pode fechar a porta à negociação, nem a negociação — e a celebração de um acordo sobre uma matéria estruturante como a revisão da legislação laboral — está isenta de incompletudes e até contradições.[17]

Por sua vez, ao nível da contratação coletiva, e ainda tendo por referência o contexto laboral português, tem-se vindo a assistir a uma tendência de recuperação do número de trabalhadores abrangidos por convenções coletivas. Essa recuperação gradual observou-se precisamente desde 2015: se em 2014 eram 247 mil, em 2015 passaram a ser 490 mil, em 2016 chegou-se aos 749 mil e em 2017 o número de trabalhadores abrangidos por tais convenções chegou aos 821 mil, ainda assim bem abaixo dos níveis anteriores a 2012 (OIT, 2018: 137).

Paralelamente ao argumento quantitativo da recuperação das convenções coletivas — do qual a negociação decorre como um *plus* da relação

---

[17] Por um lado, há matérias vertidas no referido acordo que são geradoras de maior consenso: a) redução da duração máxima dos contratos de trabalho a termo de três para dois anos; b) diminuição da duração do contrato de trabalho a termo incerto de seis para quatro anos; c) contratação de trabalhadores à procura de primeiro emprego ou na situação de desemprego de longa duração, tendo como fundamento a necessidade temporária da empresa; d) limite de seis renovações para os contratos de trabalho temporário durante o período máximo de dois anos. Porém, por outro lado, há matérias que legitimamente podem ser questionadas: i) alargamento do período experimental de 90 para 180 dias, nos contratos de trabalho sem termo dos trabalhadores à procura do primeiro emprego e desempregados de longa duração; ii) a generalização dos contratos de trabalho de muito curta duração (presentemente limitado à atividade sazonal agrícola ou a eventos turísticos) não favorece a redução da segmentação laboral, em especial nas micro e pequenas empresas; iii) a manutenção do banco de horas grupal, por sinal agravada pela redução de 70 para 60% dos trabalhadores para o aprovar; iv) o aumento dos limites máximos da duração de trabalho diário (de 8 horas) e semanal (de 40 horas), respetivamente para 10 horas e 50 horas por grupos de trabalhadores sem a justa retribuição do trabalho suplementar (Leite, 2018: 45).

laboral — está o desafio da construção de respostas inovadoras por parte das organizações sindicais em matéria de negociação coletiva (Bernaciak *et al.*, 2014: 45–46). Exemplos relevantes são o enquadramento autónomo da temática do *stress* adotado pela Confederação Europeia de Sindicatos ou o conceito de *good work* estimulado por sindicatos alemães, que tem também contribuído para os sindicatos prestarem mais atenção ao equilíbrio entre trabalho e família nos acordos laborais. Na verdade, uma das linhas norteadoras do que poderia designar-se por «sindicato ideal» (Lousã, 2011) passaria justamente por incluir na negociação coletiva conteúdos ajustados às mudanças no mercado de trabalho, indo, pois, além de matérias meramente relacionadas com salários: o teletrabalho, a proteção de dados pessoais, o uso da Internet, a inviolabilidade do acesso ao email por parte das entidades empregadoras, a discriminação em função da orientação sexual, etc. (Lousã, 2011: 150), são apenas algumas matérias passíveis de negociação e inovação — por sinal, um critério analítico a que nos reportaremos adiante — a que subjaz o objetivo de promover uma capacitação construtiva no local de trabalho (Bernaciak *et al.*, 2014: 18).

Também neste tópico fica claro que se remete para diferentes dimensões do poder sindical, sendo aqui por excelência um campo onde o «poder institucional» ganha mais força, uma vez que é aí que confluem os resultados efetivos desta dupla lógica da ação coletiva. No entanto, uma vez mais, a capacidade negocial é inseparável da capacidade de ação e mobilização dos sindicados e das condições de vida e de trabalho dos assalariados, pelo que os restantes poderes se cruzam igualmente com este critério.

2.4. Nacional/Internacional

A relação, por vezes tensa, por vezes complementar, entre os níveis «nacional» e «internacional» é outro dos critérios analíticos que suscita o nosso interesse. Trata-se sobretudo de apurar a importância das forças internas e externas das organizações sindicais, isto é, de pôr em confronto/articulação fluxos e influências sistémicas e dinâmicas transfronteiriças que vão além da realidade nacional circunscrita pelos países. E desde logo não constitui propriamente uma surpresa que continue a ser a escala nacional aquela que melhor define o espaço das preocupações do sindicalismo em matéria de condições de trabalho e de política salarial. Por sua vez, os desafios transnacionais jogam-se no plano europeu/internacional[18] (filiação em estruturas sindicais transnacionais; participação em campanhas internacionais e ações de solidariedade; envolvimento em conselhos de empresa europeus, acordos-quadro globais ou conselhos sindicais inter-regionais, etc.).

Ainda que não de modo exclusivo, este critério suscita pistas de análise que interferem mais diretamente com o «poder societal» de que demos conta na primeira parte deste livro. As dimensões nacional e internacional encontram-se, pois, em permanente articulação, dependência e tensão no sistema de relações laborais, nomeadamente no que respeita à ação sindical. Ainda que as *raízes* sindicais sejam essencialmente nacionais e seja precipitado falar em desnacionalização, no contexto europeu há *opções* que se colocam com maior acuidade. Numa economia crescentemente integrada internacionalmente e sujeita a políticas e regulações europeias, o principal impacto nos mercados de trabalho nacionais é o que decorre precisamente de uma lógica «internacional» que é entendida essencialmente como sinónimo de lógica «europeia» (Bernaciak *et al.*, 2014). Consequentemente, qualquer dinâmica de revitalização sindical terá de levar em linha de conta o reforço da dimensão transnacional. No entanto, no contexto da globalização económica, a atuação do movimento sindical apresenta-se como reativa de uma forma geral, o que em parte ajuda a explicar que a organização sindical transnacional não tenha vindo a ser equacionada como prioritária (Costa, 2008a; 2018a).

Além da prioridade concedida aos assuntos internos (nacionais), outros obstáculos ao desenvolvimento da ação transnacional do sindicalismo prendem-se com: o défice de teorização sobre «sindicalismo internacional»; as diferenças de país para país em matéria legislativa; as interferências (quer por oposição, quer por conivência) de atores patronais e estatais; a competitividade intrassindical; as atitudes sindicais de resistência/protecionismo;

---

[18] Ainda que no quadro dos desafios transnacionais seja adequado distinguir entre os níveis europeu e internacional, no contacto com os nossos interlocutores o «internacional» acabou por emergir de modo mais intuitivo quando colocado em oposição ao «nacional». De igual modo, quando pensamos no marco de regulação nacional, também é possível contemplar dentro dele níveis regionais ou locais. Porém, também aqui, o «nacional» emerge discursivamente como prioritário.

o insuficiente apoio de instituições regionais de regulação laboral; a débil apetência para abrir mão de um «exclusivo» assente em interesses sindicais (Costa, 2017b; 2018a). Não obstante os défices inerentes à construção de uma identidade sindical transnacional, são múltiplas as estruturas e estratégias a mencionar nesse plano.

Um momento importante desse processo foi a criação da Confederação Sindical Internacional (CSI) em 2006, em Viena de Áustria.[19] A este respeito, importa lembrar que o grande impacto desta estrutura federativa do sindicalismo mundial teve alguma repercussão em Portugal, em especial devido à recusa da CGTP em aderir a esta nova central, o que evidencia também as clivagens e influências ideológicas no seio do sindicalismo. Neste caso, o debate ganhou intensidade inclusive no XI Congresso da CGTP (fevereiro de 2008), com o ex-dirigente Florival Lança (até então membro da Comissão Executiva e responsável pelo gabinete de relações internacionais) a sair em rutura frontal com a central, tendo mais tarde publicado um livro onde analisa detalhadamente esse processo,[20] assumindo posição pública a denunciar o que considerou ter sido uma imposição do PCP contra a eventual adesão da central à CSI. Porém, face à incontestável descredibilização da Federação Sindical Mundial (FSM, de matriz soviética), e apesar do silenciamento interno perante esse debate, a CGTP tem estado presente nos congressos da CSI como observadora. Seja como for, o fenómeno das relações transnacionais e do internacionalismo, além de uma herança secular do sindicalismo, não deixa de revelar alguns exemplos de iniciativas imaginativas e em contracorrente com o *mainstream* (Santos, 2004).

---

[19] Esta nova estrutura do movimento sindical internacional resultou da fusão da Confederação Internacional de Sindicatos Livres (CISL) e da Confederação Mundial do Trabalho (CMT). Na altura da sua fundação — momento em que representava cerca de 175 milhões de trabalhadores, através dos seus 311 afiliados em 155 países — a sua maior ambição residia na necessidade de construir um contrapoder laboral global a caminho de um «efetivo internacionalismo» (Costa, 2008b).

[20] Recorde-se a esse respeito uma notícia do jornal *Público*: «Florival Lança faz um relato de todo o processo de aproximação à CSI, a forma como o partido — que abandonou também em 2008 — reagiu e que culminou na recusa da moção no congresso. Na altura de fazer as reuniões com as uniões e federações da CGTP para debater a adesão, decidida no congresso de 2006, Florival Lança percebeu que havia "uma tentativa de silenciar a discussão"» (jornal *Público*, 10.04.2010).

Sendo o espaço europeu o espaço de atuação preferencial para o sindicalismo português, vale a pena referir duas estruturas que, além de consolidadas no plano europeu, colocam também ao rubro o critério «nacional»/«internacional» aqui tratado. A primeira dessas estruturas é a já mencionada Confederação Europeia de Sindicatos (CES), fundada em 1973 em resultado do processo de construção europeia e tendo a «Europa Social» como principal referência da intervenção sindical (Degryse e Tilly, 2013). Em especial a partir de finais da década de 1980 do século XX, com a queda do «Bloco de Leste», a CES passou a desempenhar um papel de superação das barreiras ideológicas entre sindicatos europeus (Hoffman, 2000) e, consequentemente, em resultado de um mais pronunciado enfraquecimento da Federação Sindical Mundial (FSM), a ser conotada com os países de Leste, procurando assumir um discurso e uma atitude cada vez mais plurais (Costa, 2002). Ou seja, as transformações operadas no contexto político internacional acabariam por fazer com que a CES, mesmo tendo sempre como referência a integração europeia, reforçasse uma «voz» agregadora do sindicalismo no espaço europeu, fortalecendo assim a posição dos trabalhadores e, consequentemente, a sua intervenção nos processos de decisão no seio da UE e no fortalecimento do diálogo social europeu (Lapeyre, 2017).

No entanto, a força da CES está condicionada quer pela representatividade e homogeneidade que lhe advém do número de trabalhadores que representa, quer pela «gestão» da independência política e financeira face às instituições europeias (Bernaciak *et al.*, 2014). O peso das organizações filiadas — sejam elas as confederações sindicais nacionais, sejam inclusive as organizações sindicais sectoriais europeias — confere efetivamente expressão àquela que é a maior organização sindical europeia: em maio de 2019 (por altura do seu XIV Congresso), a CES reportou a existência de 45 milhões de trabalhadores filiados, provenientes de 90 confederações sindicais nacionais de 38 países europeus e de 10 federações sindicais europeias (ETUC, 2019a). Em todo o caso, o peso dessa força «social» tem sido historicamente complementado pela força «económica» emanada da Comissão Europeia, o que, segundo algumas análises, veio questionar a capacidade de atuação autónoma da CES (Waddington, 1999; Gallin, 2002; Bernaciak *et al.*, 2014). Por outro lado ainda, continua a ter pela frente o grande desafio de ter de combinar um programa comum coerente com uma grande diversidade de experiências e tradições sindicais e modelos (Bernaciak *et al.*, 2014; Costa, 2018a), a que, de resto, já fizemos referência na primeira parte deste livro. Sob o lema «uma Europa mais justa para os trabalhadores», o XIV Congresso da CES (Viena, maio de 2019) definiu como meta para o período entre 2019–2023: um contrato social renovado para a Europa que inclua a plena implementação do *Pilar Europeu dos Direitos Sociais*, um reforço da negociação coletiva em todos os Estados membros da UE, um aumento do investimento público e privado, renovados esforços para combater as disparidades salariais entre homens e mulheres, uma intervenção urgente em matéria climática, um processo de digitalização mais justo, entre outros pontos (ETUC, 2019b).

A segunda estrutura laboral transnacional aqui mencionada são os Conselhos de Empresa Europeus (CEE). Trata-se, antes de mais, de instâncias de informação e consulta de trabalhadores nas empresas de dimensão comunitária (isto é, empresas com pelo menos 1000 trabalhadores no Espaço Económico Europeu e com pelo menos 150 trabalhadores em dois Estados desse espaço) que resultam da Diretiva 94/45/CE (de 22.09.1994), posteriormente revista por meio da Diretiva 2009/38/CE (de 06.05.2009 e em vigor desde 06.06.2011). A sua importância reside, por um lado, no facto de se possibilitar o acesso a um patamar de decisão superior, constituindo-se, assim, os CEE como espaços privilegiados para a resolução de problemas sempre que estes não são solucionados à escala nacional (da filial da multinacional). Por outro lado, os CEE criam condições para que os trabalhadores sejam informados e consultados sobre um conjunto de direitos e benefícios mais amplos relacionados com a sua situação laboral (Costa e Araújo, 2009; Costa e Costa, 2014; Costa, 2017a). Recorde-se que, na sua conceção, a lei comunitária visou, no quadro de uma crescente operação das empresas europeias, contribuir para edificar um sistema de relações laborais genuinamente europeu e um quadro legal e institucional que garantisse aos trabalhadores direitos de representação e participação a essa escala. Assim, a expansão da atuação das multinacionais remete para a necessidade de tornar também mais abrangente a atuação dos trabalhadores e suas estruturas de representação coletiva à mesma escala. Face aos processos de globalização económica e aos défices de organização social no domínio laboral, os CEE constituíram-se com o propósito de atenuar a reinante relação desigual entre capital e trabalho no seio das multinacionais.

Os CEE podem ser tomados como uma espécie de barómetro da tensão entre as dimensões nacional e internacional (neste caso, europeia). Ainda que constituam uma alavanca através da qual as condições de trabalho podem ser niveladas de modo favorável e, porventura, o exemplo onde a legislação social europeia mais avançou (Costa, 2017a), são vários os obstáculos que prevalecem quando se debate a eficácia dos CEE: as agendas nacionais/locais tendem a levar a melhor, o que significa que os CEE são mais o prolongamento de diferentes estruturas nacionais de informação e consulta dos trabalhadores do que genuínas instituições europeias; o direito à informação e consulta nem sempre é considerado uma mais-valia, sobretudo se já estiver inscrito nos ordenamentos jurídicos nacionais; é escasso o número de ações de formação sobre a problemática dos CEE (quer promovidas pelas administrações das multinacionais, quer pelas organizações representativas dos trabalhadores); muitos representantes de trabalhadores em CEE parecem associar a estas instituições europeias um certo sentimento geral de incapacidade para influenciarem verdadeiramente as decisões das administrações, etc. (Costa e Costa, 2014; Hann *et al.*, 2017; Costa, 2017a). Em resumo, quer no caso da CES, quer no caso dos CEE — os exemplos aqui selecionados —, é permanente o desafio da gestão de equilíbrios entre potencialidades (e sentido humanitário de que ambas as estruturas são protagonistas) e adversidades (associadas a constrangimentos prevalecentes). É entre tais *otimismos* e *pessimismos* que, afinal, as relações entre «nacional/internacional» se constroem e reconstroem.

2.5. Público/Privado

A relação entre os sectores público e privado é outro dos nossos critérios analíticos. No sector público, o aparelho legislativo e de enquadramento institucional do Estado produz e reproduz múltiplas interdependências entre a ação estatal e a vida económica mais geral, podendo as interferências ser mais ou menos diretas e ocorrer através de diversos canais. Os seus efeitos derivam tanto da coerência e da capacidade reguladora do Estado, como da sua conjugação com as dinâmicas do mercado em cada ciclo económico. Desse modo, traduzem-se em movimentos de ampliação e contração de diferentes categorias da força de trabalho, atuando como fatores de risco e instabilidade entre variados sectores profissionais, funcionários administrativos, técnicos e especialistas de diversos tipos (Estanque, 2005; 2009b).

Tradicionalmente, o «público» está conotado com o sector mais protegido da sociedade e ao qual estão associadas expectativas de maior estabilidade e porventura maiores regalias sociais. Como diria Tony Judt (2010), o «bem comum» traduz-se no fornecimento de serviços sociais universais, seguros de saúde públicos ou transportes públicos subsidiados. Ao mesmo tempo, como sabemos, foi na administração pública que mais cresceu a lógica burocrática ao longo das últimas quatro décadas de experiência democrática no país, o que se prende não só com a dimensão das instituições mas também com a estabilidade e a segurança que, desde a década de 1980, começou a ser oferecida a quem ingressava numa profissão do Estado.

Um conhecido estudioso do corporativismo português e do Estado Novo, Manuel de Lucena (1985), ao enumerar diversas empresas públicas, um ano antes da nossa adesão à Comunidade Europeia, salientava mudanças, mas também continuidades. Herdámos do velho regime uma cultura corporativista instigada desde cedo pelo Estado central e pelo poder autoritário de Salazar, com a Constituição de 1933 a caucionar uma ditadura onde o controlo apertado sobre o campo laboral complementava o moralismo conservador e a ação repressiva contra o sindicalismo autónomo, fosse ele republicano, anarquista ou comunista. Com a democracia e a promessa de um Estado Providência inclusivo e progressista, abriu-se espaço para uma influência crescente das forças políticas e o campo sindical tornou-se, ele próprio, um elo importante da ação providencial das políticas públicas. Embora democratizado, o sistema não apagou as marcas do corporativismo e da burocracia.

Recorde-se que na aceção de Schmitter o corporativismo é «um sistema de representação de interesses no qual as unidades constitutivas estão organizadas num número limitado de categorias singulares, obrigatórias, não competitivas, hierarquicamente ordenadas e funcionalmente diferenciadas, reconhecidas ou autorizadas (se não criadas) pelo Estado, o qual lhe concede um deliberado monopólio representativo dentro das suas categorias, como recompensa pelo controlo e seleção dos seus dirigentes e a articulação das suas demandas e apoios» (Schmitter, 1974: 43–44). Além do corporativismo autoritário, como o que vivemos no antigo regime, o neocorporativismo consolidou-se em ambientes democráticos e em larga medida com o contributo de corpos profissionais sólidos dentro do aparelho de Estado. Tal solidez deriva de sistemas estáveis e com condições previsíveis de diálogo, negociação, progressão nas carreiras, gerando nos atores e «núcleos duros» das instituições uma cultura tendencialmente fechada, voltada para dentro e para a defesa de interesses materiais enquanto corpo coeso e dotado de uma importância funcional decisiva para as instituições e a sociedade mais geral.

Ora, estas características desenvolveram na sociedade uma imagem do funcionário público que, numa primeira fase, foi visto como o profissional digno e reconhecido no seu estatuto. Porém, à medida que — perante a travagem do crescimento económico e o fim do regime fordista — os sistemas de emprego se começaram a segmentar e a flexibilizar, com a contenção salarial e a precariedade a atingir sobretudo o sector privado, a chamada «função pública» começou a ser considerada a parte «privilegiada» da força de trabalho. Mas se essa imagem foi em certa medida forjada pela narrativa neoliberal ascendente, também importa lembrar que há todo um conjunto de conquistas e direitos laborais de que gozou a Administração Pública (em diversos países europeus) proporcionadas pela ação organizada e pelas lutas do campo sindical, que as instituições incorporaram, fortalecendo com isso as camadas assalariadas da «classe média», donde resultou um significativo reforço da coesão social no seu conjunto. No caso de Portugal, como se sabe, um tal processo ocorreu numa fase tardia, com um Estado social mais vulnerável, e, por isso, a estabilidade e solidez desses sectores permaneceu aquém dos países de referência da Europa (Estanque, 2012a; 2013).

Em sentido inverso, o sector privado está, de uma forma geral, associado a uma prevalência de elementos ideológicos de cariz neoliberal, a uma base de economia neoclássica, e à crença na superioridade do mercado em relação a outros tipos de governação. É indissociável de uma aproximação ao tipo-ideal da economia de mercado, especialmente quanto aos seguintes pontos: Estado minimalista no que respeita a taxação e a regulação das empresas; mercados de trabalho flexíveis e relações entre capital e trabalho descentralizadas e livres da pressão dos sindicatos e da negociação coletiva; e ausência de barreiras à mobilidade internacional de capitais (Campbell e Pedersen, 2001). A privatização é, pois, um ponto fulcral desta linha de pensamento (Keune *et al.*, 2008) e as suas implicações são sentidas ao nível de um conjunto vasto de preocupações sociais (Foged e Aaskoven, 2017). São também percetíveis no caso dos sindicatos ligados a empresas públicas, na medida em que afeta os recursos organizacionais disponíveis (em parte, como consequência da perda de membros e correspondente impacto financeiro), bem como a capacidade de negociação.

Em especial na periferia da zona euro, o contexto da austeridade colocou os governos nacionais sob uma enorme pressão fiscal, levando-os a buscar tanto formas de redução da despesa como fontes adicionais de receita. Foi nesse quadro que se situou a estratégia mais recente de privatização de empresas públicas em Portugal. Os impactos dos processos de privatização tendem a ser particularmente visíveis ao nível dos salários e das condições de trabalho, em especial quando comparados com os praticados no sector público: a privatização tende a conduzir a uma deterioração dos salários — especialmente no caso dos trabalhadores recentemente contratados ou com menos tempo na empresa — e das condições de trabalho, bem como a uma redução dos postos de trabalho, além da quebra de qualidade dos serviços oferecidos.[21]

Em suma, são os trabalhadores a pagar o «preço» das privatizações (especialmente os menos qualificados e as mulheres); consequentemente, sobressai a degradação das condições de trabalho (CGTP, 2014) e as organizações representativas dos trabalhadores, particularmente os sindicatos, ficam desgastados e marginalizados (Towalski, 2002). De entre as implicações decorrentes dos processos de privatização para os trabalhadores pode destacar-se as seguintes: redução do volume de emprego efetivo (por exemplo, traduzido em alterações nos vínculos contratuais, em situações de pré-reforma, em rescisões contratuais, etc.); modificação no processo de trabalho (designadamente de definição de funções, divisão horizontal e vertical do trabalho, horários de trabalho, etc.); desregulamentação coletiva do trabalho, com implicações nos programas de reforma, sistemas de saúde, funções sociais da empresa, etc.; enfraquecimento dos direitos de

[21] Ainda que, segundo um viés patronal, possam ser identificados efeitos positivos das privatizações — aumento do crescimento, reforço do desenvolvimento tecnológico e da capacidade de inovação, ganhos de eficiência e vantagens orçamentais —, a saliência dos efeitos negativos é maior (Boorsma, 1994).

informação, consulta e participação dos órgãos representativos nas empresas (Naumann, 1995: 67). De uma forma geral, a privatização confere às administrações posições negociais mais fortes, que lhes permitem forçar os sindicatos a concessões como a redução de postos de trabalho.

Em países como Portugal e a Grécia, a concessão de empréstimos ao abrigo do Mecanismo Europeu de Estabilidade dependeu em grande medida de privatizações em larga escala. E subjacente a isso esteve a crença de que um sector público mais emagrecido e uma privatização dos serviços públicos impulsionariam a competitividade e contribuiriam para ultrapassar a crise. Mas tal não se afiguraria realista, como de resto foi testemunhado pela oposição sem reservas dos sindicatos à privatização de serviços ou empresas públicas, motivada pelas consequências negativas já mencionadas. Em todo o caso, como é de admitir que qualquer oposição sem reservas dificilmente possa ser sustentável com o passar do tempo, os sindicatos não podem também colocar de lado a possibilidade de adotarem uma atitude pragmática (Jalette e Hebdon, 2012). São várias as estratégias alternativas à disposição dos trabalhadores e dos sindicatos que os representam, sendo que as possibilidades de êxito parecem ser maiores em sectores dominados por grupos de interesses e que contam com a presença de sindicatos fortes (Foged e Aaskoven, 2017). Está implícita a assunção de que a força de um sindicato pode afetar a concretização de processos de privatização, tanto por via da utilização dos canais políticos disponíveis como através da transmissão de uma imagem negativa das consequências do processo aos utilizadores dos serviços (formação de opinião).

De uma forma esquemática, as estratégias sindicais face à privatização podem ser de cinco tipos, sendo que em muitos casos as probabilidades de sucesso são maiores se combinadas entre si e não utilizadas de forma isolada (Jalette e Hebdon, 2012). Um sindicato pode, por exemplo, (a) não reagir ao anúncio de privatização ou então apoiar a proposta. A não reação ou não envolvimento comporta riscos importantes pois o sindicato pode perder a oportunidade de influenciar as negociações subjacentes. Outra opção possível é (b) o recurso à ação coletiva, o que implica, na maior parte das vezes, a conformação de um ambiente de conflito que não é necessariamente positivo para a consecução do objetivo de travar a privatização. Outras possibilidades são (c) o recurso à arbitragem e litigação e (d) a negociação com vista à minimização dos efeitos negativos da privatização, o que pressupõe o envolvimento ativo do sindicato no processo, isto é, uma atitude proactiva. Quando confrontado com a possibilidade de privatização, um sindicato pode ainda (e) sugerir alternativas à mesma.

O critério analítico «público/privado» que analisámos nesta secção, ao contemplar os processos de privatização e suas consequências, remete para os desafios enfrentados pelos sindicatos, os quais exigem a ativação de capacidades estratégicas e a assunção de uma atitude proactiva. Uma análise centrada no mesmo pode, por isso, fornecer pistas importantes quanto ao «poder organizacional» dos sindicatos, correlacionando-se quer com estratégias de conflito, quer de negociação. Mas outras formas de poder sindical — como o «poder estrutural» ou o «poder societal», por exemplo, — não deixam também de ser convocadas. Quer pelo confronto a que estão sujeitas com as opções estratégicas e orientações dominantes da economia e da ação governativa, quer pelas estratégias de articulação com a sociedade que podem suscitar (como veremos nos estudos de caso).

2.6. Inovação

O último critério analítico que privilegiamos é tão central quanto os anteriores. Quando na primeira parte do livro fizemos referência à questão da renovação sindical enquanto forma de poder, já estávamos, em boa medida, a antecipar este critério. Subjacente a isso esteve, por um lado, a preocupação em perceber até que ponto, na sequência do período de contração da economia (em especial entre 2011–2015), as empresas que são objeto da nossa análise nos estudos de caso apostaram na inovação — tanto ao nível da gestão como do processo produtivo, como forma de alavancar a recuperação e o crescimento — e até que ponto os respetivos sindicatos foram consultados quanto à introdução de novas técnicas e processos. Assim, diante de uma eventual introdução de novas tecnologias, tratou-se também de averiguar se as necessidades dos trabalhadores (em termos de formação, por exemplo) foram acauteladas e qual a posição adotada pelo sindicato relativamente a essa questão. Por outro lado, além de um registo reativo face à atuação da empresa, este critério aponta num sentido pró-ativo no interior do próprio sindicato, que se pode pôr à prova através de um conjunto de objetivos conexos: apurar em que medida têm ocorrido mudanças na estrutura sindical tendo em vista uma orientação para a «modernização»; captar o posicionamento de responsáveis sindicais perante a introdução de novos instrumentos digitais no «ciberespaço» como fator de valorização da estratégia de comunicação do sindicato; situar a importância e eficácia atribuída a redes sociais como o Facebook e o Twitter, entre outras, enquanto ferramentas válidas para a captação de novos membros; aferir em que medida um critério como o da inovação pode potenciar a aproximação do sindicalismo a outros públicos não sindicais. Este último aspeto permite realçar que o critério da «inovação», tal como o perspetivamos, não pode ser apenas sinónimo de recurso a novas tecnologias, mas deve conter igualmente a predisposição sindical para a renovação de discursos, o abandono de velhas práticas, a captação de novos públicos, etc. Nalguns dos aspetos já enunciados são evidentes as conexões deste critério analítico quer com o poder «associativo/organizacional», quer com o «poder societal», analisados anteriormente.

A inovação na esfera das redes sociais pode assumir-se como fundamental na revitalização sindical, constituindo um fator transversal aos outros cinco critérios já tratados. A sua influência estende-se a aspetos como a dimensão organizacional, as estratégias de ação e comunicação ou os objetivos da ação sindical. A inovação nessas áreas pode contribuir para a reversão de diferentes problemas, como sejam a perda de membros, a erosão das estruturas de representação, ou o enfraquecimento da capacidade de mobilização, designadamente junto das camadas mais jovens. Acresce que os impactos destrutivos das novas tecnologias sobre emprego e os modelos laborais estão a gerar uma crescente divisão entre, de um lado, os *outsiders* — isto é, a maioria dos novos segmentos de força de trabalho, que se emprega nomeadamente em sectores como a restauração, hotelaria e turismo, construção civil, *call centers,* motoristas inseridos em empresas como a Uber e outras plataformas digitais, trabalhadores a tempo parcial, tarefeiros, trabalho independente em regime de *freelancer*, trabalho digital e à distância — e, de outro, a minoria dos *insiders,* tais como especialistas em computação e programação, engenheiros informáticos e técnicos de *software* de grandes companhias, quadros superiores do sistema financeiro, engenheiros de bases de dados, *experts* em inteligência artificial e robótica, etc. (OECD, 2016; Estanque, 2018). E, como não podia deixar de ser, estas tendências são devastadoras para a esfera sindical e, de um modo geral, inscrevem-se no processo de fragmentação do trabalho, contribuindo para a debilitação do poder do sindicalismo.

Nos planos organizacional e estratégico, os processos de reestruturação através de fusões e integrações, bem como a redefinição de valores e identidades (que remete para as opções políticas e programáticas, bem como para questões de legitimidade) constituem importantes focos de inovação. Idealmente, a mudança organizacional é orientada por «motivações transformadoras», e ocorre no sentido do aprofundamento da democracia sindical, da promoção da participação e (re)construção das relações entre os vários níveis do movimento sindical (Alves, 2014). As fusões surgem muitas vezes como estratégia para reforçar o poder de negociação e enfrentar o contexto adverso de quebra de filiação e outros constrangimentos colocados por contextos de crise económica. Trata-se de uma estratégia inerentemente defensiva (Waddington, 2005) que, apesar de eventualmente assegurar a base de filiação, pode favorecer tendências de conservadorismo organizacional em detrimento da inovação. Além disso, os resultados alcançados podem ser contrários ao pretendido (Bernaciak *et al.*, 2014). Muitas vezes ocorre uma diminuição do número de membros e a perda associada de rendimento causa défices nos orçamentos, colocando a viabilidade do sindicato em risco. Simultaneamente, a harmonização de diferentes culturas organizacionais pode revelar-se difícil. Os membros podem entender os «supersindicatos» resultantes de processos de fusão como distantes, ou ter a perceção de que os seus interesses específicos não são mais adequadamente representados.

As novas tecnologias e a sua incorporação pelos sindicatos são potenciadoras de novas formas de organização e de comunicação. Cada vez mais os sindicatos utilizam a Internet e a comunicação social como forma de comunicar com os membros e com a sociedade, de dar a conhecer os seus objetivos e políticas, e como meio de fornecer informações sobre os serviços disponibilizados (Eurofound, 2016b). Em particular, a Internet contribuiu para uma revolução na comunicação das estruturas sindicais, embora os seus impactos variem consoante o contexto nacional (Bernaciak *et al.*, 2014). Por exemplo, os *sites* dos sindicatos são agora, em geral, mais «intuitivos», a filiação pode ser feita online em muitos casos, e é cada vez mais comum os sindicatos terem Facebook e Twitter. De uma forma geral, é consensual a importância da adesão dos sindicatos às TIC no contexto da era digital (Rego *et al.*, 2016). Porém, quando se tem em conta a realidade portuguesa, os sindicatos, de um modo geral, não parecem estar a tirar proveito máximo das potencialidades da Internet (Rego *et al.*, 2013; Costa, 2018b; Estanque, 2018).

No recrutamento de novos membros, o foco na inovação deve igualmente ser ponderado, pelo que faz sentido retomar o tema da conectividade (Murray, 2017) abordado no capítulo anterior. Já aí se referiu que as transformações recentes da economia e do mercado de trabalho decorrentes dos anos de austeridade tornaram evidentes as dificuldades dos sindicatos em lidar com as tendências emergentes. Além disso, a presença de um vincado pendor institucional dos sindicatos europeus funciona muitas vezes como um «desincentivo» à organização de novos grupos de trabalhadores. Daí que associar a inovação ao recrutamento de novos membros obrigue por certo a rever repertórios de ação e a redimensionar o papel das campanhas, pois a manutenção da filiação e da imagem pública dos sindicatos encontra aí uma fonte explicativa.

Por um lado, os repertórios de ação — principalmente no seu formato mais tradicional — encontram-se profundamente enraizados nas práticas sindicais adotadas por sucessivas gerações de sindicalistas. Atualmente são condicionados por uma série de mudanças que se revelaram extremamente negativas em vários domínios, particularmente no caso da negociação coletiva, em que o foco da negociação se deslocou para as empresas, exigindo a assunção, por parte dos sindicatos, do papel de parceiro no local de trabalho e de facilitador de sistemas de trabalho de alta *performance*. As parcerias podem ser uma estratégia importante nos casos em que os mecanismos que dão voz aos trabalhadores não se encontram institucionalizados ou são fracos. Ao colocarem em evidência uma visão centrada no compromisso entre as partes, as parcerias poderão permitir aos sindicatos proteger ou desenvolver instituições de negociação, prosseguir novos interesses e suscitar o interesse dos trabalhadores não sindicalizados, bem como incrementar a sua influência em termos de ação política (Frege e Kelly, 2003).

Por outro lado, perspetivar a inovação ao nível das campanhas obriga, no mínimo, a ponderar a sua diversificação. Em vez de campanhas centradas em questões sectoriais, nacionais e do foro laboral, as campanhas sindicais devem ser abrangentes, transnacionais e comunitárias (Murray, 2017). A necessidade de campanhas mais abrangentes justifica-se sobretudo em contextos de crescente hostilidade e complexidade como são aqueles em que frequentemente se desenrolam os mecanismos de negociação e de conflito. Tal requer a ativação de pontos de pressão múltiplos, de forma a conferir vantagem estratégica às organizações de trabalhadores. No caso das campanhas transnacionais, a sua importância prende-se com uma ambição que não é nova: em face da transnacionalização do «capital», uma estratégia similar para o «trabalho», conduzida por sindicatos, tanto em termos de ação como de solidariedade, afigura-se incontornável (Costa, 2017a). O engajamento dos sindicatos de carácter local e nacional em ações de âmbito transnacional depende, em grande medida, da capacidade que tiverem de enquadrar a sua ação como parte de uma narrativa mais ampla, assim como da articulação que forem capazes de fomentar entre diferentes níveis de ação (i.e., dando vida ao «poder societal» na sua vertente discursiva). Por fim, as campanhas comunitárias reclamam a transformação das reivindicações de um grupo em reivindicações de uma comunidade no seu todo, bem como o deslocamento das campanhas sindicais do «local de trabalho» para os espaços de reprodução social e do consumo. O desafio que se coloca é o da construção de uma narrativa comum capaz de estabelecer a ligação entre sindicalistas e não sindicalistas. Tal desafio não pode ser dissociado da perda de poder estrutural, organizacional e institucional dos sindicatos (Bernaciak *et al.*, 2014). Nesse sentido, a construção de coligações com outros movimentos sociais constitui um importante foco de inovação em termos estratégicos. Pode ajudar os sindicatos a expandirem os seus recursos de poder, designadamente o acesso a grupos difíceis de organizar ou com menos afinidade com os sindicatos, e a ampliarem os interesses e agendas que procuram representar (Frege e Kelly, 2003; Costa, 2017b). É importante frisar que este tipo de campanhas acarreta necessariamente o estabelecimento de vínculos organizacionais entre os parceiros das coligações formadas. Mas como também é sabido, tais vínculos, mesmo podendo ser mais ou menos fortes e formais, não raras vezes estão envoltos em receios e tensões.

Na terceira parte deste livro, os critérios analíticos que acabámos de sistematizar são postos «à prova» por meio dos três estudos de caso em análise.

TERCEIRA PARTE

ANÁLISE EMPÍRICA: ESTUDOS DE CASO

Depois de termos sintetizado a literatura sobre os recursos de poder (capítulo 1) e de termos exposto os critérios analíticos que guiam o nosso estudo (capítulo 2), nesta terceira parte do livro (capítulos 3, 4 e 5) concede-se espaço detalhado aos estudos de caso, de modo a evidenciar em cada um deles quer a presença de recursos de poder sindical, quer a saliência dos critérios analíticos propostos.

A priori, para a análise dos três estudos de caso — Autoeuropa, TAP Air Portugal e Portugal Telecom/Altice — não deixámos de nos guiar pela célebre tipologia proposta por Richard Hyman, assente na conceção dos sindicatos enquanto «mercado, classe e sociedade» (Hyman, 2001). Poderíamos inclusive afirmar, de forma algo intuitiva, que cada um dos sectores que analisamos — metalúrgico, dos transportes e das telecomunicações — se adequa preferencialmente a um dos vértices do triângulo analítico de Hyman. O sector metalúrgico é tradicionalmente um sector de «classe», onde as tensões entre capital e trabalho fizeram história e onde a ênfase no conflito e na luta social são preponderantes. O sector dos transportes faz um apelo intuitivo à «sociedade», à ideia de existência de um sistema ou rede de transportes que é colocada ao dispor da sociedade, que obriga, não raras vezes, à criação de mecanismos de diálogo e convergência entre a oferta e a procura desse tipo de bens. O sector das telecomunicações «casa» melhor com a noção de «mercado», pois é um sector particularmente exposto à competição internacional e às lógicas da globalização, onde os processos de privatização assumem um papel preponderante.

No entanto, convém sublinhar que essas diferentes lógicas se encontram presentes em qualquer dos sectores aqui em análise. O que pode variar é a ênfase, maior ou menor, em cada um dos casos. Na verdade, o que os nossos estudos de caso e o trabalho empírico que lhe serviu de base[22] demonstram é a inexistência de uma correspondência pura entre esse modelo e a realidade. Ou seja, cada estudo de caso, ainda que inserido num sector específico, combina a existência de mais do que um dos critérios analíticos que anteriormente tratámos. Nessa medida, embora não desvirtue cada vértice do triângulo classe-sociedade-mercado, acaba por complexificá-lo. E ainda que todos os seis critérios analíticos sejam objeto de tratamento nesta terceira parte do livro, como veremos, alguns adquirem maior proeminência do que outros.

No caso da Autoeuropa, ainda que seja parte do sector metalúrgico (que acima associámos à ideia de conflito de classe), é conhecida a tradição de diálogo entre estruturas representativas de trabalhadores e a administração da empresa. O critério «conflito/negociação» foi particularmente posto à prova no ano de 2017, por sinal um ano que quase poderíamos considerar atípico nas relações laborais na empresa. Mas neste estudo de caso, outros critérios analíticos adquirem saliência, como o binómio nacional/internacional, em parte fruto da relação de articulação entre a «casa-mãe» e a filial portuguesa da VW.

No caso da TAP, ainda que seja parte do sector dos transportes (que acima associámos à ideia de «sociedade» e à construção de pontes e consensos), não podemos deixar de ver nele um exemplo onde despontam temas próprios do mercado e da globalização. Nesse sentido, o critério «nacional/interna-

[22] O trabalho empírico consistiu essencialmente na realização de entrevistas e de *focus group* junto de responsáveis sindicais e de comissões de trabalhadores cuja atividade se desenrola junto da Autoeuropa, TAP e PT/Altice. No ambiente da Autoeuropa foram realizadas entrevistas a responsáveis sindicais da Federação Intersindical das Indústrias Metalúrgicas, Químicas, Elétricas, Farmacêutica, Celulose, Papel, Gráfica, Imprensa, Energia e Minas (Fiequimetal) e do Sindicato dos Trabalhadores das Indústrias Transformadoras, Energia e Ambiente do Sul (Site-Sul). No quadro da TAP, foram entrevistados responsáveis sindicais e membros do Sindicato Nacional do Pessoal de Voo da Aviação Civil (SNPVAC), do Sindicato dos Trabalhadores da Aviação e Aeroportos (Sitava) e do Sindicato dos Técnicos de Manutenção e Aeronaves (Sitema). Por fim, na PT/Altice foram entrevistados responsáveis sindicais e membros do Sindicato Nacional dos Trabalhadores das Telecomunicações e Audiovisual (Sinttav), do Sindicato dos Trabalhadores do Grupo Portugal Telecom (STPT), do Sindicato Nacional dos Trabalhadores de Correios e Telecomunicações (SNTCT) e do Sindicato Democrático dos Trabalhadores dos Correios, Telecomunicações, Media e Serviços (Sindetelco).

cional», por exemplo, é ilustrativo do percurso socio-histórico da própria empresa e dos desafios sindicais que se colocam nessa matéria. Mas além do foco nas questões nacionais e internacionais, não deixaremos de enfatizar outros critérios, tais como o «conflito/negociação» ou a relação «público/privado» (não esqueçamos o processo de privatização/«desprivatização» de que a empresa foi alvo nos dois ciclos políticos anteriores, 2011–2015; 2015–2019).

Por fim, no caso da PT/Altice, se por um lado conferimos destaque ao critério analítico «público/privado» (indo ao encontro do vértice do «mercado» e dando conta das complexidades intrínsecas ao processo de privatização), por outro lado as tensões «conflito/negociação» ou «nacional/internacional» são inerentes ao comportamento sindical nos últimos anos.

Sem prejuízo de uma análise autónoma de cada critério analítico (como a que fizemos no capítulo 2) e que possa até tornar-se mais saliente em cada estudo de caso, são incontornáveis as conexões entre critérios: por exemplo, afigura-se difícil falar de privatização sem aludir a estratégias de conflito ou lógicas de representatividade, como é igualmente problemático dar conta das estratégias sindicais de orientação nacional sem cuidar de saber que ligações desenvolvem com a ideia de serviço público. E por aí adiante. No fundo, na globalidade do tratamento concedido aos estudos de caso, não deixaremos de dar conta do modo como certos critérios analíticos se «comportam» ou destacam em cada um deles. E ao fazê-lo estaremos também a enfatizar a vertente comparativa da nossa investigação. Essa vertente permite efetivamente colocar em confronto o *modus operandi* das estruturas sindicais que atuam no quadro da Autoeuropa, TAP e PT/Altice, ainda que, claro está, o âmbito da intervenção das organizações sindicais nossas interlocutoras (salvo algumas exceções) se projete para lá das fronteiras de cada uma dessas empresas. O facto de darmos prioridade a um sindicalismo «de empresa» não significa, como se verá, que as ilustrações empíricas não sejam «exportáveis» para outras empresas e situações de trabalho em cada um dos sectores que servem de foco ao nosso estudo.

A estratégia metodológica adotada foi, pois, delineada em função da necessidade de responder à questão de saber como os sindicatos estavam a reagir ao contexto de austeridade e quais as possibilidades de afirmação no contexto envolvente daquelas três empresas de referência para a economia portuguesa. Tratou-se de uma opção metodológica de recorte qualitativo, a qual se desdobrou num conjunto de técnicas: análise documental e de bases de dados; *focus groups*; observação direta; e entrevistas semiestruturadas.[23]

[23] Para cada estudo de caso, foram realizadas quinze entrevistas semiestruturadas, embora tenham também sido entrevistados outros protagonistas de relevo ligados a organizações sindicais internacionais. Foi conduzido um *focus group* para cada um dos estudos de caso, o que permitiu recolher pistas sobre as origens de comportamentos e motivações complexas. A informação recolhida quer nas entrevistas quer nos *focus group* foi complementada pela criação de um observatório de imprensa que acompanhou todos os eventos relevantes do âmbito dos três estudos de caso.

CAPÍTULO 3

SECTOR METALÚRGICO: ESTUDO DE CASO DA AUTOEUROPA

O caso da empresa Autoeuropa permite-nos ilustrar e pôr à prova o potencial analítico do nosso modelo teórico, uma vez que, embora se trate de um nível de análise mais circunscrito, quer a dimensão da empresa quer as características próprias do contexto em que se insere lhe imprimem um significado especial. A sua abrangência e complexidade fazem desta unidade do grupo Volkswagen um *case study* cuja relevância na economia portuguesa é unanimemente reconhecida.

3.1. A Autoeuropa: origens e singularidade no contexto português

A Autoeuropa foi criada em 1991, resultando de um empreendimento conjunto da Ford e da Volkswagen que beneficiou de vantagens oferecidas pelo Estado português. A implementação do projeto coincidiu com um período particularmente difícil da indústria automóvel, que se encontrava sob o espectro de deslocalizações e da extinção de postos de trabalho (Lima *et al.*, 1995; 1996; 2012). A Ford era responsável pela gestão dos recursos humanos e escolha dos fornecedores, detendo maior poder de decisão de uma forma geral, enquanto a Volkswagen supervisionava o projeto da fábrica e algumas áreas associadas. A fábrica nasceu com o objetivo de fabricar um automóvel do tipo «monovolume» e iniciou a produção em 1995.[24]

[24] A introdução do veículo no mercado (marcas Ford Galaxy, Volkswagen Sharan e Seat Alhambra) ocorreu no 1.º semestre de 1995, altura da inauguração oficial da fábrica e de início da produção (26 de abril de 1995).

Na atualidade, o projeto da Autoeuropa é considerado um dos mais importantes em território nacional dado o volume de emprego gerado de forma direta e indireta. Assume uma importância particular tanto em termos de investimento estrangeiro como de modernização tecnológica, fazendo parte da lista das maiores empresas exportadoras (4%), com um peso de cerca de 1% do PIB.

O modelo de relações laborais seguido pela Autoeuropa introduziu ruturas com a tradição industrial portuguesa do sector automóvel, incentivando a sua reestruturação. A localização do projeto na península de Setúbal promoveu uma organização em cadeia e um processo de integração vertical, coexistindo, num mesmo espaço, empresas de produção e montagem automóvel, fornecedores de componentes, empresas subcontratadas, distribuidores e vendedores de automóveis (Lima *et al.*, 1996; Damasceno Correia, 2000). O projeto «Autoeuropa» proporcionou a entrada de novas tecnologias em contexto de produção e introduziu metodologias inovadoras relativas à organização do trabalho e à gestão de recursos humanos, contrariando assim as práticas antiquadas e paternalistas predominantes no tecido empresarial português. Distingue-se pela promoção do envolvimento ativo dos trabalhadores na procura de qualidade e inovação, pela ênfase no trabalho em equipa e pela aposta na formação. A dinâmica da fábrica é comandada pelo ciclo de vida dos modelos, pelos quais tem de competir dentro do grupo Volkswagen (VW), uma competição que é cada vez mais forte e por isso indutora de uma lógica de busca do custo de produção mais baixo.

O modelo de relações laborais da Autoeuropa é muito influenciado pela tradição alemã, assente num sistema de relações laborais fortemente estruturado, baseado na confiança mútua e na convergência de interesses das partes, na negociação coletiva livre e em mecanismos alternativos de resolução de conflitos (Schmalz e Thiel, 2017). No modelo germânico, os interesses dos trabalhadores estruturam-se segundo um sistema dual que compreende, por um lado, a cogestão ao nível do local de trabalho e da empresa (sendo esse o principal traço das relações de emprego naquele país) e, paralelamente, a negociação coletiva no plano sectorial.[25] A cogestão estabelece o direito dos

[25] Atualmente, o sistema dual alemão parece estar em «crise». São cada vez mais evidentes as tendências de descentralização da negociação coletiva, a emergência de alguma

trabalhadores participarem na gestão das empresas. Estes são consultados e têm poder de decisão relativamente a questões de organização da empresa, condições de trabalho, gestão de pessoal e decisões económicas que afetem o futuro desta e dos empregos. O direito de cogestão permite-lhes ainda elegerem representantes (que normalmente são também representantes sindicais) para o conselho de administração. No local de trabalho, a cogestão é exercida pelas *betriebsräte*, isto é, pelas comissões de trabalhadores (CT), que gozam de um conjunto de direitos que vão desde o direito à informação (através de procedimentos de consulta) até à cogestão vinculativa e ao direito de veto.

Na Autoeuropa, estes princípios, formalizados em 2009 com a assinatura da *Carta Internacional de Relações Laborais do Grupo Volkswagen*, refletem-se na adoção de práticas de cogestão baseadas numa forte cultura de partilha de informação e de cooperação, de discussão e envolvimento estratégico entre a empresa e os representantes dos trabalhadores. Em tese, mas também na prática, estes princípios introduzem um grande dinamismo e reciprocidade nas relações entre a administração e os trabalhadores, verificando-se um diálogo permanente que permite a aferição de problemas e o desenhar de soluções, promovendo assim a estabilidade. Tal encontra-se bem refletido nas seguintes declarações:

> [É] uma carta que é importantíssima. Remete a empresa e a CT para um permanente diálogo, em que é necessário ajustar e aferir aqui algumas questões do ponto de vista da estabilidade da fábrica, não é? E isto tem funcionado, tem funcionado até agora. (Entrevista a coordenador da CT da Autoeuropa, setembro de 2017)

A situação vivida na Autoeuropa — isto é, a aplicação dos princípios da cogestão e o protagonismo assumido pela comissão de trabalhadores no âmbito das negociações relativas a questões salariais e condições de trabalho, bem como a sua participação na tomada de decisões estratégicas

---

oposição à cogestão e a flexibilização das condições de trabalho. A par de outros aspetos problemáticos, como as lacunas em termos de representação e a precarização do mercado de trabalho, essas tendências têm promovido a degradação e mudanças profundas no funcionamento do sistema dual (Whittall, 2015; Schmalz e Thiel, 2017).

— destoa da restante realidade nacional. Uma razão para tal prende-se com o ordenamento jurídico português: enquanto os sindicatos têm como competências a celebração de convenções coletivas de trabalho e a prestação de outros serviços de carácter económico-social, no caso das comissões de trabalhadores o direito a receber todas as informações necessárias ao exercício da sua atividade e a participar na gestão nas empresas estão entre as suas principais competências.[26] Ainda que as funções destas estruturas apareçam limitadas, o seu papel pode ser extraordinariamente importante nas grandes empresas, como é o caso da Autoeuropa.

Esta empresa assume, assim, características que se destacam no panorama industrial português, sendo influenciada, como acabámos de ver, por um modelo «externo», mas também pela sua inserção na região de Setúbal, um contexto com características muito particulares. Essa combinação favoreceu uma cultura *sui generis*, sobre a qual seguidamente nos detemos.

3.2. O poder societal e a cultura operária num distrito industrial

Se, no âmbito do presente estudo, o «poder societal» se prende com a capacidade de influência que o sindicalismo pode receber da sociedade, é importante contextualizar a situação desta empresa não só no quadro particular da sua criação — e como vimos, vivia-se na época os resquícios de uma crise social violenta na região —, mas também no território do próprio distrito. Falar de território é falar de cultura e do respetivo património. E neste caso importa lembrar que a península de Setúbal foi durante décadas um importante espaço da indústria e da cultura operária, onde o sindicalismo português ganhou fortes raízes ao longo do século XX. Sobretudo desde a década de 1960, com o crescimento industrial e a concentração de um operariado de primeira geração, na sua maioria oriundo do Alentejo profundo, à sombra de um regime fabril que, pode dizer-se, não chegando a ser um fordismo consolidado, adquiriu alguns dos seus traços, em particular na década de 1970.

[26] No entanto, essa participação diz respeito principalmente ao direito à informação, sendo que a função das comissões de trabalhadores parece limitar-se, na prática, ao controlo da qualidade das instalações e da higiene e segurança no local de trabalho (Leitão Marques, 1990; Damasceno Correia, 2000).

Após o 25 de Abril de 1974, a região de Setúbal ganhou fama de baluarte comunista e na maioria das suas fábricas e zonas industriais cresceu uma identidade de classe operária, à boa maneira Thompsiana (Thompson, 1987), a qual teve um alcance decisivo no movimento sindical «de classe», favorecendo a implantação da CGTP na indústria da região. Tanto a indústria naval, com a Lisnave e Setenave à cabeça, como as concentrações urbanas na margem sul do Tejo, Almada, Seixal, Barreiro, etc., cresceram em população e a presença da narrativa «da classe operária» expandiu-se e intensificou-se, primeiro num movimento de confluência de fluxos do interior rural para o litoral industrial, e, paralelamente, dos núcleos de militância operária e comunista sediados no regime fabril para as comunidades e municípios do distrito. Não por acaso, durante décadas, foi o berço de sucessivas vitórias eleitorais do Partido Comunista Português (PCP) nos seus diversos municípios. Esta breve nota permite-nos pensar a relação entre: de um lado, os recursos de poder como o «associativo», o «societal», o «institucional» ou mesmo o «estrutural»; e, do outro lado desta equação, dimensões como as que enunciámos nos nossos critérios analíticos, isto é, aspetos como a tensão conflito/negociação, a componente das estruturas de representação ou mesmo a questão das qualificações e da identidade enquanto elementos imanentes dos diferentes recursos de poder sindical.

Na génese das identidades no trabalho conjugam-se fatores como as qualificações, os modelos de organização da produção, as condições de higiene e segurança, categorias profissionais, carreiras, níveis salariais, etc. É importante realçar que os coletivos operários são e sempre foram caracterizados pela heterogeneidade. Sobretudo em unidades produtivas de grande dimensão não existem culturas monolíticas. Sociólogos conhecidos neste domínio como Renaud Sainsaulieu, Alain Touraine ou Geert Hoffsted dedicaram-se durante décadas ao estudo das implicações entre o trabalho fabril e a cultura ou identidades operárias.

O primeiro analisou a empresa como uma entidade capaz de induzir impactos culturais sobre o contexto envolvente (Sainsaulieu, 2014 [1977]). Elaborou tipologias quanto às subjetividades e lógicas identitárias na esfera do trabalho, sugerindo modalidades ou subculturas como as de «retraimento» (predominante entre os operários indiferenciados), «fusão» (operários especializados), «afinidades seletivas» (operários qualificados), «meritocracia» (quadros técnicos), subculturas estas onde se cruzam alguns dos eixos a que neste estudo não devemos deixar de dar especial atenção, como sejam: individualismo *versus* coletivismo; e conflito *versus* negociação. Alain Touraine, um autor preocupado com a ação coletiva e a cultura operária, sinalizou a importância dos antagonismos de classe mas ao mesmo tempo fez notar que, apesar dos interesses opostos, os adversários no interior da empresa partilham o mesmo *enjeu* (isto é, o mesmo ambiente organizacional), pelo que não podem deixar de adotar linguagens e códigos de conduta que permitam a comunicação e o encontro de consensos mínimos (por mais instáveis que sejam) (Touraine *et al.*, 1984). Por sua vez, Geert Hofstede mostrou como a cultura do contexto envolvente possui um alcance muito forte e interfere no ambiente das empresas, ainda que se trate de grandes organizações com vínculos e sede noutras latitudes. O seu modelo cultural realçou o papel das culturas nacionais como fatores que induzem na força de trabalho local um «programa mental» próprio, que pode medir-se a partir da escala de atitudes proposta pelo autor: individualismo/coletivismo, masculinidade/feminilidade, distância ao poder, e recusa da incerteza (Hofstede, 2001). Estas referências constituem ferramentas importantes que complementam a tipologia de critérios e ajudam a explicar a complexidade particular deste estudo de caso.

Acresce que também as culturas organizacionais e os modelos de análise da burocracia (que referimos no capítulo 1) podem aqui acrescentar visibilidade à análise da Autoeuropa enquanto microcosmos onde se conjugam: atividade económica, relações de poder, subculturas e identidades categoriais particulares, que, no entanto, podem partilhar valores comuns e, na sua diversidade, construir um sentimento de pertença partilhado enquanto vivência coletiva pelo conjunto dos trabalhadores. Esta é uma realidade bem presente na Autoeuropa e é também nesse sentido que é possível falar da implantação de uma cultura *sui generis* no seu seio.

Não podemos por isso deixar de enfatizar a importância de um modelo empresarial que neste caso é baseado na participação, no compromisso, no envolvimento e em transações recíprocas. O facto de o projeto Autoeuropa ter colocado face a face, de um lado, uma cultura nacional e regional e, de outro, uma cultura de empresa distinta e «internacional» (no sentido de vinda de outro país), remete para o problema das influências recíprocas e das tensões emergentes no seio de uma organização. Aliás, essas tensões foram bastante visíveis logo nos anos iniciais do projeto, tendo como principal foco a presença de gestores e mão-de-obra estrangeira com o propósito de auxiliar os atores nacionais na sua implementação. Por outro lado, como foi já assinalado, a implementação do projeto na península de Setúbal trouxe consigo uma nova filosofia de gestão dos recursos humanos e das relações entre trabalhadores e chefias/administração. Não pode ser menorizado o facto de os valores da Autoeuropa colocarem de forma muito clara os trabalhadores como o elemento fundamental para o sucesso do projeto. Daí que se compreenda a centralidade da aposta na integração dos trabalhadores na cultura da empresa. Nomeadamente, a formação, a comunicação e a participação em atividades extralaborais atuam como formas de integração indutoras de atitudes de forte identificação com a empresa.

No próprio código da empresa, a construção de um sentimento de pertença partilhado enquanto vivência coletiva pelo conjunto dos trabalhadores é um objetivo primordial. É na diferença que reside a coesão e o equilíbrio instável capazes de estimular o aperfeiçoamento permanente. No entanto, como atrás adiantámos, o ambiente exterior, o património cultural do operariado da região, e inclusive a presença hegemónica de ideologias de esquerda, não deixam de se propagar para dentro da empresa. O referido «poder societal» pode recolher nesse campo ingredientes capazes de acrescentar força ao campo sindical e suas estruturas dentro da empresa. Um campo sindical que, nesta situação particular, deixou de ser a única força representativa dos trabalhadores, logo no próprio ato fundacional do modelo de representação vigente na empresa.

3.3. Contradições e ambivalências da representação dos trabalhadores

Neste estudo de caso em concreto, o «poder associativo», que tem tradução na capacidade de ação dos sindicatos, coloca desde logo em evidência uma importante clivagem, resultante do facto de a esfera sindical (e o papel representativo que a lei lhe reconhece) estar aqui em confronto com uma prática empresarial que resulta do próprio modelo de regulação do grupo Volkswagen a nível internacional. Essa situação ambivalente não só se reflete na oposição entre a Comissão de Trabalhadores (de ora em diante identificada como CT) e os sindicatos (com representação na empresa), como de certo modo exprime também a contradição em que foi colocado o Estado português ao facilitar o empreendimento sem contestar o modelo de diálogo do grupo, apesar de o mesmo relegar os sindicatos para um papel secundário.

Os quatro tipos de recursos de poder que anteriormente apresentámos cruzam-se aqui de modo particular com a tipologia de critérios analíticos que temos vindo a referir. O «poder associativo», como acabámos de mencionar, apresenta-se neste caso marcado por uma divisão entre a lógica sindical do sector e a lógica da CT interna à empresa. A representação dos trabalhadores e o poder associativo refletem-se na clivagem entre ambas as dimensões, muito embora essa relação tensa (CT *versus* sindicatos) seja ela própria um processo dinâmico, que se inscreve na história de implantação da empresa na região. Vale a pena recordar alguns elementos desse processo.

Embora tendo iniciado a produção em 1995 (quatro anos depois da fundação da empresa), as primeiras contratações aconteceram antes disso, entre 1992 e 1993, beneficiando de um contexto particular — o da região de Setúbal — marcado por elevado desemprego e baixos salários. No rescaldo da crise social profunda da década de 1980, as baixas expectativas por parte dos trabalhadores facilitaram a aceitação das condições oferecidas. Por outro lado, as contratações visaram um perfil sociodemográfico bastante específico: jovens com idades até 35 anos, níveis de escolaridade mais elevados do que os padrões tradicionais e preferencialmente sem qualquer experiência laboral anterior (Lima *et al.*, 1995). As implicações dessa opção são de vária ordem. Se, por um lado, se criavam as condições para uma inculcação mais efetiva dos valores e da filosofia que se procurava implementar na fábrica de Palmela — uma força de trabalho jovem, «sem vícios», seria mais permeável à cultura da empresa e adaptável a um modelo de produção inédito em Portugal —, por outro, as características mencionadas são congruentes com uma cultura operária em declínio, apesar de a marca «classista» do sindicalismo permanecer bem viva.

Não obstante a política de recrutamento colocada em prática, a dimensão conflitual cedo emergiu no contexto das relações laborais da Autoeuropa. Os primeiros fatores geradores de conflito — a discrepância entre os salários praticados aquando das primeiras admissões e os valores de referência nas subsequentes —presidiram desde logo à constituição da primeira CT. A comissão sindical criada para solucionar essa questão não era composta por trabalhadores da empresa — que teriam um conhecimento aprofundado da realidade da fábrica e uma ligação à cultura de diálogo que nela se procurava implementar — mas sim por sindicalistas externos. Essa comissão assumiu o papel de interlocutora com a administração e, em negociações subsequentes relativas à proposta de introdução de maior flexibilidade pela Ford,[27] esse facto esteve na base de um conflito com a administração, acabando por motivar um corte de relações desta última com a comissão sindical. A CT foi, assim, constituída como estrutura alternativa de diálogo, tornando-se evidente a clivagem estabelecida entre esta nova estrutura, mais orientada para o compromisso, e a atitude tradicionalmente mais conflituosa assumida pelos sindicatos afetos à CGTP, como é o caso do Sindicato dos Trabalhadores das Indústrias Transformadoras, Energia e Ambiente do Sul (Site-Sul).[28]

Logo aqui, pode-se estabelecer alguma correspondência entre o «poder associativo» e as relações «conflito/negociação». Ou seja, fica claro que essa ligação se deveu ao modo como decorreram as primeiras iniciativas de diálogo e ao mesmo tempo daí emergiram as primeiras clivagens entre sectores distintos da força de trabalho na empresa. Por outro lado, também neste ponto se verifica uma intersecção entre «poder associativo» e a dupla lógica «nacional/internacional». Tanto a influência da cultura de empresa, radicada noutro país, como as diferenças perante o quadro jurídico português em matéria laboral se conjugam neste caso para acrescentar mais complexidade à realidade da Autoeuropa. Pode dizer-se que, à luz da economia global em que vivemos e no quadro de sistemas democráticos de relações de trabalho, quer a dualidade conflito/negociação quer a dualidade nacional/internacional se tornaram elementos constitutivos dos processos de transformação na indústria moderna.

---

[27] Recorde-se que a Ford participou com a Volkswagen na fundação da Autoeuropa.

[28] Por outro lado, assinale-se também o facto de a CT não poder promover ou decidir o recurso à greve autonomamente. Visto que só o sindicato possui legitimidade para tal, essa limitação teria a vantagem de «enfraquecer» a CT como interlocutor (Damasceno Correia, 2000).

A aplicação dos princípios de cogestão na Autoeuropa e o protagonismo assumido pela CT no âmbito das negociações sobre questões salariais e condições de trabalho, bem como a sua participação na tomada de decisões estratégicas, destoa da restante realidade nacional, o que naturalmente decorre da transposição do modelo alemão para o contexto português. Além disso, como referimos, a legislação portuguesa confere funções distintas às duas estruturas de representação. A maior preponderância do papel da CT em relação às funções desempenhadas pelos sindicatos sugere que existem tensões no plano da «coabitação» das duas estruturas. Tal ficou bem patente em vários dos depoimentos recolhidos, assim como na maior parte do discurso público que rodeou o caso da Autoeuropa em 2016/2017. Porém, vale a pena frisar que existem outras interpretações acerca das tensões mencionadas:

> Também não é verdade que a CGTP tenha tido um posicionamento negativo relativamente às CT. Houve talvez em tempos alguém que quis cavar um pouco essa opinião de que os sindicatos — e quando falou dos sindicatos falou-se da CGTP — contestavam as CT, a representatividade e a legitimidade para negociar. Vamos lá ver. Não é verdade que assim seja, até porque, desde o início nesta empresa, em 25 anos, as CT sempre tiveram elementos que são dirigentes ou delegados sindicais. (...). Como é que se coaduna tudo isto? Eu acho que as coisas se coadunam sempre a partir de um ponto de vista que é o interesse coletivo dos trabalhadores. Isto pode parecer uma frase-chavão, mas é a partir desse ponto de vista que as coisas se definem. (Declaração no contexto de um *focus group*, julho de 2018).

Não obstante o crédito que possa ser atribuído a estas afirmações, não podemos deixar de assinalar que o contexto subjacente à criação da CT era particularmente desfavorável à ação sindical. Segundo um membro da CT, «os sindicatos na altura tinham uma imagem muito negativa principalmente entre os trabalhadores mais jovens dentro da organização».[29] Capitalizando esse sentimento, o discurso veiculado pelas listas correntes para a formação da primeira CT foi «um pouco contra os sindicatos».[30]

[29] Declaração no contexto de um *focus group* em julho de 2018.
[30] Declaração no contexto de um *focus group* em julho de 2018.

A constituição da primeira CT partiu da iniciativa de trabalhadores ligados a forças político partidárias, sendo uma delas ainda hoje das que têm maior implantação na Autoeuropa, o PCP, somando-se mais tarde o Bloco de Esquerda:[31]

> Fez-se os estatutos e a primeira CT que esteve para ser eleita estava «cozinhada» pelos dois sindicatos representados na empresa. O João [nome fictício], que era da CGTP, tinha quatro pessoas e o Luís [nome fictício], que pertencia aí ao PSD, tinha outras quatro pessoas. Depois havia três pessoas independentes — eu era uma das três — que estávamos aqui no meio do oceano. (Declaração no contexto de um *focus group,* julho de 2018).

Assim, pode dizer-se que a sua constituição teve uma origem partidária, algo que, como veremos, tem vindo a perdurar, ainda que os espectros políticos em jogo tenham sofrido alguma erosão e restruturação com o correr do tempo. Apesar disso, foi visível o cuidado de envolver pessoas de diferentes quadrantes políticos no processo, o que permitiu construir consensos e diminuir resistências. Os estatutos da CT foram elaborados por um conjunto heterogéneo de trabalhadores provenientes dos vários departamentos da Autoeuropa, desde a produção aos escritórios, e aprovados pelos trabalhadores por voto secreto.

Ao longo dos anos, a CT da Autoeuropa procurou lidar com a diversidade de opiniões e de posicionamentos político ideológicos dos membros que a compõem. Assim como gerir a relação com os sindicatos. Como foi assinalado por um membro da atual CT, que também fez parte da primeira, eleita em 1994:

> A partir daí [1994] há todo um percurso em que conseguimos trabalhar e em que os trabalhadores estavam primeiro que os próprios sindicatos. Temos de arranjar bons acordos e tal... E entre todos conseguimos trabalhar como deve

[31] De resto, como se sabe, o coordenador da CT durante 20 anos, António Chora, era na época militante do PCP, embora mais tarde tenha rompido com esse partido e aderido ao BE, pelo qual foi eleito deputado à Assembleia da República. Esse facto tem sido invocado por diversos observadores como uma justificação para o ressentimento instalado desde então entre os seguidores e militantes do PCP e o referido dirigente da CT, acusado em diversas ocasiões de "traidor".

ser. Esta é a primeira análise. E em função disso depois fomos trabalhando, fomos caminhando. Nos primeiros tempos houve uma fricção com os sindicatos porque não foi bem-visto este estilo de organização, mas com o caminhar dos tempos fomo-nos adaptando e fomos conseguindo fazer acordos. (Declaração no contexto de um *focus group* em julho de 2018)

A escolha da CT como interlocutor principal da administração da Autoeuropa remete, como dissemos, para a influência da tradição jurídica e laboral da Alemanha. O clima de paz social vivido na Autoeuropa, pelo menos até 2017, não deixa por isso de ser tributário de um modelo de cogestão que concede à CT prerrogativas amplas. Esta estrutura de representação coletiva consolidou e consensualizou a sua atuação, sendo capaz de desempenhar isoladamente — isto é, sem a interferência das estruturas sindicais — o papel de parceiro negocial privilegiado, aliás, o único parceiro admitido pela administração, como já vimos.

As negociações diretas entre a CT e a administração vão ao encontro de uma estratégia definida, assente no consenso, o que estaria assegurado pelo afastamento dos sindicatos da esfera negocial. Mas a estabilidade na Autoeuropa tem passado também pela política de contratações adotada, pela aposta na formação e qualificação dos trabalhadores e pelas condições/benefícios sociais concedidos, elevando assim os índices de satisfação dos trabalhadores. Vejamos mais alguns detalhes dessa experiência, em particular no que tange ao critério analítico «conflito/negociação».

3.4. Acordos e consensos

Na linha do que acabámos de afirmar, as particularidades da Autoeuropa — e a marca da cultura alemã — parecem ter-se sobreposto, nesta empresa, às características da cultura operária local e, consequentemente, o «poder societal» dos sindicatos que na década de 1970 incutiu um vigor ao movimento sindical difícil de travar, surgia agora ajustado a uma nova realidade, quando a pujança da velha indústria, e com ela do sindicalismo «de classe», já entraram em refluxo, na sequência da grave crise da década de 1980 que atingiu a região.

Como sempre acontece, a transformação social mais vasta interfere com o campo laboral e sindical, e neste caso as estruturas associativas incorporam os efeitos contraditórios dos recursos exteriores. Por exemplo, o «poder estrutural» dos sindicatos incide visivelmente na organização de um modelo negocial com força suficiente para condicionar o sindicalismo mais combativo. Por sua vez, o «poder institucional» (neste caso não especificamente dos sindicatos, mas do sistema democrático em geral), que inscreveu desde o início este projeto numa prioridade do Estado e do governo, reflete-se na forma como as partes dialogam, mesmo que em aspetos concretos os regulamentos jurídicos sejam em parte subvertidos, como é comum os sindicatos referirem. Assim, o resultado é que os «recursos de poder» — que aqui incluem sindicatos e CT — parecem privilegiar a lógica da empresa, estabelecendo uma cultura de acordo, onde a componente conflitual tem sucessivamente resultado em acordos legitimados pelos trabalhadores e sua principal estrutura de representação, neste caso a CT. Mais adiante trataremos situações específicas onde a tensão e o conflito adquiriram contornos particularmente marcantes (nomeadamente a greve de 2017).

A Autoeuropa é um exemplo de boas práticas laborais e de inovação no que diz respeito à negociação coletiva (Costa, 2004; Estanque, 2012; Lima *et al.*, 2012). Como referimos antes, a conflitualidade entre as partes no âmbito da celebração de acordos laborais tem resultado em entendimentos em que há uma solução de negociação positiva para ambas as partes de uma forma geral, baseada na lógica do «compromisso de transação» (Crouch e Pizzorno, 1978).

Desde 1994 que os acordos laborais expressam condições de trabalho por regra mais favoráveis que as previstas no contrato coletivo de trabalho (CCT). São assim mais centrados na realidade específica da empresa e dos trabalhadores, procuram garantir a produtividade e o melhoramento contínuo a longo prazo. Duas implicações podem ser apontadas em relação aos acordos celebrados: em primeiro lugar, os sindicatos estão fora da mesa de negociações;[32] em segundo lugar, na ausência de acordo passa a aplicar-se

[32] A negociação de um Acordo de Empresa (AE) com os sindicatos possuía, de acordo com Damasceno Correia, os inconvenientes de uma maior instabilidade devido às características das organizações sindicais, nomeadamente das afetas à CGTP (Damasceno Correia, 2008). Por outro lado, segundo o mesmo autor, a adesão do Estado português à *Carta*

o CCT para o sector. Significa isso que chegar a um acordo é sempre mais favorável, quer para os trabalhadores quer para a empresa. Os primeiros acordos laborais (1994, 1995, 1996–1998) estiveram focados, além de aumentos salariais, em aspetos como a introdução do regime de trabalho por turnos e respetivas compensações, a laboração contínua, a conversão de contratos temporários em contratos permanentes, entre outros.

O percurso de «flexibilização» na Autoeuropa iniciou-se em fevereiro de 1997 com a celebração de um acordo que introduziu horas de trabalho flexíveis (o chamado «Acordo da Flexibilidade»). Com o objetivo de aumento constante da competitividade, esse acordo estabeleceu o ajuste do número de horas de trabalho semanais às necessidades do mercado (sendo a média de 40 horas por semana). Os trabalhadores foram compensados através da concessão de dias completos de paragem coletiva remunerados (até um máximo de 12 dias pagos).[33] Posteriormente, os acordos de 1998–1999, 2000–2002 e 2002–2003 previam aumentos salariais baseados na avaliação de desempenho e faziam depender o prémio de objetivos dos resultados coletivos e individuais. Pretendia-se não só potenciar o envolvimento e participação dos trabalhadores, mas também reduzir significativamente os custos de produção, não deixando dúvidas quanto ao enfoque no incremento da competitividade da empresa e na flexibilização. Ainda que a filosofia de funcionamento da Autoeuropa — «quando a empresa ganha, os trabalhadores ganham» — possa ter mitigado os seus efeitos, estas medidas constituíram um incentivo à competição entre trabalhadores. Na linha do constatado por Lima *et al.* (1996), a construção de uma cultura de empresa forte e as práticas de individualização das remunerações e carreiras concorrem aqui para a erosão de solidariedades e de uma consciência operária mais tradicional.

O Acordo de Reorganização do Tempo de Trabalho (o chamado acordo dos *down-days*), assinado em 2003, pode ser apontado como um dos mais emblemáticos da trajetória da Autoeuropa, símbolo da flexibilização do modelo de relações laborais, mas também do clima de cooperação entre

Social Europeia permitiu às empresas, no espaço nacional, realizarem acordos informais ao nível da negociação coletiva, pelo que, do ponto de vista legal, o processo negocial adotado não pode ser considerado ilegítimo.

[33] Os dias de paragem eram concedidos no período de referência subsequente. Os períodos de referência são de 12 meses, de março de um ano a fevereiro do ano seguinte.

administração e CT (Costa, 2004). O acordo baseou-se num esquema de organização do tempo de trabalho que, em virtude da falta de encomendas, permitia a troca de dias de paragem por sábados e feriados. Foi celebrado num cenário económico internacional desfavorável, com impacto negativo na indústria automóvel e na situação da economia nacional, e estabeleceu um conjunto de normas e procedimentos de ajustamento com o objetivo de ultrapassar a crise sem recorrer a um despedimento coletivo.[34] Impunha-se por isso o reajustamento das expectativas dos trabalhadores. O processo negocial conseguiu concretizar o equilíbrio entre as exigências do contexto externo (materializadas nas propostas da administração) e as aspirações dos trabalhadores (de que o documento apresentado pela CT seria um reflexo). O aumento salarial de 3,3% referente a 2003 foi convertido em 10 dias não trabalháveis, *down-days*,[35] em que cada 1% correspondia a 3 dias não trabalháveis, mitigando o esforço exigido aos trabalhadores de alguma forma. A criação de um banco de horas (ou «conta de tempo», utilizado de forma coletiva sempre que é marcado um dia de não-produção) permitiu a manutenção de 800 postos de trabalho, assegurando o pagamento dos salários correspondentes aos dias não trabalhados. A manutenção dos postos de trabalho num contexto difícil para o sector foi uma importante vitória para ambas as partes, dando corpo às aspirações do grupo VW em reunir uma mão-de-obra qualificada e adaptável às flutuações de mercado, assegurando assim a estabilidade da empresa.

Os acordos subsequentes reforçaram o processo de flexibilização, nomeadamente através da redução do custo do trabalho suplementar (acordo laboral de 2005), permitindo uma vez mais a manutenção dos postos de trabalho, apesar da crise profunda do mercado automóvel, ao mesmo tempo que favoreceu a fábrica na corrida pela atribuição de novos modelos, ofere-

[34] Nesse ano, para uma produção de cerca de 109 000 unidades estavam previstos 16 dias de paragem de produção, esperando-se um cenário mais negativo no ano seguinte com o agravamento da situação do mercado (Lima *et al.*, 2012).

[35] Os *down-days* são marcados coletivamente pela empresa e a CT é consultada. A sua marcação é, em regra, feita junto a fins-de-semana, feriados, folgas ou períodos de *shutdown*. Em 2003, tendo em conta o agravamento da conjuntura global, as previsões da administração apontavam para 16 dias de paragem nesse ano e de 35 dias em 2004. Os 3,3% de aumento salarial em 2003 foram convertidos em 10 dias não trabalháveis. O acordo garantia ainda o direito à aquisição dos 10 dias não trabalháveis nos anos seguintes.

cendo condições para a otimização da capacidade instalada. O lançamento de um novo modelo colocou sempre as fábricas da Volkswagen sob grande pressão, induzindo processos de concorrência ferozes. Só mediante uma grande capacidade de adaptação às exigências do mercado é que a Autoeuropa podia competir com as outras unidades do grupo. Também por isso os acordos celebrados faziam depender a conversão dos contratos temporários em permanentes da conjuntura externa e das flutuações do mercado. No entanto, o processo de flexibilização foi equilibrado pela atribuição de regalias aos trabalhadores que iam além do legalmente exigido.

A crise de 2009, com a retração do mercado automóvel e a quebra da produção, deixou a sua marca na trajetória dos acordos laborais da Autoeuropa. O acordo de 2008–2010 já refletia essa conjuntura desfavorável. A redução no volume de produção, as dificuldades de penetração em novos mercados, além do lançamento de um novo modelo (o veículo automóvel Sharan), colocaram a necessidade de medidas adicionais que incrementassem a capacidade de responder às oscilações do mercado, nomeadamente a redução do pagamento do trabalho extraordinário. As declarações que se seguem espelham essa exigência:

> A principal ameaça que paira sobre nós é o reduzido aproveitamento da capacidade instalada. A Volkswagen Autoeuropa utiliza apenas 40% da sua capacidade (...) Em comparação com os nossos concorrentes europeus, o custo do trabalho extraordinário em Portugal é exorbitante! (...) O facto de sermos capazes de adotar níveis de flexibilidade e remuneração de trabalho extraordinário de nível europeu irá aumentar, e muito, as nossas hipóteses de receber um quarto produto. (Excerto do artigo de opinião de Andreas Hinrichs publicado no jornal *Público* de 27 de julho de 2009)

Essa exigência ia além do colocado pela casa-mãe e o pré-acordo foi rejeitado pelos trabalhadores. Em alternativa, alcançou-se um compromisso relativamente à implementação de um período de dez dias de *lay-off* (entre setembro e dezembro de 2009), repondo o equilíbrio necessário à manutenção do clima de paz social no interior da fábrica.

A sustentabilidade a longo prazo e adaptação às mudanças nas conjunturas nacional e internacional presidiu aos acordos para os anos 2010–2012,

2012–2014, 2014–2015 e 2015–2016. Em todos eles foi ajustada a tabela salarial, nomeadamente ao nível dos salários de admissão (nos dois primeiros casos), de forma a garantir a estabilidade do emprego e a reforçar a competitividade. No quadro do acordo 2012–2014 é de referir a orientação do grupo VW para que a remuneração variável reconheça o contributo individual e da equipa, tratando-se de uma medida indutora da competição entre trabalhadores e equipas. Este acordo também estabeleceu mudanças no esquema de pagamento dos *down-days* de forma a lidar com os ciclos de mercado e a sazonalidade. O acordo 2014–2015 destacou-se por dar a garantia de que não haveria um processo de despedimento coletivo até 31 de dezembro de 2015, não obstante o grupo ter anunciado que ia rever todos os investimentos previstos e cancelar ou adiar os que não fossem estritamente necessários.[36] O acordo seguinte, para o período 2015–2016, introduziu a questão da laboração contínua e assim a perspetiva de um novo modelo de horários de trabalho.

[36] A reavaliação dos investimentos ocorreu na sequência do escândalo da manipulação de gases poluentes.

Quadro 3 — Acordos laborais celebrados desde o início do funcionamento da fábrica da Autoeuropa até 2016, segundo aumentos salariais e taxa de aprovação

	out. 1994–set. 1995	nov. 1995	1996/1998	fev. 1997	1998/1999	2000/2002	out. 2001–set. 2002	out. 2002–set. 2003
Aumentos salariais	6,5%	5,5% (técnicos)	4,5% (técnicos) 2,5% (especialistas)[a]	–	Operadores: 4% e 3,5%[b] Especialistas: 3,5%	Operadores: 3,5% Especialistas: 3,5%	Operadores: 4,3% Especialistas: 4,3%[c]	Operadores: 3,6% Especialistas: 3,6%[d]
Taxa de aprovação	–	60%	–	–	–	–	–	–

(continua)

[a] Para os especialistas, o aumento fixo era de 2,5%, acrescido de um montante definido em função do desempenho.
[b] O valor era de 4% para colaboradores da Zona I e de 3,5% para colaboradores das Zonas II, III e IV.
[c] Valor a ser distribuído com base na avaliação de desempenho.
[d] Valor a ser distribuído com base na avaliação de desempenho.

(continuação)

	2003	2003–2005	2005–2006	2006–2008	2008–2010	2010–2012	2012–2014	2014–2015	2015–2016
Aumentos salariais	3,3% convertidos em 10 dias não trabalháveis	3,9% (2003–2004) convertidos em 12 dias de não-produção vitalícios 3,3% (01.10.2004) convertidos em 10 dias de não-produção vitalícios	Operadores: 30€ ou 2,5%* Especialistas: 30€ ou 2,5%**	Operadores e especialistas: 4,5%[e] e 1%[f]	Operadores e especialistas: 5,8%[g]	3,9%	2 aumentos sucessivos de 1,6% p/ operadores e especialistas[h]	2% (20€ min.)	1,5% (20€ min.)
Taxa de aprovação	78,1%	62,3%	76,8%		70%	89,3%	85,3%	74,7%	76,3%

* Conforme mais favorável.

** Conforme mais favorável e de acordo com a avaliação de desempenho.

[e] Aumento efetivo a 01.10.2006.

[f] Aumento efetivo a 30.09.2008.

[g] No caso dos especialistas, para as progressões salariais foi definido o valor mínimo de 3%.

[h] Um aumento de 1,6% com efeito a 01.03.2013, e outro do mesmo valor com efeito a 01.10.2013.

Fonte: Elaboração dos autores

A trajetória dos acordos laborais coloca em evidência um processo paulatino de flexibilização. Desde o início que os acordos celebrados constituíram uma ferramenta estratégica fundamental, permitindo a manutenção de níveis de emprego estáveis em situações em que as quebras de produção ameaçaram a sustentabilidade da fábrica. Como foi assinalado por um ex-coordenador da CT da Autoeuropa:

> Nunca houve acordos fáceis de negociar. Porque nós nunca negociámos em alturas de crescimento. Tivemos sempre o azar — os acordos eram de dois em dois anos — de calhar sempre no ciclo mais baixo da produção. Os acordos foram sempre muito difíceis de negociar. Mas como nós tínhamos sempre uma coisa em mente — o não haver despedimentos coletivos e a garantia de todos os postos de trabalho —, esse era o nosso principal trunfo e sempre o conseguimos. E por isso é que conseguimos passar, mesmo numa altura em que produzimos menos de 40 mil carros, em 2013/2016, conseguimos passar 600 pessoas a efetivos. Qualquer fábrica tinha despachado aquela gente toda, não é? Aliás, conseguimos passá-los todos a efetivos e depois, voluntariamente, uns foram para a Alemanha — cerca de 400 foram para a Alemanha numa primeira vaga, depois foram mais 200 para outra fábrica... Tentámos sempre gerir crises, digamos assim. (Entrevista a ex-coordenador da CT da Autoeuropa, março de 2018)

Por outro lado, os acordos estabelecidos previam medidas compensatórias do esforço de adaptação dos trabalhadores a aspetos menos positivos. Trata-se, assim, de uma cultura de *win-win*, baseada em acordos de soma positiva. Maiores exigências por parte da empresa são compensadas, sendo as mudanças benéficas para ambas as partes. Ao longo de mais de duas décadas, este processo negocial permitiu encontrar alternativas flexíveis para fazer face às adversidades, garantindo assim o equilíbrio necessário para que a unidade se consolidasse, aumentasse os ritmos de produtividade e ganhasse o reconhecimento da Volkswagen como uma das fábricas mais produtivas do grupo.

3.5. A crise de 2017: dissensões e novos desafios

O estudo de caso da Autoeuropa é também ilustrativo da expressividade que adquiriu a dimensão conflitual. Embora esteja, em geral, sujeito a formas internas de regulação, o conflito é um elemento constante no caso desta empresa. No entanto, ao contrário de situações de crise anteriores, nomeadamente no período da *troïka* ou da crise no sector automóvel no início da década de 2000,[37] em que se desenharam soluções em clima de diálogo, no ano de 2017, perante a necessidade de iniciar a produção de um novo veículo (T-ROC) surgiu um clima de tensão mais agudo. Esse clima acabaria, inclusive, por ser conjugado com a controversa substituição do líder histórico da CT (António Chora).

Na sequência de acordos mais antigos para incrementar a produção e admitir novos contingentes de assalariados, foi decidido pela empresa-mãe que a produção do novo modelo ficaria sediada em Portugal. Há que destacar a esse respeito que, além da tensão «conflito/negociação» — e lado a lado com o facto de em geral prevalecer o diálogo e não a rutura —, nesta situação a própria contradição entre as lógicas «nacional/internacional» ganha especial relevância visto que a este momento de dissensão subjaz um conjunto de fatores. Por um lado, vinculados à empresa-mãe (Volkswagen, sediada na Alemanha) e, por outro, às forças de base nacional (o governo e os interesses da economia portuguesa) e local (a cultura do operariado da região).

A produção do referido novo modelo foi a grande aposta da marca para fazer face às perdas induzidas pela crise e iniciar a trajetória de recuperação. Estes fatores tiveram um enorme impacto na opinião pública e foram exponenciados pela comunicação social. Como requisito para incrementar a produtividade, a administração pretendia implementar novos horários que aprofundavam o processo de flexibilização e podiam significar uma degradação das condições de trabalho. Cresceu entre sectores da força de trabalho um sentimento de que o antigo «estilo à alemã» da fábrica estava a desintegrar-se, ao mesmo tempo que aumentava o receio de um efeito de contágio sobre as empresas do parque industrial de Palmela, diretamente

[37] Nesse período foram postas em prática soluções como o já mencionado acordo dos *down-days* ou o envio de trabalhadores para outras fábricas europeias.

dependentes da atividade da Volkswagen Autoeuropa, sendo que em muitas empresas da região se sentia o agravamento das condições salariais, colocando em xeque a paz social reinante até esse momento.[38]

A introdução de um novo horário que previa a obrigatoriedade do trabalho ao sábado e um terceiro turno de forma a cumprir as metas de produção desencadeou o descontentamento dos trabalhadores e o aproveitamento da situação por parte do Site-Sul e de grupos mais radicais. Em especial, o segmento de trabalhadores mais jovens, com salários baixos (próximos do salário mínimo), sujeitos a contratos individuais de trabalho e em situação mais precária, tornou-se o alvo mais apetecível para quem apostava na mobilização e radicalização contra a administração (e por inerência também contra as posições assumidas pela CT da altura). De uma forma geral, a crise desenrolou-se em torno de três atores: administração, sindicatos e comissão de trabalhadores. A repercussão do diferendo na esfera pública foi enorme, colocando em diálogo atores políticos e sociedade civil. Uma leitura dos acontecimentos deve ter em conta o contexto mais alargado em que se inseriu, nomeadamente o escândalo *dieselgate* e a contração da indústria automóvel. O primeiro teve efeitos negativos para a marca nos seus maiores mercados (sobretudo nos EUA e na Europa), colocando-a sob grande pressão económica, o que exigiu a redução de pessoal nas fábricas espalhadas pelo mundo.[39] De certa forma, esse acontecimento inspirou preocupação nos trabalhadores da Autoeuropa, que temiam ser abrangidos pelos cortes.

A proposta de horário apresentada pela administração contemplava o funcionamento da unidade seis dias por semana, tendo os trabalhadores apenas uma folga fixa, ao domingo, e duas folgas consecutivas a cada três semanas. Os novos horários apontavam para uma alteração do modelo de trabalho vigente na Autoeuropa, no sentido de uma flexibilização ainda maior e piores condições de trabalho, não só em termos de horários e de tempos de descanso, mas também de uma intensificação do ritmo de trabalho na linha de montagem. Outro elemento importante prende-se com a relação complexa entre CT e sindicatos, a que já parcialmente nos reportámos e que exploraremos de novo mais à frente.

---

[38] http://ctautoeuropa.com/ctautoeuropa/images/Comunicados_2017/coordenadora%20das%20cts_comunicado_16052017.pdf, acedido em 01.06.2017.

[39] A VW chegou a prever a saída de cerca de 30 000 trabalhadores do grupo até 2020.

3.5.1. A rejeição do pré-acordo e a greve de 30 de agosto de 2017

O primeiro pré-acordo alcançado entre a administração e a CT previa um pagamento mensal de 175 euros adicional ao previsto na lei, 25% de subsídio de turno e um dia adicional de férias, medidas que no seu conjunto representavam um aumento mínimo de 16% no rendimento mensal, procurando dessa forma compensar a introdução do trabalho obrigatório ao sábado. O pré-acordo foi rejeitado pelos trabalhadores em plenário e um dos fatores que pode ter contribuído para esse desfecho foi a mudança de liderança na coordenação da CT. A esse propósito são avançadas várias explicações:

> Nós passámos a ter aqui um problema, principalmente nos últimos tempos, que eram as divergências que tínhamos não levávamos até às últimas consequências porque somos amigos deste e daquele. Daí a coesão da própria CT. Mas isto tinha de acabar, porque o Chora saiu, e isto extravasou. Depois, também tenho de dizer, também não foi só o campo sindical que esteve aqui, foi também a parte partidária. Na última CT, o BE estava em maioria no órgão. E isso também causou algum transtorno porque, entendo eu, a escolha do sucessor do Chora não foi a mais bem-feita. Isso foi o princípio do fim. (Declaração no contexto de um *focus group* em julho de 2018).

A saída do seu líder histórico deu lugar a uma liderança pouco carismática e incapaz de gerar consensos em torno de propostas que correspondessem às exigências dos trabalhadores no seu conjunto. O novo coordenador da CT terá revelado pouca capacidade de comunicar as vantagens da proposta, o que inviabilizou a sua aprovação. Neste ponto fica bem patente a importância da liderança.

A questão central que levou à vitória do «não» prendeu-se com o trabalho aos sábados e respetivas compensações. No entanto, o trabalho aos sábados não terá sido o aspeto central, uma vez que, como foi salientado por vários intervenientes, os trabalhadores nunca se terão negado a executar trabalho extraordinário nesse dia da semana. A origem do diferendo situou-se antes na introdução da «obrigatoriedade» sem que houvesse uma compensação correspondente, ou seja, o fim das horas extraordinárias ao sábado, e, em fase posterior, também ao domingo (a laboração contínua teve início a 23 de agosto de 2018):

> Tem a ver com o valor que nós achamos que é justo pagar pelo sábado e pelo domingo. E porque é que esse valor está em cima da mesa? Em muitos ramos é natural trabalhar a esses dias. Supermercados, transportes... E no nosso ramo não é. E na Autoeuropa não é, e já não é há vinte e tal anos, desde que abriu. E a malta está a habituada a que quando vem trabalhar ao sábado ou ao domingo é compensada monetariamente por isso. (Declaração no contexto de um *focus group* em julho de 2018)

Este argumento contraria as afirmações dos defensores da radicalização que alegaram repetidamente que não se tratava de mais salários, mas sim de defender a saúde e as condições de trabalho, contestando a intensificação da produtividade para níveis arriscados para o trabalhador.

No campo sindical, o Site-Sul (o sindicato maioritário na Autoeuropa, filiado na federação do sector, a Fiequimetal) foi o principal ator a opor-se à obrigatoriedade, considerando-a um indício da vontade da administração em impor um novo modelo de trabalho. Os seus dirigentes invocaram o argumento da degradação das condições de trabalho ao passar-se para os 18 turnos, seis dias por semana (a obrigatoriedade de trabalhar ao sábado manter-se-ia durante dois anos), em regime de três turnos rotativos com dois dias de folga consecutivos de três em três semanas. A rotatividade elevada propicia o aumento de doenças profissionais, além de desregular tanto a vida profissional como a pessoal, refletindo-se negativamente na produtividade. Outros atores evidenciavam preocupações idênticas — como, por exemplo, a coordenadora das comissões de trabalhadores do parque industrial da Autoeuropa —, temendo um efeito de contágio sobre as empresas fornecedoras da Autoeuropa no parque industrial, no sentido da aplicação dos mesmos horários, da degradação da qualidade do emprego e agravamento da política de baixos salários, colocando em xeque a paz social reinante.[40]

[40] http://ctautoeuropa.com/ctautoeuropa/images/Comunicados_2017/coordenadora%20das%20cts_comunicado_16052017.pdf, acedido em 01.06.2017.

A proposta da administração foi referendada a 18 de julho de 2017 e os trabalhadores, não pela primeira vez, rejeitaram o pré-acordo entre a administração e a CT (apenas 23,4% de votos favoráveis num universo de 3 472 votantes). Apesar disso, a CT continuou a defender a sua posição pois os horários propostos eram legais, reconhecendo também que a necessidade de laboração de seis dias por semana era congruente com o estatuto de «fábrica de grande volume de produção». A rejeição do pré-acordo captou a atenção da comunicação social e mobilizou a opinião pública. Diversos quadrantes da sociedade deram voz a opiniões distintas acerca do resultado da votação, da atuação da CT, do campo sindical e dos próprios trabalhadores. Ilustrativos desse impacto são, por exemplo, os vários debates televisivos e na rádio acerca do tema entre 2017 e 2018. Com a repetição da rejeição de pré-acordos, a exposição mediática de que o caso da Autoeuropa foi alvo gerou preocupações. Argumentou-se que o carácter conflitual das relações entre os intervenientes diretos poderia prejudicar a imagem da Autoeuropa como modelo de relações laborais e alarmar a casa-mãe alemã. No entanto, segundo fonte do sindicato industrial alemão IG Metall, a crise na Autoeuropa nunca constituiu uma preocupação, não tendo estado em cima da mesa uma eventual deslocalização da unidade de Palmela:

> A Volkswagen tem, no momento, muitas frentes de conflito. Não necessariamente conflito laboral mas no sentido de estratégia, conflito de interesses com fornecedores, conflito com governos por causa do problema das emissões de CO2... Um conflito com a Comissão Europeia por causa disso. Então, o "assunto Portugal" não é o foco das atenções. Não é visto no mundo Volkswagen hoje como um problema. Portugal é visto como uma vantagem. Tem um problema? Sim, mas isso tem que se resolver. (...) O senhor Sanches [Miguel Sanches, Diretor-Geral da Autoeuropa] foi para a imprensa em Portugal e disse "bom, então vamos perder aqui o investimento e vamos tirar daqui o T-Rock". E nessa ameaça e nesse modelo de chantagem por parte da direção local de Portugal, o senhor (Herbert) Diess, que já era o presidente da empresa, foi lá e disse "não". "Não, não, o investimento vai ficar, esse conflito com os trabalhadores tem que ser resolvido. Mas não é por causa de um conflito com os trabalhadores que nós vamos desfazer o investimento. O investimento está feito". Porque é que ele falou isso? Porque ele tinha recebido também o incentivo do governo

> português. (Entrevista com dirigente do IG Metall, Volfsburgo, novembro de 2018)

O teor das anteriores afirmações parece ajudar a corroborar a ideia de que se produziu um discurso até certo ponto alarmista relativamente à crise em torno dos novos horários. Nesse sentido, as menções a uma eventual deslocalização da produção acabariam por acrescentar pressão e intensidade ao conflito vivido na unidade de Palmela. Os acontecimentos analisados de seguida demonstram-no bem.

Na sequência da rejeição do pré-acordo, a CT demitiu-se, considerando que não estariam reunidas as condições para continuar em funções. A sua mensagem acerca das vantagens do pré-acordo e do que se encontrava em jogo não foi transmitida de forma eficaz. Esta interpretação é sustentada pela própria avaliação do coordenador da CT à altura:

> Receio que os trabalhadores que votaram pelo 'não' ao pré-acordo não tenham percebido que pode estar em causa, pelo menos, uma parte da produção do novo veículo T-Roc na Autoeuropa. (Entrevista a coordenador da CT da Autoeuropa, setembro de 2017)

Os novos horários estiveram na origem da greve de agosto de 2017, a primeira a ser organizada contra a administração da empresa desde a criação da Autoeuropa. Até à data, a Autoeuropa apresentava uma trajetória em que a negociação e o diálogo interno tinham sido as notas dominantes. Por isso, a greve assumiu um significado particular e mobilizou os atores políticos. Os partidos da oposição (PSD e CDS) apontaram o campo sindical como responsável pela escalada do conflito, enquanto o governo adotou uma posição cautelosa (pelo menos na esfera pública), rejeitando qualquer envolvimento direto na disputa entre administração e trabalhadores. Apesar de a Autoeuropa ter uma importância estratégica para a economia nacional e de o curso dos acontecimentos se refletir no sector, o tema laboral seria, na opinião do governo, intrínseco à empresa.[41] No plano da empresa propriamente dita,

---

[41] Houve, no entanto, diversos encontros entre os protagonistas do conflito e o Ministro do Trabalho (Vieira da Silva).

além de produzir alguma desestabilização, o conflito dos horários colocou em confronto a comissão de trabalhadores e o Site-Sul.

A greve foi antecedida por dois meses de atividade sindical particularmente intensa. Em finais de agosto ocorreram dois plenários em que os trabalhadores (cerca de 3000) rejeitaram os termos do pré-acordo, decidindo enveredar pela greve, que se iniciou às 23h30 do dia 29 desse mês. Em ambos os plenários, foi aprovada uma resolução que denunciava a alegada «chantagem» subjacente à imposição de novos horários, considerados «antissociais» do ponto de vista da vida familiar e privada. A esse propósito, o seguinte testemunho é exemplificativo:

> o dinheiro não apaga o desgaste físico e a saúde que se perde, o tempo de ausência com a família, o direito ao descanso e ao lazer, ao desporto e à cultura, o direito a uma vida pessoal e familiar, com a qualidade a que temos direito, onde se inclui o fim-de-semana. (Excerto da resolução aprovada nos dois plenários de 28 de agosto de 2017)

Apesar de a iniciativa da greve ser atribuída ao Site-Sul, foi a CT que a propôs em primeira mão, como foi possível apurar através de vários depoimentos. Procurou o apoio do sindicato pois os critérios para uma CT convocar uma greve são bastante restritivos. O objetivo do pré-aviso era pressionar a administração a voltar à mesa das negociações, o que foi conseguido. A leitura da situação efetuada pelas estruturas sindicais (sobretudo as ligadas à CGTP) foi, no entanto, um pouco diferente, o que não deixa de refletir a relação complexa entre esse campo sindical e a CT:

> [A greve] Foi convocada pelo nosso sindicato [Site Sul]. Aquilo foi assim: eles [CT] tinham decidido a greve e entretanto, para discutir o pré-aviso de greve com os trabalhadores, o sindicato marcou um plenário. (...) O sindicato fez o plenário no dia 28 porque a CT estava demissionária e não havia outra forma para os trabalhadores reunirem que não fosse o sindicato marcar o plenário. E daí alguém ter aproveitado isso para dizer que houve um «assalto ao castelo». (...) Não havia CT! O sindicato era o último reduto que os trabalhadores tinham para se poderem juntar, para poderem discutir coletivamente. Foi isso que aconteceu. É verdade que no plenário de 28, onde foi reafirmada a greve,

> no plenário da manhã e no plenário da tarde, é verdade que nós apelámos à greve. (Entrevista a dirigente da Fiequimetal, junho de 2018)

A rejeição deste primeiro pré-acordo (bem como do seguinte) e a convocação e adesão à greve não podem ser desligados de outros fatores. Em particular, a emergência de grupos de trabalhadores mais radicalizados, informais e em parte externos ao contexto da Autoeuropa propriamente dito, como o «Juntos pelos trabalhadores da Autoeuropa» ou o «CASA»,[42] veio intensificar as críticas à posição e ação da CT. Os grupos mencionados eram conotados com movimentos políticos mais radicais, do espectro da esquerda, como o Movimento Alternativa Socialista (MAS). Apelaram de forma explícita à convocação de uma segunda greve, criticando abertamente a busca de soluções mais moderadas para a questão dos horários. A ação destes grupos trouxe mais turbulência ao contexto da Autoeuropa e prejudicou a construção de consensos, além de ter «inflamado» ainda mais o debate público e político acerca da situação vivida na fábrica de Palmela:

> São coisas que em vez de estarem a engrandecer a luta, intensificar a luta ou de certa forma para os trabalhadores ganharem alguma força, estão a servir para o contrário. (....) O problema é também quando temos pessoas que se dizem de esquerda e que dizem que estão a lutar pelos trabalhadores e pelas suas regalias e que depois vêm boicotar estas coisas. E que fazem um serviço aos patrões quando dizem estar a fazer um serviço aos trabalhadores. É tipo a «CASA». Vêm criticar medidas que a gente faz que vão-nos beneficiar e não só a nós. (Declaração no contexto de um *focus group* em julho de 2018)

A CT e o Site-Sul foram particularmente visados por esses grupos, pois não estariam a levar a luta até às últimas consequências. No caso do Site-Sul, este era acusado de colocar entraves à emissão de um novo pré-aviso de greve. Por exemplo, o grupo «CASA» tinha como objetivo aumentar a pressão pública sobre o Site-Sul, nomeadamente através da demonstração

[42] O grupo «CASA» era constituído por dirigentes, delegados e ativistas sindicais, membros de comissões de trabalhadores de empresas de vários sectores como o bancário, dos *call centers*, estiva, audiovisual ou do *handling* aeroportuário, e também académicos, incluindo a historiadora Raquel Varela.

da solidariedade de vários sectores sindicais, por si canalizada, e assim conseguir que a administração recuasse na decisão de aplicar os novos horários contra a vontade expressa dos trabalhadores. Daí que fosse recorrente a leitura de que elementos exteriores à Autoeuropa se estavam a imiscuir nas relações laborais da fábrica, exacerbando um contexto de «crise» para o qual não parecia haver fim à vista.

Deve ser também conferida relevância ao efeito de contágio dos sectores de trabalhadores com mais estabilidade, e, portanto, mais antigos, sobre os recém-admitidos no âmbito da produção do T-ROC. Esses trabalhadores haviam sido recrutados ao abrigo de regimes contratuais mais flexíveis, ou seja, os contratos individuais celebrados (no início de 2017) já previam o trabalho ao sábado e ao domingo, pelo que as pretensões da administração se encontravam juridicamente salvaguardadas. Assim, embora pudessem não estar conscientes desse facto, esses trabalhadores estavam obrigados a trabalhar aos fins-de-semana. O alinhamento com a posição do Site-Sul e a adesão à greve estavam, portanto, feridos de ilegalidade. A influência exercida pelos sectores mais «antigos» (sobretudo os núcleos mais organizados e politizados) levou a que estes trabalhadores engrossassem as fileiras contra os novos horários, contribuindo assim para um reforço da contestação, o que suscitou a acusação de «instrumentalização» por parte dos sectores mais moderados de trabalhadores.

Os contornos da relação entre a CT da Autoeuropa e o Site-Sul ocuparam um espaço muito significativo na forma como a crise na empresa se desenrolou. Vale, por isso, a pena enfatizar a nossa análise nessa relação em particular e nas suas implicações. É o que faremos na próxima secção.

3.5.2. Comissão de trabalhadores e sindicatos: uma relação tensa e complexa

Como já assinalámos várias vezes, a comissão de trabalhadores é o interlocutor privilegiado no quadro das relações entre administração e trabalhadores na Autoeuropa. Tal facto acrescenta complexidade à ação dos sindicatos, o que não deixa de evidenciar disputas de poder e protagonismos dentro das estruturas organizadas. Se a tensão tem sido um elemento transversal às relações entre as duas forças de representação coletiva dos trabalhadores, decorrente de visões distintas acerca do papel (político) da força de trabalho, essa relação manteve-se em geral num nível aceitável. Sabendo-se que os sindicatos, principalmente os afetos à CGTP, são portadores de uma visão mais conflitual e ideológica das relações de trabalho, compreende-se que surjam situações mais radicais e politizadas, resultado da disputa entre diferentes forças partidárias.

Ao longo dos anos, as relações têm sido menos estáveis, ou mais conturbadas, em períodos ditos de crise (ou mais difíceis) em que se torna necessário fazer acordos laborais cujas condições não representam melhorias significativas face a acordos anteriores, especialmente em termos salariais. Nessas alturas, as relações com o campo sindical tendem a ficar mais tensas pois os parâmetros admitidos por esse campo muitas vezes não encontram correspondência na negociação levada a cabo pela CT. Foi o caso de acordos como o de 2003 (o já referido acordo dos *down-days*):

> A relação com os sindicatos foi correndo mais ou menos bem até, eu diria, ao ano 2002, 2003. Até ao célebre acordo dos *down-days*. O sindicato hoje diz que é o "padrinho" desse acordo, mas fez uma campanha enorme contra o acordo: "não é com dias em casa que se compra batatas". Lembro-me perfeitamente dessas frases. Ficámos em casa a receber o salário, mas durante dois anos não fomos aumentados. Ou seja, trocámos o aumento desses dois anos, 7,2%, por dias. Depois a gente teve ali outro problema durante essa altura que foi o sindicato opor-se a este tipo de acordos: eram acordos que "vendiam o emprego". O sindicato queria aumentos salariais. Criaram até problemas em algumas empresas do parque porque conseguiu impor a sua vontade. (Entrevista a ex-coordenador da CT, junho de 2018)

A relação tensa em períodos de maior oposição à atividade da CT motivaram inclusive que esta concorresse à direção da comissão sindical da Autoeuropa:

> o sindicato estava sempre a combater a CT, e a CT teve de lhe dar resposta. A partir de uma determinada altura tivemos de começar a responder e fizemos outra coisa que foi concorrer à comissão sindical. E ganhámos a comis-

> são sindical por maioria absoluta. (Entrevista a ex-coordenador da CT, junho de 2018)

Com essa estratégia a CT conseguiu hegemonizar a sua presença nas estruturas representativas dos trabalhadores, neutralizando ou reduzindo substancialmente as possibilidades de conflito e de hegemonia do Site-Sul entre os trabalhadores. Por outro lado, ainda que sempre presente, a tensão referida nem sempre se manifestou de forma percetível ou assumiu contornos perturbadores da paz social na empresa. Períodos houve em que se esbateu, podendo até falar-se de um clima de «apoio»:

> Está melhor, mas não desapareceu. Digamos que está em banho-maria, como se diz em português. E está melhor porquê? Porque neste momento nós não temos nenhuma questão de conflitualidade, digamos assim, nada de premente que seja necessário. Por exemplo, não temos problemas com aplicação de bancos de horas porque isso não está em discussão... Neste momento as discussões que temos, por exemplo, e aí os sindicatos não intervêm pela negativa, antes pelo contrário, estão desejando que nós tenhamos êxito nessa negociação para também o estenderem a outras empresas onde não há comissões de trabalhadores, só há sindicatos. (Entrevista ao coordenador da CT Autoeuropa, abril de 2016)

A mobilização em torno da introdução dos novos horários proporcionou a confrontação entre a CT e o campo sindical, que assumiu contornos ideológicos. Entre outros aspetos, o campo sindical reconhecia aos trabalhadores o poder de travar a aplicação dos novos horários, muito embora outras opiniões apontassem no sentido oposto. As dissensões em relação à posição da CT eram notórias: enquanto o campo sindical colocou a tónica em impedir a aplicação dos novos horários (muitas vezes com o argumento da sua ilegalidade), a CT assumiu que os novos horários entrariam em vigor apesar da contestação, direcionando os seus esforços para a questão pecuniária, até porque os contratos de trabalho mais recentes já contemplavam, como já assinalámos, a possibilidade de trabalhar ao sábado e ao domingo. A posição do Site-Sul não tinha em consideração esse aspeto, acabando por influenciar a resposta dos trabalhadores.

A rejeição do pré-acordo e a aprovação da greve colocou a CT demissionária numa situação delicada, ainda que, como referido, a ideia da greve tenha partido da própria CT. Em particular, exacerbaram-se as tensões entre a CT e o Site-Sul:

> Agora, o sindicato tem como objetivo apanhar a CT para depois a desmembrar. Ou seja, não será desmembrá-la e acabar com ela evidentemente, mas instrumentalizá-la e dar o poder ao sindicato, porque isso é um sonho que eles têm que é a empresa começar a negociar com o sindicato e não com a CT. Mas também lhe posso dizer, pela experiência que tenho, é mais fácil haver uma deslocalização da empresa do que a empresa negociar com os sindicatos. (Entrevista a coordenador da CT da Autoeuropa, setembro de 2017)

Por outro lado, os efeitos do processo de negociação (conturbado) dos novos horários prolongaram-se no tempo. A nova CT, eleita após a greve, enfrentou um clima complicado, o que dificultou a sua ação de «pacificação» do contexto laboral e a busca de soluções consensuais. Na linha da filosofia da cogestão, o facto de as soluções serem encontradas com base em canais de diálogo consolidados com a administração projeta sobre os trabalhadores (em situações de insatisfação e de reivindicação) a imagem de proximidade e de colaboração com a empresa. Ora, de acordo com a visão ideológica do sindicato, esse facto colocava a CT do outro lado da «barricada», ou seja, ao lado da administração. As reações dos trabalhadores ao trabalho da CT desde 2017 têm vindo a ser acompanhadas de sentimentos de desconfiança, como é admitido pelos próprios dirigentes da CT:

> Desde que entrei aqui [na CT] em outubro de 2017 até hoje, isto tem sido só levar porrada. Só levar porrada. Nós vamos para plenário levar porrada. Porque eles entendem-nos muitas vezes quase como se nós fossemos o inimigo. No último plenário houve um trabalhador que chegou ao pé de mim e disse «tu estás aqui a mando da administração». Muitas vezes os trabalhadores entendem que as forças que os estão a representar, que estão a defender os interesses deles, estão contra eles. (Declaração no contexto de um *focus group* em julho de 2018)

A rejeição do primeiro pré-acordo e a demissão da CT abriram, pois, um novo protagonismo aos representantes sindicais (Site-Sul e Fiequimetal) que se opunham ao pré-acordo. Este ponto revela lógicas sindicais muito próprias e apela à mobilização de vários dos critérios em análise neste estudo.

3.5.3. A mobilização dos recursos de poder sindical no contexto da crise da Autoeuropa

Os acontecimentos que rodearam a Autoeuropa entre 2017 e 2018 fornecem o contexto adequado para analisar a recuperação ou reconstrução das formas de poder sindical aqui sob diagnóstico. Considerando, por exemplo, a greve de 30 de agosto de 2017, é legítimo afirmar que embora as reivindicações não tenham sido de facto atendidas, os acontecimentos que a rodearam e a adesão manifestada pressionaram a administração a relançar as negociações e a receber os sindicatos. As implicações que daí podem ser retiradas são de vária ordem. Como referimos anteriormente, a forma como as negociações se desenrolam na Autoeuropa foge bastante ao padrão habitual em Portugal, cabendo à comissão de trabalhadores o papel de interlocutor principal. No contexto da crise que se desenrolou a partir da introdução de novos horários, esse aspeto em particular permite-nos colocar em perspetiva a evolução do poder sindical no sector metalúrgico, tanto no caso do sindicato mais representativo na Autoeuropa, o Site-Sul, como também no que concerne à federação do sector, a Fiequimetal.

Como assinalámos anteriormente, o poder das estruturas sindicais é, em grande medida, aferível pela expressão numérica, i.e., pelo número de membros de um sindicato. A evolução do critério de representatividade constitui, por isso, um indicador forte no que respeita à mobilização do «poder associativo» (ou organizacional), apesar de não constituir o único critério a ter em conta. Em todo o caso, pode dizer-se que, neste contexto, tanto a Fiequimetal como o Site-Sul beneficiaram do quadro de conflitualidade que se viveu na empresa para recuperar alguma influência junto da força de trabalho. Embora, de um modo geral, prevaleça a tendência de perda de membros ou de incapacidade de captação de novos membros — e, aliás, o período da austeridade fez-se acompanhar de uma quebra da filiação —, a forma como isso se refletiu no sector metalúrgico e no universo «Autoeuropa» em particular assumiu contornos específicos.

A quebra de sindicalização durante o período da intervenção da *troïka* foi de alguma forma mitigada por fatores decorrentes das características do próprio sector e da região, desde logo a prevalência, em termos históricos, de um perfil de «trabalhador militante». A quebra sindical verificada terá sido motivada por diversos fatores, nomeadamente a questão económica (diminuição acentuada ou estagnação das remunerações, depreendendo-se que o pagamento da quota sindical teria um peso extraordinário sobre os rendimentos disponíveis) e a assunção de uma postura mais defensiva e reativa por parte dos sindicatos, frustrando as expectativas dos filiados. Este segundo ponto foi mencionado de forma explícita por um entrevistado:

> (...) alguma incapacidade que nós também tivemos de responder a coisas concretas, porque a austeridade ofuscou de certa maneira a possibilidade de nós, digamos, provocarmos movimento no local de trabalho para exigir melhores condições. (...) O movimento que nós conseguimos gerar foi para não perder o que se tinha (...) E houve situações em que não conseguimos e isso naturalmente, em determinadas camadas de trabalhadores, gerou alguma frustração. (Entrevista a dirigente da Fiequimetal, junho de 2018)

Aqueles dois tipos de fatores que podem ser colocados no centro da questão da quebra de sindicalização motivaram a implementação de processos de reorganização[43] no seio das estruturas afetas à CGTP ainda num período anterior à fase mais crítica da austeridade. Em termos gerais, as reorganizações — nomeadamente por via de fusões entre vários sindicatos do sector — produziram impactos positivos, criando um efeito de contenção da perda de filiados, além de permitirem potencializar os meios humanos

[43] Os SITE — Sindicatos dos Trabalhadores das Indústrias Transformadoras, Energia e Atividades do Ambiente — são um exemplo dos processos de reorganização mencionados. Resultaram da junção, no final da década de 1980 e no início da década de1990, de sindicatos dos metalúrgicos, da química e das indústrias elétricas do norte, sul e centro. Posteriormente, no início da década de 2000, foi incorporado o sector gráfico e do papel.

e financeiros existentes. De igual modo, possibilitaram uma partilha de experiências transversais aos vários subsectores do sector metalúrgico, o que se revelou enriquecedor no que diz respeito à capacidade de atuação dos dirigentes, que passaram a ser «transversais» a várias empresas de diferentes âmbitos, desenhando-se assim redes de interligação. Outros efeitos apontados decorrem dos incentivos à participação dos trabalhadores e à promoção da solidariedade. O estabelecimento das referidas redes de interligação, no caso de empresas de âmbito nacional, constitui-se como uma forma de mitigar as insuficiências das estruturas, principalmente de meios humanos disponíveis. Mas ainda que tenham sido feitos progressos, a inovação introduzida acabou por ser considerada insuficiente.

No contexto específico da Autoeuropa, a quebra de sindicalização é também uma realidade que só recentemente tem conhecido uma (frágil) recuperação, sobretudo através do Site-Sul, o sindicato mais representativo na empresa. Conforme nos foi dado a conhecer, as estimativas apontavam, em 2016, para cerca de 17% de filiados ao nível dos sindicatos com implantação na fábrica, o que representava menos de metade dos existentes cerca de uma década antes.[44] Todavia, apesar da quebra de filiação no sector metalúrgico, assistiu-se, no caso da Autoeuropa, a uma tendência de recuperação moderada no caso do Site-Sul. A análise efetuada revelou os efeitos do conflito no crescimento da sindicalização na empresa. Segundo fonte sindical, nos meses que antecederam a greve de 30 de agosto de 2017 a filiação no Site-Sul terá aumentado, o que sugere que a situação de instabilidade e a insegurança sentida pelos trabalhadores (designadamente o segmento mais jovem e mais precário) os terá levado a procurar o apoio do sindicato. O conflito em torno dos novos horários sublinhou, de acordo com um dirigente sindical, a existência e atividade de outras estruturas de representação além da CT. Nesse sentido, o protagonismo do Site Sul saiu reforçado.

Por outro lado, é importante sublinhar que embora este sindicato não tenha conquistado um lugar à mesa das negociações na Autoeuropa, parece ter ocorrido uma alteração significativa nas relações entre a administração e o sindicato, pelo menos segundo o ponto de vista da federação do sector:

[44] Entrevista ao líder da CT Autoeuropa em abril de 2016.

> Já devemos ter feito, desde o ano passado, para aí umas dez reuniões. Antes da greve não se reunia. A primeira reunião foi a 7 de setembro [de 2017]. Está a ver a diferença? A Autoeuropa nem reunia com o sindicato. E esta foi a grande diferença. Foi uma conquista extraordinária a esse nível. É um exemplo de poder, não é? O sindicato ganhou poder. E aqui nem se trata de reconquistar. Ganhou, porque não tinha. Tinha associados efetivamente, mas não exercia o seu poder, a sua capacidade de se fazer ouvir e de ser interlocutor junto da administração. Isso hoje acontece. É verdade que não negoceiam connosco, não há uma cultura de negociação com os sindicatos, mas ouvem as nossas propostas. Posso dar-lhe o exemplo de uma situação em que tenho a perceção de que a atuação do sindicato teve influência. Teve a ver com a eliminação na grelha salarial do salário A0, que é o salário de admissão, em que os trabalhadores ganhavam 670 euros. Tal como a CT, foi uma das exigências que fomos colocando em cima da mesa. Não fazia sentido o salário de admissão na Autoeuropa, uma empresa da Volkswagen, ser de 670 euros. E eles acataram isso, aceitaram, já não existe esse salário. (Entrevista a dirigente da Fiequimetal, junho de 2018)

Podendo-se questionar os resultados reais da estratégia assumida pelo sindicato, não deixa de ser um facto que conseguiu produzir a mobilização que terá levado à rejeição de dois pré-acordos, além de ter protagonizado uma greve histórica. Considerando estes dois aspetos, na medida em que o poder associativo dos sindicatos se plasma também na capacidade de produzir e executar estratégias de luta eficazes, é possível constatar uma recuperação do «poder associativo» do sindicalismo. Porém, neste caso particular ficou claro que o campo sindical só se reforça através do papel da CT, embora paradoxalmente se trate, como vimos, de estruturas em permanente tensão.

Com efeito, o conflito gerado em torno da imposição dos novos horários, constitui um exemplo expressivo de uma mobilização mal-sucedida do «poder societal» por parte do sindicato mais representativo no contexto da Autoeuropa. Principalmente em termos discursivos, o Site-Sul demonstrou incapacidade em fornecer um padrão de interpretação da crise capaz de influenciar a opinião pública a seu favor e, desse modo, legitimar as reivindicações em causa. A greve lançou o espectro da deslocalização, da qual os sindicatos seriam culpados ao terem enveredado por essa forma de luta. A tensão na Autoeuropa em resultado da competição entre a comissão de trabalhadores e o sindicato, assim como o braço de ferro com a administração tiveram uma enorme projeção mediática, com vários debates televisivos. A opinião pública dividiu-se em relação à legitimidade das posições dos trabalhadores, da CT e do Site-Sul. Não raras vezes, os trabalhadores da Autoeuropa foram caracterizados como «privilegiados» num contexto em que a grande maioria dos assalariados ainda sofria os efeitos decorrentes da crise.

O caso da Autoeuropa ilustra o carácter dinâmico dos recursos de poder sindical. Demonstra também que a sua evolução pode ser assimétrica, isto é, uma determinada forma de poder pode desenvolver-se enquanto outras sofrem um recuo. Por outro lado, este caso sublinha também a importância dos fatores contextuais e os seus efeitos imprevisíveis. Se é verdade que a ação sindical foi posta à prova no caso da Autoeuropa, dela resultando efeitos negativos sobre a sua imagem, por outro lado, a crise dos horários criou uma oportunidade para que essa mesma ação sindical ganhasse projeção, promovendo a recuperação do «poder associativo» e a sua influência no seio da empresa.

3.6. A dimensão internacional no contexto da Autoeuropa e da crise de 2017

Sendo a Volkswagen um grupo de dimensão internacional, esse aspeto exerce uma influência importante no plano das relações laborais na Autoeuropa. Começando logo pelo facto de a fábrica portuguesa ter adotado os princípios da cogestão que estabelecem a consulta dos trabalhadores nas decisões acerca de um leque alargado de questões relativas à organização da empresa, condições de trabalho, gestão de pessoal e decisões económicas que afetem o futuro da empresa e dos empregos. A ratificação, em 2010, da *Carta Internacional de Relações Laborais do Grupo Volkswagen* (2009) pela Autoeuropa significou a transposição para a realidade portuguesa de um conjunto de aspetos focados na promoção da democracia no local de trabalho, alguns dos quais de natureza vinculativa. O Conselho Europeu de Empresa (CEE) exerceu uma grande influência nesse ponto:

> Teve [importância], fez alguma pressão, porque houve algumas empresas que tentaram fugir a esse envolvimento dos trabalhadores. Isso depois levou a que na fase final, portanto, tenha sido a direção do grupo VW a primeira a rubricar essa carta em alemão e depois as administrações locais a rubricarem a carta e a assinarem connosco... (Entrevista ao coordenador da CT Autoeuropa, abril de 2016)

Ainda que o documento seja considerado de extrema relevância no contexto do «modelo Volkswagen», não deixa de ser curioso que as alterações que veio introduzir na realidade Portuguesa fossem de alcance limitado:

> Na prática, em Portugal, não mudou nada. Porque é que não mudou nada? Porque eu diria que 90 por cento daquilo que está na carta existe na nossa legislação, felizmente. Portanto, o que nos dá é mais força para reivindicar. O valor acrescentado foi que algumas coisas que em Portugal são meramente informativas ou consultivas ali são imperativas. Por exemplo, em Portugal nenhuma legislação obriga a que a empresa tenha que me ouvir e tenha que reunir comigo e tenha que decidir comigo questões de carácter social, como por exemplo, como é que o refeitório é feito, quantas mesas deve ter por pessoa. Isso está na legislação, mas eles aplicam a legislação e não discutem. Como é que, por exemplo, se processam as questões dos seguros de saúde, toda uma série de coisas que são as empresas que aplicam... Aqui, [Autoeuropa] as admissões de pessoal, por exemplo, têm que ser discutidas connosco [Comissão de Trabalhadores], assim como os concursos internos... (Entrevista ao coordenador da CT Autoeuropa, abril de 2016)

A *Carta Internacional de Relações Laborais do Grupo Volkswagen* confere legitimidade acrescida quando se trata de avançar para determinado tipo de reivindicações, exercendo pressão sobre as administrações nacionais e locais. Os seus efeitos são mais claramente sentidos em relação a aspetos do funcionamento quotidiano da fábrica sempre que os mesmos não cumprirem o que é definido pela *Carta*. Destaca-se também o facto de esta reforçar o envolvimento da CT em questões como as promoções ou as admissões de novos trabalhadores. No caso de esses princípios não serem cumpridos, a questão pode ser remetida para o CEE (Costa, 2017a).

Recorde-se, aliás, que a VW foi pioneira no plano da representação transnacional dos trabalhadores ao ter estabelecido o seu CEE em 1992, dois anos antes de a diretiva europeia ter sido implementada, e, posteriormente, o conselho mundial (Whittall *et al.*, 2017). No seu conjunto, os dois órgãos contam com cerca de 170 delegados, exprimindo assim a importância que lhes é conferida, não obstante as limitações que lhes possam ser apontadas. A sua consolidação respondeu à necessidade sentida pelo grupo em coordenar e gerir os processos de competição pela alocação de investimento entre diferentes unidades do grupo, geradores de conflito e perturbadores das relações estáveis existentes, inclusive com as estruturas sindicais. Nesse sentido, a existência de estruturas representativas fortes nos planos nacional e transnacional é vista como fundamental. Por outro lado, como sublinham Whittall *et al.* (2017), os CEE vêm reforçar o compromisso com uma representação sindical forte e que transcende as «idiossincrasias nacionais», ao mesmo tempo que cultiva a criação de um clima de confiança entre os representantes de trabalhadores de diferentes países.

É também nesse quadro de um padrão elevado no que concerne às relações laborais e a sua uniformização dentro do universo VW que pode ser situada a negociação de acordos de empresa transnacionais inovadores, focados nas relações laborais e na utilização de trabalho temporário nas unidades do grupo. Em linha com a estratégia do grupo de incremento da eficiência e da produtividade, além de sublinhar o envolvimento dos trabalhadores no plano transnacional, esses acordos conferem-lhes poder nos respetivos planos nacionais. O que pode ser particularmente importante em locais sem uma tradição forte no que respeita às estruturas sindicais e comissões de trabalhadores. Nesse sentido, tanto a *Carta* de 2009[45] como os acordos de empresa transnacionais, ao funcionarem como instrumentos promotores de solidariedade e de prevenção da competição indutora de degradação das relações laborais, têm efeitos positivos sobre as práticas nos planos nacionais.

No plano da Autoeuropa, a dimensão internacional tem sido importante na resolução de problemas relacionados com o excedente de trabalhadores

[45] A *Carta* de 2009 oferece a possibilidade de implementação de comissões de trabalhadores com direitos de cogestão, deixando ao critério dos atores no plano nacional a extensão da sua implementação.

em várias ocasiões, coincidentes com picos negativos nas encomendas e, de uma forma geral, com a retração que o mercado automóvel tem sofrido no decorrer da última década. Nessas alturas, o CEE é envolvido, formal e informalmente, no diálogo entre a filial portuguesa e a casa-mãe na busca de soluções positivas tanto para os trabalhadores como para a administração, contornando-se assim vagas de despedimentos que se apresentavam como eminentes:

> A nossa última crise de emprego aqui deu-se em 2011, em que fomos confrontados com uma situação que era termos cerca de 400 pessoas a mais. Sabemos que muitas delas, na altura, estavam a contrato e corriam o risco de numa situação destas de virem para a rua. E o que conseguimos, com o apoio do comité europeu de empresa, claramente, foi arranjar duzentos e muitos lugares na Alemanha, em Wolfsburgo, mais alguns na Audi... (...) E as pessoas foram voluntariamente. Só foi quem quis para lá... Já em período de crise aqui em Portugal. E conseguimos... Eles lá, digamos, passaram a efetivos, cumpriram lá o terceiro mandato, não é, e os que cá ficaram também foram os necessários para... [A questão] Foi discutida entre eu e o presidente do conselho europeu de empresa, e entre o diretor dos recursos humanos e o diretor dos recursos humanos de Wolfsburgo. Primeiro houve reuniões separadas, depois houve reuniões em conjunto. Nós, neste momento, estamos a deparar-nos com a necessidade de mandar novamente pessoas para fora. Já fizemos aí um primeiro apanhado. Há cerca de 300 voluntários, vamos ver depois as condições... se todos vão aceitar ou não. Eu fui à Alemanha há duas semanas. Volto lá agora dia 2 para ver as condições em que os nossos trabalhadores irão ficar hospedados, para ver se interessa ou não... É uma coisa semelhante [ao que se passou em 2011] mas para outra fábrica, agora para Osnabruck. Esta fábrica, por acaso, tem uma vantagem: é que um dos membros da comissão de trabalhadores nessa fábrica é português, o que, facilita o diálogo, a tradução... (Entrevista ao coordenador da CT Autoeuropa, abril de 2016)

Mais recentemente, no contexto da crise dos horários, em que foram chumbados vários pré-acordos e levada a cabo a primeira greve na Autoeuropa, o contacto entre, por um lado, a Fiequimetal e o Site-Sul, e, por outro, o sindicato industrial alemão IG Metall foi frequente. O último estava completamente ao corrente da situação que se vivia na fábrica de Palmela, tendo inclusive enviado uma delegação a Portugal:

> Eu acho que a nossa presença lá foi muito importante. Nós fizemos um relatório detalhado para a direção do IG Metall que também foi enviado para a presidência do comité de empresa, do comité mundial. E claro que isso sempre influencia. Quando a Volkswagen se dá conta que a representação dos trabalhadores está ativa no caso concreto, como tem esse sistema de cogestão muito, muito enraizado na empresa, isso influencia. Não é que faça a empresa tomar decisões, mas influencia como a empresa trata o assunto. (Entrevista com dirigente do IG Metall — Volfsburgo, novembro de 2018)

Ainda que o caso da Autoeuropa não constituísse uma preocupação no sentido mais crítico para a casa-mãe, o facto de o investimento em Palmela ter recebido incentivos da parte do governo português ajudou a que fosse possível atuar de modo vigilante em relação à direção da Autoeuropa. Como já mencionámos, a situação em Portugal não era considerada um problema, muito embora nos momentos de maior tensão se tenha acentuado algum receio, mesmo na sede Alemã. À semelhança de alguns atores nacionais, o IG Metall também reconhecia que a imposição dos novos horários no contexto português podia gerar um efeito de contágio, pelo que a dimensão do conflito na Autoeuropa deveria ser o mais contida possível.

3.7. Apontamento final

Mostrámos neste capítulo como as condições de fortalecimento/fragilização do poder sindical estão intrinsecamente ligadas ao modelo de cogestão vigente na Volkswagen, donde resulta uma articulação — neste caso tensa e complexa — entre, por um lado, a Comissão de Trabalhadores, que detém o monopólio da negociação com a administração e, por outro, o campo sindical (aqui exemplificado com o Site-Sul) que, não possuindo essa mesma prerrogativa, preserva no entanto uma ligação forte aos trabalhadores, além de depender dele a legitimidade de mobilização em situação de conflito (convocação de greve). Muito embora esta situação não seja exclusiva do caso Autoeuropa, este é seguramente ilustrativo da ambivalência entre a ação da CT e a dos sindicatos. As tensões que identificámos anteriormente resultam em parte do facto de a CT emergir como entidade exclusiva de diálogo para os acordos laborais (internos à empresa, inclusive aqueles que comportam questões salariais, carreiras e horários). Esse facto, por si só, suscita uma reflexão em torno dos dilemas com que se debate o sindicalismo, situado entre a heterogeneidade das sensibilidades no seio dos trabalhadores da empresa e a lógica sectorial — em geral mais homogénea — das estratégias sindicais. Também nestes dois planos o jogo político e as dinâmicas de diálogo decorrem sob diferentes lógicas. Por um lado, temos toda a diversidade de narrativas, vínculos laborais e preocupações da força de trabalho interna, cujo ponto de unidade principal é a defesa da viabilidade da empresa e o reconhecimento da necessidade de preservar os canais de diálogo com a administração; por outro lado, a ação sindical onde além das inevitáveis disputas entre correntes diferentes é notória também a divisão entre distintos alinhamentos ideológicos e, em certos casos, partidários.

Perante a complexidade deste caso, procurámos identificar o modo como se entrelaçaram diferentes linhas cuja origem se prende com a cultura da empresa (e o modelo de gestão do grupo Volkswagen). Todavia, sendo a própria cultura de empresa um processo em aberto mais do que uma substância estática, nela se foi incrustando e estruturando ao longo do tempo a matriz sociopolítica do campo sindical, por sua vez vinculado ao próprio território social que acolheu a instalação da Autoeuropa. Deste modo, como vimos, aqui se cruzam variadas dinâmicas e fatores condicionantes dos recursos de poder que servem de suporte à ação sindical e a outras estruturas associativas representativas da classe trabalhadora. Os recursos de poder sindical que o presente estudo procurou abordar encontram eco no caso em análise sob a interferência simultânea das diferentes dimensões da tipologia considerada: 1) o «poder associativo» parece ter evoluído, com oscilações, ao longo do processo, mas terá saído fortalecido da instabilidade vivida na empresa com o conflito de 2017; 2) o «poder institucional» revelou-se na forte implicação do direito laboral e do modelo vigente no grupo VW com as suas influências na redefinição do modos de atuação do sindicalismo, que conseguiu ganhar influência na CT, mas vendo-se forçado a «delegar» nessa instância o exclusivo do poder negocial; 3) o «poder estrutural», mais diretamente ligado à economia global e à crescente força do neoliberalismo que influi sobre a posição ocupada pelos trabalhadores no mercado de trabalho é, notoriamente, um fator que incide acima de tudo na fragilização da ação sindical; 4) e, por fim, o «poder societal» exprime neste caso a ambivalência de uma sociedade/opinião pública que olha com distanciamento e desconfiança as ações de luta sindical num sector que, aos olhos da maioria, trabalha em melhores condições do que grande parte dos trabalhadores portugueses.

Não obstante a CT «levar a melhor» na relação com a administração, o quadro seguinte procede a um mapeamento de síntese dos recursos de poder sindical no contexto da Autoeuropa, chamando ainda a atenção para as características dos critérios analíticos que mais se salientaram neste estudo de caso.

Quadro 4 — Recursos de poder, critérios analíticos e suas características mais salientes no contexto do estudo de caso da Autoeuropa

	Critérios Analíticos					
Recursos de Poder	Representatividade	Qualificação	Conflito/Negociação	Nacional/Internacional	Público/Privado	Inovação
Poder Estrutural		X			–	–
Poder Associativo	X		X	X	–	–
Poder Institucional				X	–	–
Poder Societal			X		–	–
	Características mais salientes					
Autoeuropa	Representatividade	Qualificação	Conflito/Negociação	Nacional/Internacional	Público/Privado	Inovação
	▪ Alguma recuperação do número de filiados, principalmente no período imediatamente antes e durante a crise de 2017.	▪ Perfil geral de trabalhadores especializados e qualificados.	▪ Convocação da greve de 30.08.2017 (paralisação da fábrica); ▪ Sindicato passa a ser ouvido pela administração; ▪ Incapacidade em enquadrar discursivamente o conflito dos horários e a convocação da greve; ▪ Mobilização negativa do poder societal.	▪ Preponderância da CT que retira força aos sindicatos; ▪ Influência do modelo de cogestão da VW, redução das competências dos sindicatos no plano negocial.	–	–

Em suma, o caso da Autoeuropa e as lutas dos seus trabalhadores evidenciam os paradoxos de uma economia fundada em grandes clivagens estruturais, mas que ao mesmo tempo se debate perante a necessidade de conjugar a conflitualidade com o diálogo, o confronto dos interesses em jogo com a urgência de forjar consensos estratégicos que promovam o bem-estar e preservem os direitos dos trabalhadores e a democracia na empresa.

CAPÍTULO 4

SECTOR DOS TRANSPORTES: ESTUDO DE CASO DA TAP

O estudo de caso da TAP Air Portugal (TAP) visa desafiar os recursos de poder sindical analisados na primeira parte deste livro, assim como testar os critérios analíticos que com eles se cruzam. Ainda que se afigure particularmente emblemático no que concerne ao critério analítico nacional/internacional — tanto mais que são tidas em consideração quer «questões nacionais» relevantes, quer dinâmicas internacionais (como por exemplo as relativas à filiação em estruturas supra nacionais ou à participação em campanhas transnacionais) —, o estudo de caso da TAP oferece também, como veremos, outros elementos enriquecedores para as análises suscitadas pelos demais critérios analíticos tidos em conta neste livro.

4.1. Uma companhia de bandeira entre dinâmicas nacionais e apelos transnacionais

As origens da TAP coincidem temporalmente com os derradeiros meses da Segunda Guerra Mundial, mais precisamente a 14.03.1945, então sob a designação de Transportes Aéreos Portugueses, por ordem de serviço de Humberto Delgado, na altura diretor do Secretariado da Aeronáutica Civil. Se em 19.09.1946 era aberta a primeira linha comercial entre Lisboa e Madrid, no final de 1946 era inaugurada a linha aérea imperial entre Lisboa e Angola (Luanda) e Moçambique (então Lourenço Marques, atual Maputo). Um traço comum a praticamente todas as companhias europeias que exploravam linhas imperiais foi «a centralidade do Estado e do seu poder decisório», que se explicava por três razões principais: i) dependência económica forte de meios aeronáuticos relativamente ao Estado; ii) objetivos políticos colocados pelo próprio Estado (criação de companhias e de linhas aéreas); iii) aproximação entre aviação militar e civil que significava uma «mobilidade de meios» reforçada e um aumento do poder e potencial aéreo (Pinto, 2010: 364–365). Consequentemente, a criação da TAP — que em 1953 passa de serviço público a Sociedade Anónima de Responsabilidade Limitada, maioritariamente estatal — visou sobretudo, ao mesmo tempo que fazia face à concorrência dos transportes aéreos estrangeiro (sobretudo americanos), explorar linhas aéreas marcadas por uma «imagem de prestígio da companhia, do Estado e da sua capacidade de satisfazer os interesses nacionais» (*idem*: 364–365; 484).

O brevíssimo enquadramento socio-histórico contido no parágrafo anterior serve de antecâmara para o critério analítico nacional/internacional, explorado mais adiante. Por um lado, dir-se-ia que sobretudo em países geograficamente de menor dimensão (como Portugal), o transporte aéreo é eminentemente transnacional, não obstante a existência de rotas nacionais. Por outro lado, porém, mesmo quando os trabalhadores pertencem a uma companhia que opera em muitos países, há sempre uma *base nacional* principal a partir da qual realiza a proporção mais significativa das suas atividades. Tal facto, aliás, tem sido, por vezes, aproveitado pelas companhias aéreas para tentarem implementar leis mais flexíveis e geradoras de menor proteção para os trabalhadores, colocando ao rubro a tensão entre diferentes ordenamentos jurídicos e a necessidade de intervenção de instâncias internacionais competentes.[46]

Além disso, recorde-se que a natureza da atividade do transporte aéreo se encontra sob uma «forte influência do exterior», de ordem tecnológica (aquisição tecnológica, sempre em evolução, feita no exterior), comercial (livre concorrência ditada pelos processos de desregulamentação) e legal (relacionada com regulamentações várias) (Pinto, 2001: 241). A forma como as agendas sindicais são construídas e o dinamismo das estratégias

[46] Veja-se, a este respeito, o acórdão do Tribunal de Justiça da União Europeia de 14.09.2017 que se detém no contencioso entre cidadãos e companhias aéreas (Crewlink Ireland e Ryanair) a propósito do conceito de «lugar onde o trabalhador efetua habitualmente o seu trabalho» e o conceito de «base [de afetação]».

colocadas em prática não deixa de refletir relações por vezes tensas, por vezes complementares, entre planos de ação distintos — o nacional e o internacional. Importa, por isso, dar conta, por um lado, de um conjunto de matérias que, à escala nacional, são percecionadas pelas organizações sindicais nacionais que atuam em redor do universo TAP (mas que não são exclusivas desse contexto) e, por outro lado, identificar as dinâmicas e desafios transnacionais em que o sindicalismo se envolve a partir do universo TAP. A montante desses dois objetivos torna-se necessário reportar a situação em que se encontram algumas das principais estruturas de representação coletiva dos trabalhadores que desenvolvem a sua atividade no âmbito do universo TAP, embora não lhe estando circunscritas. Essa análise convoca-nos para outros critérios analíticos e ao mesmo tempo espelha uma reflexão acerca dos obstáculos e possibilidades que se colocam à revitalização do poder sindical nesses campos. Começamos, assim, por articular (ainda que não em definitivo) critérios como «representatividade», «qualificação» ou «inovação», com as dinâmicas próprias do poder associativo. E ao fazê-lo estamos já a antecipar algumas questões nacionais relevantes, como é o caso da privatização (retomada também adiante), que permite pôr ao rubro o critério analítico «público-privado».

4.2. Revitalizando as estruturas: representatividade e poder associativo no contexto da privatização

A revitalização das estruturas sindicais envolve mudanças ao nível dos vários dos critérios analíticos aqui considerados. Um dos mais relevantes é a representatividade, nomeadamente no que concerne à sua expressão numérica. Foram analisadas várias estruturas sindicais com representação na TAP: o Sindicato Nacional do Pessoal de Voo da Aviação Civil (SNPVAC), o Sindicato dos Trabalhadores da Aviação e Aeroportos (SITAVA) e o Sindicato dos Técnicos de Manutenção e Aeronaves (SITEMA).[47]

No caso destes sindicatos, verificou-se um crescimento da filiação que pode ser atribuído a vários fatores. De uma forma geral, o processo de venda

[47] O Sindicato dos Pilotos da Aviação Civil (SPAC) não integra este estudo. Foi contactado nesse sentido, mas demonstrou indisponibilidade para participar.

da TAP ao consórcio formado pela Azul e pela Barraqueiro[48] despoletou os receios dos trabalhadores em relação à erosão das condições salariais e de trabalho de que usufruíam na empresa. Somam-se ainda outros fatores que relevam das dinâmicas interna e externa que são próprias a cada um dos sindicatos. O contexto da austeridade e suas implicações constituem, como veremos, o pano de fundo comum a todos eles. Desde logo, porque a venda da companhia ao consórcio foi motivada pela lógica de privatizações lançada pelo *Memorando de Entendimento*.

No caso do SNPVAC, o aumento do número de sócios foi significativo e deveu-se em muito ao processo de privatização e às novas condições oferecidas aos trabalhadores. Os seus reflexos foram, portanto, positivos, tendo o sindicato ganhado, segundo fonte sindical, cerca de 800 membros desde a consumação do processo em 2015. Este dado é particularmente relevante se considerarmos que o número de filiados rondava, segundo a mesma fonte, os 2800 em 2012. A estratégia combativa que o sindicato adotou favoreceu a identificação dos trabalhadores com o seu projeto:

> Houve [reflexos] em nosso benefício porque como fomos os líderes da luta contra a privatização, os tripulantes acabaram por se rever na nossa posição e vieram sindicalizar-se. (Entrevista a dirigente do SNPVAC, janeiro de 2018)

O crescimento da sindicalização não pode ser desligado de outros aspetos, como, por exemplo, o facto de se tratar de um sindicato de uma classe específica. Nesse sentido, não é irrelevante o crescimento das operações da TAP, pois tal acarretou o aumento do número de tripulantes de cabine. Já no caso do pessoal de terra, como salientou um dirigente do SITAVA, o efeito foi o inverso, pois as condições oferecidas aos trabalhadores nas bases de outros países são francamente melhores, o que terá incentivado a que muitos, em particular os trabalhadores especializados, deixassem o país e a TAP. Ainda no que se refere à classe profissional dos tripulantes, a representatividade em termos de género e de idades tende a ser equilibrada, o que se reflete no plano da filiação sindical. Convém, a esse propósito recordar uma vez

[48] Em junho de 2015, o consórcio formado pela Azul e pela Barraqueiro ganhou a privatização de 61% do capital da TAP.

mais a especificidade do SNPVAC, sindicato que representa um grupo muito específico cujas características profissionais são particularmente propícias ao acesso à profissão por parte de camadas mais jovens e onde a questão das desigualdades de género também se esbatem.

O crescimento da sindicalização também é uma realidade no caso do SITAVA. Trata-se de um sindicato que representa trabalhadores em mais de setenta empresas, sendo que em algumas a taxa de sindicalização é da ordem dos 65%. Em empresas consolidadas como a TAP e a Serviços Portugueses de Handling, SA (SPdH), as taxas de sindicalização são por norma elevadas, enquanto em empresas onde predominam vínculos laborais precários o número de sócios tende a ser menor. A taxa de sindicalização varia assim significativamente entre empresas. Em finais de 2017, o SITAVA contabilizava 4433 sócios, tendo ocorrido um número significativo de novas filiações entre 2016 e 2017, o que é coincidente com o pós-privatização da companhia aérea.

Outro sindicato que reportou um crescimento da filiação foi o SITEMA. Segundo fonte sindical, existem 902 técnicos de manutenção de aeronaves na TAP. Em junho de 2018, o SITEMA representava cerca de 650 desses técnicos. Existem pelo menos mais dois sindicatos onde os técnicos de manutenção de aeronaves se podem filiar, sendo um deles o SITAVA. Dentro desse grupo profissional, e no que concerne à empresa em questão, deve também ser tida em conta a existência de uma fatia considerável de trabalhadores, mais jovens, que não se sindicaliza devido ao vínculo contratual precário e a eventuais represálias da administração.

O crescimento reportado deveu-se essencialmente a fatores que se prendem com o funcionamento do próprio SITEMA:

> Nós [esta direção] acabámos de ser eleitos, há mês e meio. A realidade do SITEMA há um mês e meio atrás era uma. A realidade do SITEMA hoje é outra. Tem a ver essencialmente com uma razão. A antiga direção do SITEMA esteve lá 13 anos ou 15 anos. E como qualquer ser humano, não estou aqui a criticar ninguém, nós acomodamo-nos às coisas (...) Não aparece oposição e a gente ganha sempre as coisas... E houve muita gente que saiu do SITEMA porque não se revia naquela forma de estar. Apareceu desta vez uma nova direção e em mês e meio conseguimos ir buscar cento e tal, perto de duzentos novos

> associados que tinham abandonado o sindicato. (...) Nós começámos há um mês e meio com 400 e tal já vamos na ordem dos 650. (Entrevista a dirigente do SITEMA, junho de 2018)

Em relação a 2007, as diferenças são substanciais. De acordo com a fonte consultada, o número de filiados situar-se-ia abaixo dos 400, o que corresponderia a cerca de 30% dos profissionais daquele sector. O aumento da filiação é atribuído à mudança de direção (a nova direção foi eleita em abril de 2018) e às alterações substanciais no trabalho que estava a ser desenvolvido pelo sindicado, ficando bem claro que ocorreu uma rutura entre membros e direção por divergências insanáveis — «o principal foi isso, foi o comodismo da direção»[49] —, e não tanto a uma descrença no seu papel de representação e de agente ativo da defesa dos direitos da classe profissional:

> as pessoas dizem-me (...) a razão pela qual tinham saído, pelo conformismo, a falta de iniciativa da direção, a falta de comunicação da direção para os associados, a falta de resposta perante as novas coisas que iam surgindo no campo. (...) e foi este afastamento que foi aumentando, aumentando, aumentando, até que se deu praticamente num divórcio entre a direção e muitos dos associados. (Entrevista a dirigente do SITEMA, junho de 2018)

As declarações transcritas chamam a atenção para um aspeto que marca a diferença em relação aos demais sindicatos auscultados. A privatização da TAP foi completamente desvalorizada enquanto fator impulsionador do aumento de filiação. Se é certo que, como assinalámos no capítulo 2, as lógicas de privatização tendem a acentuar impactos negativos do ponto de vista dos salários, do emprego, das condições de trabalho e da regulamentação coletiva, por outro lado, como decorreu dos nossos contactos junto de outros sindicatos, a privatização da TAP favoreceu, como se verá mais adiante, uma série de dinâmicas de oposição de que os sindicatos foram os principais protagonistas.

No que concerne à idade, a média do segmento profissional dos técnicos de manutenção de aeronaves (TMA) ronda os 30 e poucos anos, o que se

[49] Entrevista a dirigente do SITEMA, junho de 2018.

repercute também na idade média dos associados do SITEMA. O panorama altera-se quando o foco passa para os membros da direção. Segundo a estimativa de um membro da mesma, situa-se entre os 37 e os 40 anos. Os técnicos de manutenção de aeronaves são predominantemente homens, muito embora as mulheres comecem a penetrar na profissão e também a tornar-se associadas. No entanto, da direção do sindicato não fazem parte elementos do sexo feminino, pelo menos até ao momento de recolha dos dados.

O padrão de qualificações dos trabalhadores do sector é bastante elevado — obrigatoriamente, têm de possuir o Curso de Técnico de Manutenção de Aeronaves —, o que se reflete no plano dos membros e dirigentes do sindicato. A profissão é altamente regulamentada dadas as exigências de segurança inerentes ao tráfego aéreo, sendo obrigatória a conformidade com as normas internacionais que regulam o sector do transporte aéreo. Como nos foi referido,

> pelas regras internacionais nós estamos a estudar até ao último dia de atividade profissional. (...) eu, com 55 anos, ainda sou chamado a repetir os meus cursos de dois em dois anos, porque a legislação valida-me os cursos só de dois em dois anos. Portanto, nós somos uma classe profissional altamente especializada. (Entrevista a dirigente do SITEMA, junho de 2018)

O SITEMA não detém o exclusivo da representação dos TMA. O SITAVA é uma opção possível à disposição daquele grupo profissional. No entanto, o SITAVA, sendo um sindicato de trabalhadores da aviação e aeroportos (como a própria designação indica), é um sindicato transversal que abrange várias categorias profissionais. Aliás, o SITAVA foi um dos sindicatos que beneficiou com o descontentamento dos sócios em relação à anterior direção do SITEMA, integrando-os nas suas fileiras. Tendo em linha de conta que o SITEMA está filiado na UGT e o SITAVA na CGTP, logo aqui se podem identificar dinâmicas de competição intersindical. Estas não são naturalmente uma novidade. Além de a TAP ter sido palco de inúmeras lutas sindicais desde a instituição do regime democrático, é também uma empresa em que a filiação sindical é tradicionalmente alta e em que as divisões ideológicas e ocupacionais no plano sindical são bastante vincadas (Stoleroff e Naumann, 1996).

Em geral, à exceção do SITEMA, a precarização do vínculo laboral durante o período da aplicação do *Memorando de Entendimento* e no pós-*-troïka* é apontada como um dos principais entraves à sindicalização, ao que se soma a ausência de consciência social e política no caso dos mais jovens. Para um dos sindicatos, o SITAVA, essa falta de consciência social e política constituía mesmo o problema principal, desvalorizando o argumento segundo o qual os precários têm medo de represálias da administração, pois «nós temos formas de contornar o facto de empresa saber ou não se o trabalhador é sindicalizado».[50] A sindicalização desse segmento reveste-se de particularidades e tem vindo a tornar-se cada vez mais comum tanto no sector da aviação como dentro da própria TAP. O SITAVA assume mesmo algum protagonismo no que respeita à sindicalização de precários:

> nós somos o sindicato que sindicaliza os precários. Que os sindicaliza, que os organiza, e que tenta dar resposta aos trabalhadores precários, seja trabalho temporário seja prestadores de serviços. (...) Eu penso que sempre se fez, não é? Mas nos últimos anos tem-se acentuado essa sindicalização porque de alguma forma eles também reconhecem, ou reconhecerão, que da parte do SITAVA há resposta ou tenta-se fazer algum trabalho no sentido de dar resposta aos problemas deles. Muitas vezes são problemas muito particulares. (Declarações em contexto de um *focus group* com dirigentes e ativistas sindicais do SITAVA, janeiro de 2018)

Mas a captação de novos sócios e a manutenção da filiação correlaciona-se também intimamente com o fornecimento de serviços aos sócios. Essa é uma estratégia com um peso importante no caso dos três sindicatos mencionados. E o peso que pode assumir em alguns casos aponta para a consolidação de um «sindicalismo de serviços», que está mais ao alcance de sindicatos com maior capacidade financeira:

> uma das coisas que nós motivamos também no sindicalismo é conceder benefícios através do associativismo. Ou seja, nós temos um plano de saúde, um

[50] Declarações em contexto de um *focus group* com dirigentes e ativistas sindicais do SITAVA, janeiro de 2018.

> seguro para os nossos associados. Devo confessar que muita gente é logo associada porque quer o plano de saúde, e depois é que começa a participar. (Entrevista a dirigente do SNPVAC, janeiro de 2018)

Até que ponto essa é a estratégia com maior peso no crescimento e manutenção da filiação é uma questão que permanece em aberto. Os sindicatos que disponibilizam benefícios e serviços mais modestos aos seus sócios não deixam de apresentar uma filiação elevada. Até porque a capacidade reivindicativa demonstrada é um fator que tem muita influência no momento da decisão de integrar um sindicato.

4.2.1. O papel das novas tecnologias na inovação das estruturas e nas estratégias sindicais

O processo de recuperação da filiação e a captação de novos sócios têm beneficiado da adoção de estratégias específicas que podem revestir-se de potencial inovador face ao que é habitualmente praticado. De uma forma particularmente relevante em relação aos demais sectores de atividade considerados neste trabalho, a introdução das novas tecnologias de informação tem produzido efeitos tangíveis ao nível do funcionamento interno, contribuindo assim para a revitalização do poder associativo dos sindicatos aqui contemplados.

O *site*, o *e-mail*, o WhatsApp ou o Facebook assumem um papel cada vez mais central no quotidiano do SNPVAC, do SITEMA ou do SITAVA. Permitem um aumento exponencial da capacidade de transmissão de informação aos associados. No caso do SNPVAC, que abarca associados com uma mobilidade geográfica muito grande em virtude da sua profissão, a circulação de comunicados através de meios digitais aumenta a probabilidade de os mesmos serem lidos em tempo útil:

> como as pessoas não vão todos os dias a Lisboa, quando regressam têm imenso papel no cacifo e perde-se a informação porque deixa de ser atual. Com as novas redes sociais em informática que existem hoje em dia conseguimos ultrapassar isso tudo. (Entrevista a dirigente do SNPVAC, janeiro de 2018)

Enquanto interface de comunicação entre direção/dirigentes e sócios, a sua importância é também crescente. Reportando-nos ainda ao caso específico do SNPVAC, a utilização de grupos de Facebook ou WhatsApp permite a resposta instantânea a dúvidas colocadas pelos associados relativas a aspetos tão fulcrais como, por exemplo, as regras aplicáveis quando é ultrapassado o tempo máximo de voo. Questões desse tipo exigem uma resposta concreta e imediata, sob pena de ser colocada em risco a segurança da tripulação e dos passageiros. Segundo fonte sindical, a satisfação dos associados em relação a este aspeto é muito significativa.

Curiosamente, e apesar de ser clara a aposta nas novas tecnologias e na inovação, no caso deste sindicato não lhes é atribuído um papel relevante no que diz respeito à captação de novos sócios. Esta captação é feita «internamente», através do contacto direto entre colegas de profissão no dia a dia. Acresce ainda que, como referiu um entrevistado, «qualquer pessoa que entra na companhia já sabe que deve sindicalizar-se... porque o nosso sindicato é forte (...) as pessoas não querem não estar sindicalizadas».[51]

No caso do SITEMA, a inovação em termos de estratégias e do funcionamento do sindicato ocupa um papel de destaque. Embora não estando diretamente relacionada com a utilização das novas tecnologias de informação e comunicação, uma das primeiras medidas a ser posta em prática foi a composição da nova equipa da direção (que, como já se referiu, foi eleita em abril de 2018) com o objetivo de incluir as várias realidades em termos de técnicos de manutenção e aeronaves na TAP. Dado que essas realidades apresentam problemas específicos:

> a primeira coisa que se tentou fazer na nova equipa era ter membros de todos os sectores onde houvesse técnicos de manutenção de aeronaves para que nós pudéssemos saber em tempo real o que é que estava a acontecer em cada sector. (Entrevista a dirigente do SITEMA, junho de 2018)

A comunicação com os membros constituiu outro foco de preocupação. Era um dos pontos criticados em relação à direção anterior e articula-se de forma estreita com a inovação. As novas tecnologias foram as ferramentas

[51] Entrevista a dirigente do SNPVAC, janeiro de 2018.

que permitiram mudar o panorama nesse aspeto. A nova direção do SITEMA criou uma aplicação que permite a qualquer sócio descarregá-la no seu telemóvel e expor a sua dúvida ou situação à direção. A resposta é imediata. Pode ser utilizada no sentido inverso, ou seja, se a direção precisar de contactar os associados ou enviar comunicados. A estratégia desenvolvida passou também pelo desenho de um novo *site* que, além de ser de uma utilização mais intuitiva, permite a inscrição no sindicato diretamente online. Por isso, para um entrevistado as mudanças são profundas:

> Acabou-se o sindicalismo puro e duro de braço no ar tipo pós 25 de Abril. Isso já não existe, a sociedade hoje é diferente. Hoje vive-se com o telemóvel na mão. A aplicação liga-nos umbilicalmente aos nossos associados. Em tempo real como está a ver aqui, nós estamos a comunicar-nos uns com os outros. (Entrevista a dirigente do SITEMA, junho de 2018)

Já o Facebook não é tão utilizado, por motivos que se prendem com a questão do anonimato (que oculta a identidade dos utilizadores, desresponsabilizando-os) e a facilidade em disseminar informação falsa.

O SITAVA também constitui um exemplo da aposta nas novas tecnologias e plataformas de comunicação como o Facebook, reconhecendo a sua importância para a melhoria da comunicação entre o sindicato e os seus sócios, para a transmissão de informação e também para a penetração em locais de trabalho mais hostis à ação sindical. O extrato mais demorado que se segue ilustra bem esses pontos:

> Em 2013, o SITAVA tinha uma página de Facebook que tinha na altura 600 «gostos» e era pouco utilizada para divulgar informação, para divulgar comunicados. E nós, a partir de um determinado momento, talvez finais de 2013, passámos a utilizá-la com regularidade, a colocar lá toda a informação em termos de comunicados e às vezes informação, enfim, de audiências na Assembleia da República, por exemplo. Há um conjunto de informação que passou a estar disponível na página do Facebook, e hoje temos quase 3000 «gostos» na página. Portanto, houve aqui um acréscimo exponencial de trabalhadores, de associados, mas também de pessoas como jornalistas, e que aproveitam a página para acompanhar o que é a atividade do sindicato. E somos muito contactados

> por mensagem. E, portanto, imagine, como o Paulo dizia, trabalhadores da Ryanair, por exemplo, ou da Groundlink, onde nós nunca conseguimos entrar até há meses atrás, mas que nos foram acompanhando, foram acompanhando as negociações dos contratos coletivos no âmbito do transporte aéreo. Foram acompanhando aquilo que foi a publicação do contrato coletivo e da portaria de extensão, e a partir desse momento nós passámos a ser contactados de lá. Um, dois, cinco, dez... até termos algumas dezenas de trabalhadores sindicalizados nessas empresas. Não fizemos propriamente uma campanha de sindicalização na empresa, mas a informação que íamos colocando na rede social, no Facebook, ia chegando a algumas pessoas pelo menos. Elas foram chegando até nós. (Declarações em contexto de um *focus group* com dirigentes e ativistas sindicais do SITAVA, janeiro de 2018)

O *site* do sindicato é também um veículo importante de divulgação de informação e é sobretudo um arquivo. Todos os comunicados e informação acerca dos vários acordos celebrados estão disponíveis online e qualquer pessoa os pode consultar, isto é, a informação é acedida livremente e não através de uma área reservada aos associados, como acontece, por exemplo, com o SITEMA e o SNPVAC. Reconhecendo que tanto o *site* como o Facebook são ferramentas indispensáveis atualmente, principalmente no que diz respeito ao envolvimento das gerações mais jovens, são feitos esforços para que esses dois veículos de transmissão de informação sejam alvo de atualização constante. Porém, as formas mais tradicionais de comunicação, o contacto face a face, continuam a ocupar uma posição de destaque, ainda que seja possível falar em inovação no que diz respeito a algumas campanhas desenvolvidas por este sindicato. Tanto na forma de apresentação dos conteúdos como na linguagem utilizada (por exemplo, a campanha «Sitavina», em que era oferecida uma caixa de medicamento onde eram explicadas as vantagens da sindicalização), como na aposta numa presença mais frequente nos locais de trabalho e na abordagem direta dos trabalhadores.

Mas note-se que esta maximização da inovação através de novas tecnologias não esgota, obviamente, o campo de mudanças possíveis em termos de estratégias adotadas pelo conjunto restrito de sindicatos analisados. Cumpre, contudo, o objetivo de perspetivar a evolução de um recurso de poder em particular, o poder associativo. E, como foi possível constatar, o último articula, na sua evolução, vários dos critérios analíticos abrangidos por este estudo, além de interagir com outros recursos de poder como, por exemplo, o poder estrutural ou o poder societal. Por isso, também, a importância da seguinte afirmação:

> O sindicato, eu costumo dizer, é um órgão conservador por natureza. Não pode ser de outra forma. É um órgão de gestão democrática e ninguém decide por si próprio. Pelo menos é desejável que assim seja. E isso tudo transporta depois para o terreno, digamos, alguma lentidão nas transformações dos processos. Vão-se transformando naturalmente em função da obra que temos à frente para trabalhar. Como as coisas foram continuando, não há grandes alterações na forma de estar. Há inovações de que já falámos, na forma da abordagem das pessoas, na comunicação, na forma de estar nos locais de trabalho, na renovação dos delegados sindicais (...) Portanto, isso é a base de trabalho do sindicato, é o que nos vai permitindo resistir. (...) Diria eu que, para futuro, aquilo que temos de mudar é, digamos, criarmos a capacidade de discutir política sindical. E andarmos menos a apagar fogos. (...) mas vamos tentando internamente criar esse espaço para que tenhamos mais tempo e mais "assento", digamos assim, para discutir política sindical porque de facto é aí que se define o futuro do sindicalismo. (Declarações em contexto de um focus group com dirigentes e ativistas sindicais do SITAVA, janeiro de 2018)

A citação anterior remete-nos para o alcance das mudanças introduzidas ao nível do funcionamento interno dos sindicatos e das estratégias de recuperação da filiação e de abertura à sociedade civil. Emerge a dúvida acerca da efetividade do «corte com o passado». Se os próprios sindicalistas veem os sindicatos como «órgãos conservadores por natureza», como ficou explicito nesse depoimento, a ocorrência de ruturas que possam alterar essa imagem parece por vezes ainda distante. Nesse sentido, vale a pena sublinhar que a revitalização do poder associativo não pode deixar de passar por uma discussão aprofundada acerca das políticas sindicais. Afinal, como não poderia deixar de ser, a revitalização requer reflexividade.

4.3. Questões nacionais relevantes

Um dos aspetos em que recorrentemente a TAP é mencionada como uma companhia distinta de outras companhias prende-se com as questões da segurança dos passageiros. Aliás, a questão da segurança, sendo uma das que causa maiores preocupações às companhias aéreas (Pinto, 2010: 505), é parte integrante do exercício de *marketing* das próprias companhias áreas. É claro que as tecnologias são sempre falíveis e o controlo humano sobre a tecnologia nunca é total, razão pela qual seja uma necessidade constante procurar evitar a ocorrência de acidentes, o que «depende do cuidado no cumprimento dos padrões de segurança por parte de todos os elementos que fazem parte do "macro sistema" da aviação civil, onde se encontra uma multiplicidade de serviços de terra (...), como é o caso dos técnicos de manutenção de aeronaves e de *load-control*» (Pinto, 2001: 237). Mas esta questão da segurança, mesmo nunca estando totalmente assegurada (porque, como se disse, há sempre imponderáveis impossíveis de controlar), não nos foi reportada como um problema inscrito na agenda dos representantes sindicais entrevistados. O que em parte se explica por se tratar de um «pressuposto básico» (Shein, 1985), pois é um dado tomado por adquirido, uma condição de partida, para o trabalho realizado no sector em causa e que é partilhado tanto por administrações como por representantes de trabalhadores nas mais variadas profissões.

Porém, aquele pressuposto básico pode ser posto em causa por uma outra questão relevante à escala nacional que também produz impacto nas questões da segurança: trata-se da necessidade de garantir o cumprimento rigoroso dos tempos de descanso dos tripulantes, desde logo respeitando a regulamentação (internacional) que existe nessa matéria. Ou seja, não salvaguardar um tal direito significa que um/a tripulante pode vir a encontrar-se em condições de fadiga que o impedirão de, em situação de emergência, responder atempadamente e, como tal, zelar adequadamente pelas condições dos passageiros. Essa preocupação articula-se com as lutas levadas a cabo pelo SNPVAC e pelo SITEMA para que as respetivas profissões sejam consideradas de desgaste rápido. Como se atesta na citação abaixo, a necessidade de mais descanso e de mais tripulantes são duas questões que devem ser contempladas em qualquer acordo de empresa (AE):

> A falta de tripulantes é uma situação que se repetiu durante três, quatro anos consecutivos. Houve ali um interregno, mas nos últimos três anos isto tem-se verificado de uma forma dramática. Portanto, não se compreende. A empresa este ano vai abrir Florença, Nouakchott, quatro ou cinco destinos a partir do Porto, e isso tem que estar previamente acautelado, com o número de tripulantes suficiente para operar esses novos destinos e essas frequências. Isto é básico. Portanto, não será o sindicato que tem que se preocupar com isso. Tem que ser a administração, a gestão a preocupar-se e a calcular que, se temos mais aviões, temos mais frequências e mais destinos, então precisamos de mais gente para trabalhar. Isto é básico. E o que nós verificamos é que isso não acontece. Portanto, temos reuniões específicas para prevenir a falta de tripulantes. (...) Isto obriga a mais descanso. Nós não podemos nunca deixar de incluir no acordo de empresa e acautelar o descanso porque o descanso reflete-se na segurança dos passageiros. (entrevista com vice-presidente do SNPVAC, janeiro de 2018)

Ainda assim, no caso dos tripulantes de cabine, uma questão central que esteve em destaque em finais de 2017 foi a denúncia *ante tempus* do AE por parte da administração da TAP com a anuência do governo de António Costa. Como podia ler-se num comunicado do SNPVAC publicado na imprensa portuguesa no final de 2017:

> Numa derradeira manobra de esconder a má-gestão operacional, vem a Comissão Executiva denunciar o Acordo de Empresa dos Tripulantes, para tentar forçar os mesmos a uma reação emotiva daqueles que dão diariamente a cara pela Empresa e nunca se furtam ao diálogo (...). Reunidos em Assembleia-Geral, os Tripulantes de cabine repudiam esta provocação. A TAP, que se diz apologista da cooperação e diálogo, em resposta, denuncia então unilateralmente o Acordo de Empresa, quando legalmente não o poderia fazer. Relembramos que o anterior Executivo (PSD/CDS), aquando da venda da TAP, estabeleceu um acordo que proibia denúncias unilaterais de Acordos de Empresa até janeiro de 2018, abrangendo este acordo todos os trabalhadores da TAP independentemente dos sindicatos que firmaram esse acordo. (Direção do SNPVAC, jornal *Público*, 01.12.2017).

E ainda que um outro membro da direção do SNPVAC por nós entrevistado tenha reconhecido que os acordos carecem sempre de atualizações, a denúncia de um acordo sem negociação prévia entre as partes tende a beneficiar o empregador e não o trabalhador, mormente em matérias como os direitos de maternidade:

> A denúncia do acordo deixa as coisas do lado do empregador. E um governo que supostamente era um governo socialista... foi permitindo a denúncia do acordo (...). Na minha opinião a questão mais importante são os direitos da maternidade. Não são cumpridos. Obrigam uma mãe que está a amamentar o seu filho no primeiro ano de vida a fazer voos de 11 horas. E uma trabalhadora normal só pode trabalhar até 6 horas por dia. Depois escolhe se tem uma hora a meio da tarde, no fim ou no início, mas no máximo 6 horas. As tripulantes, as ditas "princesas do ar", trabalham 11 horas ou até 12. E não podem amamentar um filho quando estão 11 horas fora de casa. (entrevista com membro da direção do SNPVAC, fevereiro de 2018)

Uma parte da explicação para os desencontros entre a posição dos trabalhadores e o comportamento da empresa prende-se com a indisponibilidade desta para que o sindicato tenha uma palavra a dizer no modelo de gestão da própria TAP. O testemunho seguinte é bem eloquente a este respeito e revela a ambição do sindicato em ter uma voz ativa (porque experimentada) nos objetivos estratégicos da TAP, o que pode inclusive ser visto como uma pretensão de mudança na própria estratégia sindical coberta por este segmento particular do transporte aéreo:

> Nós não fomos vistos como parceiros no plano estratégico, de exploração, de gestão, ainda que os nossos avisos tenham sido consecutivos de que não iriam existir número de tripulantes suficientes para o número de frequências anunciados e os novos destinos. Como não se podem fazer omeletes sem ovos, deu este desastre. Ou seja, aviões a descolar, que podem descolar, estão dentro da lei, mas sem serviço comercial. Inédito na Europa! (...). A empresa não olha para nós como mais um meio de informação e de colaboração, mas como um opositor. (...). A TAP continua com o nosso esforço, com a nossa colaboração e foi nesse momento que nós percebemos que temos que ser

> parceiros do modelo de gestão. Seja ele qual for: privado ou estatal, temos que ser parceiros (...). Nós temos experiência, não somos somente tripulantes, nós não somos gestores, mas temos conhecimento desta atividade. Trinta anos não podem ser desperdiçados desta maneira. Portanto, desde a área do *marketing*, nós colaboramos, sabendo aquilo que se faz nas outras empresas europeias e importamo-las para a TAP para poder concorrer contra as companhias que nos fazem frente. Eu acho isto importantíssimo. (entrevista com vice-presidente do SNPVAC, janeiro de 2018)

O contexto da degradação de condições de trabalho é outra das questões nacionais que deve ser assinalada, mas que extravasa claramente as fronteiras nacionais. Na verdade, a proliferação das formas de emprego atípico na Europa nas duas últimas décadas (mas em especial desde 2008) levou a que no sector da aviação comercial muitos empregadores recorram ao emprego atípico como forma de: reduzir custos (a negociação coletiva é cada vez mais olhada como um mecanismo gerador de custos); instigar departamentos de recursos humanos a promover formas de compromisso individualizadas entre administradores e trabalhadores; abrir espaço ao *outsourcing* ou trabalho temporário; disciplinar trabalhadores; e enfraquecer o poder sindical (Moen, 2017). No quadro desta tendência, como se assinala nas entrevistas realizadas junto de representantes de estruturas sindicais, tais sinais de degradação estão associados, por um lado, à proliferação de companhias *low cost* ou de práticas típicas dessas companhias ou ainda, em complemento, ao recurso abusivo ao trabalho extraordinário (particularmente penalizador entre as gerações mais jovens).

> O modelo que há no transporte aéreo desde há 15 anos para cá com as companhias *low cost* é em grande medida responsável pela degradação das condições de trabalho (...) Nunca em Portugal (em Portugal e não só, mas fundamentalmente em Portugal) os sindicatos se aperceberam do que era, por exemplo, haver uma Ryanair em que as condições de trabalho dos trabalhadores se baseiam na legislação irlandesa, em que os trabalhadores têm vínculos completamente precários. E tanto podem estar baseados (em termos legais, já vimos), em termos de base, tanto podem estar baseados em Lisboa, como no Porto, como em Faro, como em Madrid, como em Málaga. Portanto, eles estão espa-

lhados e misturam-se trabalhadores de várias origens, o que faz com que eles não criem laços entre si e não tenham poder reivindicativo. (entrevista com dirigente do SITAVA, janeiro de 2018).

O que a TAP está a recorrer é cada vez mais ao trabalho extraordinário, que deixou de ser extraordinário e passou a ser ordinário. A palavra extraordinário deixou de fazer sentido porque é ordinário. Todos os dias tem que se fazer horas extraordinárias para se conseguir cumprir com os mesmos requisitos de operacionalidade (...) Vou dar-lhe um exemplo: se eu vou ter trabalho a seguir à meia-noite, apesar de haver necessidade que eu prolongue, eles só querem que eu prolongue até às três. Porque se eu prolongar para depois das quatro da manhã, a lei diz que eu só posso entrar 12 horas depois. E então já não iria entrar no dia seguinte porque o início do outro turno é às quatro da tarde. Então, eles mesmo sabendo daquilo, e como têm tanta falta de pessoal, eles não podem fazer prolongar mais do que as três da manhã. Eu não posso entrar já depois do próximo turno ter começado. Fins-de-semana, estão sempre a trabalhar ao fim de semana. É *non stop*, *non stop* (...) Eu só consigo ter dois dias seguidos de folga porque eu tenho já uma capacidade de dizer que não, mas um jovem não consegue. Um jovem a contrato não consegue ter essa capacidade, porque tem medo de não ser passado a efetivo. Então, é praticamente *non stop*. (entrevista com dirigente do SITEMA, junho de 2018).

Este contexto adverso, de precarização das relações laborais, concorre também (pelo menos parcialmente) para que a reclamação de melhores condições salariais continue a preencher a agenda sindical, não obstante o distanciamento de alguns sindicatos (sobretudo o SNPVAC) face a tais questões. Por sinal, uma posição contrariada por um ex-dirigente do SITAVA para quem a questão pecuniária é prevalecente: «A questão no fundo é sempre salarial, é sempre. Quem diga que não é está a querer aldrabar».[52] A questão salarial pode até ser vista como uma questão transversal entre sectores, como alude o mesmo ex-dirigente, que para o efeito até cita o caso da Autoeuropa:

---

[52] Entrevista a ex-dirigente do SITAVA, janeiro de 2018.

> Parece que têm vergonha de reclamarem melhores condições salariais também. Isso aparece sempre muito escondido. Até agora, em alguns discursos na Autoeuropa, a gente julga que o que está em causa ali é de facto a questão pessoal, o querer ficar com a família aos fins-de-semana. Mas se pagarem mais ao sábado o discurso vai ser alterado e eu não percebo isso. (entrevista com ex-dirigente do SITAVA, janeiro de 2018).

No entanto, essa perceção acerca da importância das questões salariais é contrastante com a preponderância que lhe foi atribuída, no caso dos tripulantes de cabine, no plano do novo AE da TAP, bem como no caso dos demais sindicatos aqui considerados, como veremos a seguir.

4.3.1. Os impactos da austeridade no plano da negociação coletiva

Uma das alterações consideradas mais significativas no contexto da intervenção da *troïka* e da aplicação do *Memorando de Entendimento* diz respeito à proibição do aumento das remunerações dos trabalhadores do Estado ou de empresas públicas inscrita no Orçamento de Estado. No caso da classe profissional dos tripulantes de cabine, não se verificaram quaisquer aumentos desde 2012. Essa restrição retirou margem de manobra ao SNPVAC no plano negocial. Outro aspeto considerado crítico e suscetível de afetar sobremaneira o poder negocial dos sindicatos é a caducidade das convenções coletivas. Nesse sentido, é possível falar de uma contração significativa do poder institucional dos sindicatos.

Na impossibilidade de negociar aumentos salariais, matéria que por norma é de grande importância para os trabalhadores no geral, o SNPVAC centrou-se na negociação de outros aspetos que poderiam constituir melhorias para os trabalhadores. No entanto, as melhorias foram conseguidas na sequência da pressão exercida pela contestação (por exemplo, ameaças de greve, como aconteceu na TAP em fevereiro de 2018). De um modo geral, a greve foi a principal arma para exercer pressão sobre a administração da TAP e, assim, conseguir avanços no plano negocial.

A questão salarial e a degradação das condições de trabalho que foram referidas entroncam com a já mencionada denúncia *ante tempus* do AE por parte da administração da TAP. Aliás, o acordo de empresa, datado de 2006, esteve sujeito a alterações muito pontuais durante mais de uma década, tendo sido alvo de várias tentativas de denúncia por parte da administração da TAP, motivando a adoção de uma estratégia conflitual por parte do SNPVAC, muito embora essa caracterização possa não espelhar totalmente a forma como a situação evoluiu. A convocação de greves pelo sindicato funcionou como elemento de pressão que levou a administração a recuar em diversas ocasiões. Tomando como exemplo a greve anunciada para a época de Natal em 2017, a mesma foi desconvocada mediante as cedências da TAP relativamente ao número mínimo de tripulantes para os voos do modelo A321.[53] Outro elemento que pesou nessa decisão foi o impacto que a greve teria na vida dos passageiros (e com reflexos na opinião pública), pois tratava-se da época de Natal, uma altura de regresso de emigrantes e de férias para muitos. A decisão de desconvocar a greve não deixa, pois, de se articular com o poder societal do sindicato, que seria minado pela previsivelmente baixa aceitação que a greve iria colher junto dos clientes da companhia. Por outro lado, o recuo da administração impulsionou a elaboração de uma nova proposta de AE por parte do sindicato e isso foi considerado pelos nossos entrevistados do SNPVAC como uma vitória ditada pela estratégia de pressão sindical.

Em todo o caso, a proposta foi rejeitada duas vezes pelos sócios (em setembro e em novembro de 2018, quando já tinham sido introduzidas melhorias). Os motivos para essa rejeição não se prenderam com a proposta de aumentos de 15,5% entre 2018 e 2023, que os sócios aceitaram, mas antes com a flexibilização das condições de trabalho que continuava a ser exigida pela TAP. Os associados mantiveram a sua intransigência em relação a aspetos como a desregulamentação de determinados dias de horário de trabalho (como a possibilidade chegar várias horas ou um dia depois do previsto), a alteração dos voos no próprio dia, entre outras.

Na altura em que terminou a recolha de dados (janeiro de 2019), decorriam as negociações que iriam culminar na apresentação da proposta aos sócios pela terceira vez.[54] Assim, se por um lado foi possível identificar

[53] A TAP e o SNPVAC tinham interpretações diferentes. Enquanto a primeira afirmava serem cinco, o sindicato fixava o número nos seis.

[54] Posteriormente, no Boletim do Trabalho e Emprego, n.º 13, 08.04.2019, foram publicadas as alterações ao AE 2006, entre a TAP e o SNPVAC. Os valores de retribuição acabaram

bloqueios à negociação decorrentes da intransigência da administração, visível nas tentativas de denúncia, por outro os próprios associados também colocaram entraves à consumação do processo. No caso particular deste sindicato, é possível identificar quer a assunção de uma atitude sindical responsável e de *recuo* — se considerarmos, por exemplo, a desconvocação da greve anunciada para o período de Natal em 2017, evidenciando o reconhecimento dos possíveis danos económicos que a paralisação causaria à empresa —, quer uma atitude de *avanço*, traduzida numa capacidade de pressão (extensível à direção do sindicato), no sentido de não aceitar um acordo que não fosse suficientemente vantajoso para os trabalhadores. De certa forma, estamos perante uma manifestação do poder estrutural deste sindicato, que como sabemos decorre, entre outros pontos, da posição ocupada pela classe profissional na estrutura do mercado de trabalho. Ainda assim, só há prioridade concedida à negociação em detrimento do conflito até um determinado limite, isto é, enquanto o processo não acarretar perdas para os trabalhadores, encontrando-se subjacente a premissa de que as consequências serão ainda mais negativas no caso de rompimento das negociações e de opção pela greve e, em consequência, de um afastamento cada vez maior entre as partes. Essa estratégia é visível nas seguintes declarações:

> Recuperámos, entre aspas, o AE. Conseguimos um acordo com a TAP com três protocolos novos e eles retiraram a denúncia [do AE]. No mínimo, o AE irá vigorar até 2022. Mantêm-se, no essencial, todas as condições acordadas em 2006. Os protocolos são os referentes ao A330, a novas rotas que a TAP vai fazer (S. Francisco, Buenos Aires...). Relativamente ao tempo de voo, as novas rotas necessitavam do acordo dos tripulantes porque ultrapassa o que está previsto no AE. Portanto, recuperámos, por assim dizer, o AE na sua plenitude. Deixou de haver denúncia... agora é aguardar. (Entrevista a dirigente do SNPVAC, janeiro de 2019).

---

por não ser objeto de negociação. Foi assumido pelas partes que o acordo constituía uma alteração do regulamento de proteção da maternidade e paternidade que constava do AE celebrado pelas mesmas partes e publicado no Boletim do Trabalho e Emprego, 1.ª série, n.º 8, de 28.02.2006.

Uma nova proposta de acordo negociada entre o SNPVAC e a administração contempla a grande parte das reivindicações apresentadas pelos associados, nomeadamente conserva a proposta de aumento de 15,5% entre 2018 e 2023, a que já antes nos reportámos, e integra um novo protocolo relativamente aos direitos de paternidade, que era um dos pontos críticos de negociações anteriores, acomodando as pretensões da empresa e dos tripulantes. No entanto, mantém-se a flexibilização das condições de trabalho em termos de horários. Esse afigurou-se, segundo fonte sindical, como o grande ponto fraco da proposta, ainda que se reconheça que o contexto sobre o qual se realizaram as negociações mudou substancialmente — a TAP transformou-se numa empresa muito maior do que era em 2014, com um número elevado de novas rotas —, o que adiciona novas exigências às já presentes na negociação de um AE.

Na mesma linha do observado no caso do SNPVAC, também o SITAVA se confrontou com contextos de negociação difíceis nos últimos anos, mais concretamente desde 2012, sublinhando o efeito pernicioso das restrições impostas pelo OE 2012, da introdução da caducidade das convenções coletivas, bem como de outras alterações na esteira da Lei n.º 23/2012. Como nos foi referido,

> houve duas coisas importantes e que marcaram a diferença na contratação. Uma foi a caducidade dos contratos, a caducidade das convenções coletivas, que é um cutelo que tem o patrão e que exerce sobre o sindicato e sobre os trabalhadores. Outra é a questão do tratamento mais favorável que deixou de existir e que permite hoje, por exemplo, que haja acordos de empresa ou contratos coletivos de trabalho que podem ser inferiores ao código do trabalho. E esta situação é de facto uma grande afronta. (Declarações em contexto de um *focus group* com dirigentes e ativistas sindicais do SITAVA, janeiro de 2018).

Nas empresas estruturantes do sector da aviação e aeroportos, como a SATA Air Açores (presentemente Azores Airlines), a TAP, a ANA — Aeroportos de Portugal e a SPdH, houve, segundo fonte sindical, um bloqueio das negociações que enfraqueceu os sindicatos de um modo geral, ao mesmo tempo que favoreceu a posição das administrações dessas empresas. Assim se justifica a assunção de atitudes mais cautelosas por parte de sindicatos como o SITAVA, colocando em prática uma estratégia que pode ser classificada de defensiva, no sentido em que é concedida prioridade à manutenção das condições já existentes em detrimento da proposição de outras que possam representar uma melhoria de condições laborais para os trabalhadores. Nesse sentido, trata-se também de uma postura reativa. Apesar de limitações de vária ordem, em geral muito semelhantes às descritas pelo SNPVAC, o SITAVA foi capaz de celebrar acordos considerados satisfatórios do ponto de vista dos trabalhadores que representam, sendo disso exemplo o AE de 2015 celebrado com a ANA — Aeroportos de Portugal. No que concerne à TAP mais especificamente, o AE em vigor é o de 2007. Ainda que existam protocolos de atualização em relação a matérias salariais, o AE 2007 não foi alvo de qualquer tentativa de renegociação até janeiro de 2018. Segundo fonte sindical,

> sinceramente, não sentimos da parte da empresa necessidade. O acordo do pessoal de terra já é um acordo enxuto em termos de direitos. É uma falácia dizer-se que os trabalhadores da TAP são uns privilegiados. (Declarações em contexto de um *focus group* com dirigentes e ativistas sindicais do SITAVA, janeiro de 2018).

O que daqui se depreende é que o percurso de flexibilização na TAP é já anterior à sua privatização. Ao longo dos anos, as sucessivas administrações têm empreendido esforços para tornar a empresa mais «enxuta» e também mais rentável, o que se tem refletido negativamente nas condições oferecidas aos seus trabalhadores.

A referência aos constrangimentos impostos pela aplicação das medidas de austeridade e alterações ao Código do Trabalho replicaram-se no caso do SITEMA, embora neste caso a visão transmitida pelas fontes sindicais seja mais focada na existência de uma relação entre perda de poder económico pelos trabalhadores e perda de poder reivindicativo:

> [Os trabalhadores] perderam poder económico e com isso perdem o poder reivindicativo. (...) nós devíamos primar pela inteligência e não pelo sindicalismo puro e duro. Isso já não existe, das greves. Porque as greves, a nós, pobres, só nos fazem perder dinheiro. A nós, pobres, só nos fazem perder dinheiro.

> Os ricos aguentam a greve e vão buscar o dinheiro a seguir. Nós, pobres, não. Então resolvemos armar-nos de outras armas, de outras ferramentas. E foi isso que nos está a trazer os associados todos de volta ao sindicato. (Entrevista com dirigente do SITEMA, junho de 2018).

Por outro lado, é referida a crescente utilização de contratos individuais de trabalho em detrimento da negociação coletiva como forma de reduzir cada vez mais a capacidade de intervenção sindical e de marginalizar os sindicatos. Este sindicato assume uma opção clara pela negociação, desvalorizando completamente a via conflitual. Essa opção clara pela negociação terá funcionado a favor do desenvolvimento do seu poder associativo, isto é, segundo fonte sindical, contribuiu para a recuperação em termos de filiação. Segundo um entrevistado, a greve como estratégia não traz quaisquer benefícios aos trabalhadores, como pode ser atestado pela seguinte afirmação: «as manifestações são boas para vender jornais e vender telejornais. Não levam a lado nenhum».[55] Não é, de acordo com a visão exposta, a estratégia adequada para alcançar os objetivos dos trabalhadores e do sindicato, salvo no caso de classes profissionais com maior peso económico, ou de sindicatos com elevado poder estrutural, como os pilotos da aviação civil, cuja paralisação acarreta prejuízos elevados para qualquer companhia aérea.

No caso deste sindicato, o AE da TAP em vigor data de 1997 e foi revisto em 2005.[56] Foram acordadas novas tabelas salariais e atualizado o subsídio pelo exercício das funções de técnico de certificação e técnico certificado. Além disso, o protocolo assinado estabeleceu a integração dos TMA na nova carreira profissional de técnico de manutenção de aeronaves (CPTMA), de acordo com a posição salarial detida em 1 de outubro de 2005. As negociações inerentes à revisão de 2005 são sintomáticas do já referido «divórcio» entre direção do sindicato e associados. Os conteúdos acordados não refletiam as deliberações dos sócios em assembleia-geral. A revisão parcial do AE de 2005 em 2017 veio atualizar os montantes da tabela salarial em 0,9% (retroativos a 1 de janeiro de 2016), bem como o valor do subsídio de refeição (6,10 € em «cartão refeição», ou 4,68 € se usada outra forma de pagamento).

---

[55] Entrevista com dirigente do SITEMA, junho de 2018.

[56] A revisão de 2005 veio substituir o AE de 1997.

4.3.2. A luta contra a privatização e os desafios ao poder societal

A privatização da TAP constitui-se como «questão nacional» de grande impacto social, colocando também em evidência os critérios analíticos «público-privado» e «conflito-negociação». Em geral, despoletou a oposição dos sindicatos que representam trabalhadores na empresa. As ações e estratégias desenvolvidas apelam a uma análise que tome como foco a mobilização de estratégias de alianças e de mobilização do poder societal por parte dos sindicatos envolvidos.

A plataforma sindical da TAP foi criada em 2013, numa altura em que os trabalhadores contestavam os cortes salariais previstos no Orçamento do Estado para esse ano, com o objetivo de lutar contra a privatização da empresa. Juntava 12 sindicatos que se uniram em torno desse objetivo comum: impedir uma vez mais que a empresa fosse privatizada.

É verdade que a possibilidade de privatização da companhia, na esteira da intervenção da *troïka*, não foi de forma alguma um acontecimento inédito na história da TAP. No início da década de 1990, o governo de Portugal, na sequência da crise económica e de uma injeção de dinheiro considerável na TAP, avançou com uma série de medidas de reestruturação com o objetivo de preparar a sua venda. Nesse contexto, o conjunto dos sindicatos com representação na TAP avançou com a criação de uma frente sindical que pretendia dar uma resposta cabal à intenção de privatizar até 49% da companhia (Stoleroff e Naumman, 1996). Essa resposta pautou-se pela unidade, o que tendo em conta o facto de se tratarem de sindicatos que se distinguem pela linha ideológica seguida e pelo sector ocupacional abrangido, pode ser perspetivado como uma resposta inovadora. A frente sindical (ou plataforma sindical) foi capaz de ultrapassar as diferenças existentes no seu seio e levar a cabo uma resposta «militante» que abrangeu uma série de ações de pendor conflitual, como seja a greve.

Em muitos aspetos semelhante, a situação vivida no seio da TAP em 2013 estimulou a criação da plataforma acima mencionada. O relacionamento entre os vários sindicatos que a compunham desenrolou-se sem grandes sobressaltos até à assinatura do acordo relativo à privatização da companhia por vários deles, e contemplava um compromisso com o governo e com a TAP em relação à forma que o processo tomaria. A assinatura despoletou a saída de dois dos sindicatos mais importantes, o SNPVAC e o SITAVA, pois consideraram que se tratava de um documento que facilitava claramente a privatização da empresa.

A assinatura do compromisso entre a administração da TAP e o governo motivou duras críticas por parte dos sindicatos que, assim, se retiraram da plataforma. Consequentemente, daí decorreu um acentuar das clivagens entre os vários sindicatos que integravam a plataforma. Como foi assinalado por um dirigente do SITAVA,

> o SITAVA esteve sempre nessas negociações e quando chegou esse dia o SITAVA retirou-se... Quer dizer, nós não consideramos que o SITAVA se retirou da plataforma, porque a plataforma lutava contra a privatização. Portanto, nós achamos que ficámos na plataforma porque continuámos a lutar contra a privatização enquanto eles decidiram assinar um documento com o governo em que aceitavam isso. Aliás, assumiam que a privatização era uma coisa boa. (Declarações em contexto de um *focus group* com dirigentes e ativistas sindicais do SITAVA, janeiro de 2018).

Os moldes em que a privatização se ia processar sugeriam, portanto, que estávamos diante de uma questão fraturante que minou as bases de um exercício de poder societal na sua vertente discursiva, que (como assinalámos no capítulo 1) corresponde à capacidade dos sindicatos de fornecerem padrões de interpretação (*framing*) em torno de questões polémicas e de influenciarem com êxito o discurso público e a definição de agendas de ação estratégica. Ainda que o poder colaborativo (um dos dois subtipos de poder societal) diga essencialmente respeito à capacidade de os sindicatos construírem coligações e agirem no interior das redes da sociedade civil organizada e de desenvolverem objetivos comuns e compromissos mútuos com esses atores, é possível fazer uma correspondência com o estabelecimento dessas mesmas coligações com outros sindicatos. A existência de diferenças insanáveis quanto aos moldes de concretização da privatização colocou em confronto os sindicatos da plataforma e as suas visões estratégicas acerca da matéria. Daí a impossibilidade de um enquadramento comum da mensagem que se pretendia transmitir à sociedade civil e à esfera política. A luta contra a privatização ficou, por isso, fragilizada.

Algumas das questões levantadas pelos sindicatos auscultados acerca desse aspeto sublinham a competição intersindical quanto a fatores como a representatividade de cada sindicato no seio da plataforma. A saída de dois dos sindicatos mais importantes colocava assim em causa a legitimidade do documento assinado, bem como as características da própria plataforma sindical:

> Dois dos sindicatos que não assinaram aquele documento eramos nós [SITAVA] e era o sindicato dos tripulantes [SNPVAC]. Digamos que estes dois sindicatos juntos representam mais de 80% dos trabalhadores (...) A plataforma de sindicatos da TAP não é mais que um órgão fictício que as administrações gostam de esgrimir para dizer que são muito abertos ao diálogo social. Mas hoje, a plataforma de sindicatos da TAP não representa mais de 500 trabalhadores do universo TAP. Obviamente que todos são muito menores que o SITAVA só. Contudo, as administrações enchem a boca e vêm e vendem jornais. A própria comunicação social gosta muito de falar disso, da plataforma de sindicatos, dizendo que são dez sindicatos da TAP. Dez sindicatos! E depois temos os engenheiros que têm três sócios, os economistas... Depois tem o SINTAQ, que na TAP tem cem ou menos associados, o SIMA que tem cem também... (Declarações em contexto de um *focus group* com dirigentes e ativistas sindicais do SITAVA, janeiro de 2018).

O relacionamento entre os vários sindicatos também dependeu das características das suas direções e da forma como definiram a linha estratégica. O Sindicato dos Pilotos da Aviação Civil (SPAC) e a convocação de uma greve de dez dias em abril de 2015 são um exemplo de uma decisão estratégica que foi alvo de críticas por parte de sindicatos do sector que integravam a plataforma, um erro estratégico que tinha impactos negativos sobre a luta contra a privatização. No essencial, a greve convocada pelo SPAC foi motivada pelo incumprimento de dois compromissos: o acordo firmado em 1999, que conferia aos pilotos uma participação de até 20% na companhia aérea em caso de privatização em troca de atualização dos salários; e a inclusão de sanções em relação ao incumprimento do caderno de encargos da privatização, nomeadamente no que concerne à reposição das diuturnidades, congeladas sucessivamente desde o Orçamento de Estado para 2011.

Apesar de ter chegado a integrá-la, o SITEMA não faz parte da plataforma sindical da TAP. Considera que a sua classe profissional encerra especificidades e objetivos que diferem dos definidos pelos restantes sindicatos que integram a referida plataforma, nomeadamente no que concerne ao trabalho por turnos e à exigência de formação contínua. Como nos foi dito por um dirigente do sindicato (entrevistado em junho de 2018), «nós, técnicos de manutenção de aeronaves, só assinamos coisas específicas para a nossa categoria, temos um espaço próprio e é aí que temos de negociar». Além disso, segundo a mesma fonte, a plataforma sindical da TAP é palco de uma grande fragmentação, não constituindo por isso um espaço de ação «apetecível».

4.3.3. A inovação inerente à campanha «Não TAP os olhos»

A luta contra a privatização extravasou o âmbito da plataforma sindical e das respostas de pendor mais tradicional, como por exemplo a greve. Remete-nos para o campo do estabelecimento de alianças com outros atores da sociedade civil. Como é sabido, esse é um foco importante de inovação e articula-se de forma clara com a revitalização do poder societal dos sindicatos, nomeadamente no que concerne à vertente colaborativa. As alianças encerram um enorme potencial de legitimação das campanhas sindicais e de enquadramento da mensagem que se pretende passar para «fora».

Um exemplo importante dessa inovação com base na conceção de campanhas que envolvem diretamente a sociedade civil, e que amplificam o poder societal dos sindicatos, foi levado a cabo pelo SNPVAC e pelo SITAVA em relação ao processo de privatização da TAP (o que significa, portanto, que além do critério «inovação», neste exemplo está também em jogo o critério «público/privado»). Tratou-se da campanha «Não TAP os olhos» contra a privatização da TAP. Foi criada por ativistas sindicais e por uma figura pública de relevo, o cineasta António Pedro Vasconcelos. Do ponto de vista sindical, o «Não TAP os olhos» — «o braço armado da luta contra a privatização» — foi uma inovação porque:

> Saiu para fora da esfera dos sindicatos. As pessoas ouvem melhor se for alguém da sociedade civil a explicar as coisas do que um sindicalista. Se o Arménio

> Carlos for à televisão, metade da população já olha de lado (...) Infelizmente as pessoas... é mesmo cultural... O português ainda é muito conservador, preconceituoso, por mais que digamos que não. E esse preconceito atinge os sindicatos também. (Entrevista a dirigente do SNPVAC, janeiro de 2018).

Os dois sindicatos não se envolveram explicitamente. A campanha contou com a participação ativa de membros do sindicato, mas manteve a «aura» de campanha orquestrada pela sociedade civil de forma a receber o apoio mais amplo possível. Como foi assinalado por um entrevistado,

> Havia aqui um objetivo estratégico. Uma coisa era serem os sindicatos a dar a cara contra a privatização. Outra coisa era a capacidade que nós tivemos de arranjarmos uma série de figuras públicas que davam a cara em nosso nome. Era alargar e não se estar condicionado. Porque este processo dos sindicatos da TAP... nós [sindicatos] não nos podíamos quase ver há uns anos atrás. Portanto, a questão dos apertos que foram existindo na empresa também é que os obrigou a aproximarem-se de nós [referindo-se aos outros sindicatos da plataforma]. E até a fazerem a declaração de que eram contra a privatização. Portanto, a plataforma tem esse sentido que convém referenciar. A partir do momento que têm já na linha a saída da luta contra a privatização, o movimento, a existir, deveria ser o mais abrangente e o mais alargado possível, não é? Não era necessário haver uma visibilidade clara do SITAVA e estar a participar do ponto de vista público. (Declarações em contexto de um *focus group* com dirigentes e ativistas sindicais do SITAVA, janeiro de 2018).

O «Não TAP os olhos» contou com o apoio da CT da TAP, sob a forma da presença dos seus elementos nas ações públicas desenvolvidas. A CT não foi um elemento ativo da campanha pois «não fomos convidados para nos envolver» (membro da CT da TAP, entrevistado em janeiro de 2018). Além disso, o discurso da CT acerca da questão deixa transparecer que os seus esforços se centraram no desenvolvimento das suas próprias ações de sensibilização para o problema. Aliás, essa sensibilização e o desenvolvimento de ações que forçassem o poder político à reversão da privatização foram, segundo um membro da CT, a grande prioridade:

> A grande prioridade da comissão de trabalhadores era... e temos tido reuniões cada vez que vamos à Assembleia, cada vez que temos reuniões com os grupos parlamentares, cada vez que temos reuniões, ontem tivemos reuniões com o Dr. Frasquilho também... aquilo que nós gostaríamos que fosse uma prioridade muito grande era a recompra por parte do Estado dos outros 45 ou 50% que estão nas mãos dos privados. Porque nós entendemos que TAP só é a TAP com capital 100% público... e nós já estamos a ver isso com esta privatização porque há coisas que deixaram de ser tão prioritárias como eram, como seja o serviço público. O serviço público de transporte para as ilhas, por exemplo, o serviço público de transporte de incubadoras, de macas... (Entrevista a membro da CT da TAP, em junho de 2018).

Essa prioridade decorre, como fica claro acima, em grande parte da conceção da TAP como empresa de interesse público, que presta um serviço a toda a população portuguesa. Está também implícito que se prevê uma degradação da qualidade do serviço prestado ou a redução da sua extensão, com o prejuízo óbvio da população, enquanto uma parte substancial da TAP estiver nas mãos de privados.

Ainda relativamente às alianças com atores da sociedade civil, é importante referir que o SITEMA não lhes atribui relevância, pelo menos na altura em que se efetuou a recolha de dados. O que não deixa de estar relacionado com o facto de a direção em funções ter sido eleita há pouco tempo. Além do mais, nessa altura este sindicato encontrava-se em processo de negociação de salários com a TAP, concentrando aí todos os seus esforços e atenção. No entanto, vários projetos estariam na forja, na sua maioria centrados na classe profissional dos técnicos de manutenção de aeronaves. A articulação com a sociedade civil é, portanto, perspetivada a partir do ângulo «profissional». De certa forma, essa articulação é identificada pelo sindicato com a disponibilização de serviços aos associados em matéria de lazer, de protocolos com instituições bancárias, entre outros, muito embora nos tenha sido referida a existência de vontade de associar a ação do SITEMA a outras causas e movimentos.

O principal efeito do «Não TAP os olhos» foi conferir visibilidade à questão da venda da TAP do ponto de visto público. Uma visibilidade que dificilmente seria conseguida se a campanha se baseasse única e exclusivamente na ação dos sindicatos. O alargamento da discussão sobre a venda da TAP à sociedade em geral foi bem notório, inclusive, no posicionamento assumido por figuras públicas, com o ex-Presidente da República, o General Ramalho Eanes, que, assim, subscreveram um manifesto onde assumiam publicamente a sua posição contra a venda da empresa. Por outro lado, o alargamento do debate terá também influenciado o compromisso do Partido Socialista no sentido de uma reversão da privatização.

A criação de movimentos como este, através de alianças com a sociedade civil, constitui-se como uma forma de maximizar a transmissão da mensagem sindical, «de abrir os olhos às pessoas, de ter tempo de antena... poder ficar lá o bichinho e as pessoas pensarem duas vezes» (dirigente do SNPVAC, entrevistado em janeiro de 2018). No caso concreto desta campanha, o impacto na esfera pública foi considerável e obrigou ao posicionamento explícito de atores políticos e da sociedade civil, colocando na ordem do dia quer a discussão sobre o estatuto da TAP como empresa de interesse público, quer as consequências da privatização.

As «questões nacionais» aqui selecionadas apontam, regra geral, para problemas por resolver ou para expectativas que os discursos sindicais pretenderiam ver atendidas de um outro modo. Mas além de serem apenas uma amostra do que se passa na realidade laboral nacional do sector dos transportes (transporte aéreo, neste caso), tais questões permitem igualmente o estabelecimento de pontos de contacto com outros critérios analíticos. Do mesmo modo que a polémica da denúncia do AE era uma matéria de âmbito nacional, com evidentes interfaces com o critério analítico «conflito/negociação», também o processo de privatização da empresa foi uma questão nacional com impacto na sociedade portuguesa, ainda que a mesma se enquadre preferencialmente no critério analítico «público/privado» e ainda que dela decorram igualmente implicações do ponto de vista da própria lógica associativa.

4.4. Desafios transnacionais

As apostas transnacionais remetem, já o mencionámos, para múltiplos desafios que decorrem, entre outras coisas, da filiação em estruturas sindicais transnacionais, da participação em campanhas e ações de solidariedade e do envolvimento em conselhos de empresa europeus. Por seu turno, a lógica e dinamismo dessas participações não deixa de condicionar, em maior ou menor grau, o olhar dos sindicatos sobre os palcos internacionais e a predisposição para se engajarem em lutas de âmbito mais geral ou que não digam respeito a problemas de cariz especificamente nacional. Ainda que, de uma forma quase intuitiva, as questões nacionais adquiram maior importância face às internacionais, do sector dos transportes emerge um exemplo que, além de conferir visibilidade à importância que o plano internacional pode assumir num cenário de revitalização do sindicalismo (ideia que já defendemos anteriormente), também revela a existência de contradições que comprometem a consistência da ação nesse plano.

O caso da TAP remete-nos para o universo dos sindicatos ligados às várias operações que sustentam o funcionamento da aviação civil. Em vários deles existe uma ligação ao plano internacional, concretizada através da filiação em estruturas supranacionais que se ocupam quer do sector dos transportes como um todo — a Federação Europeia dos Trabalhadores de Transportes (European Transport Workers' Federation, ETF) e a Federação Internacional dos Transportes (International Transport Workers' Federation, ITF) —, quer de um sector de atividade em particular — a Associação Europeia de tripulantes de cabine (European Cabin Crew Association, EurECCA) e a Aircraft Engineers International[57] (AEI). Apesar do peso que pode ter no domínio da regulação do exercício profissional no sector dos transportes como um todo ou no caso específico de algumas profissões ligadas à aviação civil, a ETF parece estar longe de conseguir dar uma resposta concreta aos problemas que envolvem profissões como a dos tripulantes de cabine. Se é verdade que a ETF abrange as diferentes modalidades de transportes a uma escala europeia, estando por isso organizada em sectores de atividade mais específicos, é de admitir que nem sempre a sua atuação seja vista como adequada ou suficiente. Esta crítica chega a ser reconhecida no seio da própria estrutura, ainda que se procure também (como se atesta nas seguintes

[57] A Aircraft Engineers International é uma organização de âmbito mundial que organiza, defende e prepara os sócios e os Técnicos de Manutenção de Aeronaves para os desafios da profissão. O SITEMA é filiado nesta organização.

palavras deste alto representante da ETF) esclarecer a motivação associada à atuação da organização:

> Há filiados que dizem que a ETF não é «performante» o suficiente, que tem que mudar, ainda que, quando tentamos saber melhor que tipo de mudança ou que outras coisas deveríamos estar a fazer, não haja muitas respostas. Mas uma das críticas é que a ETF devia ser mais uma organização de campanhas. Nós fazemos muito *lobbying* e uma das críticas é a de que a ETF se dedica demasiado ao *lobbying* e pouco à campanha... Mas as nossas campanhas incluem *lobbying* (...) em particular, no caso dos transportes isto é mais visível por uma razão: uma vantagem que nós temos na União Europeia é que existe uma política comum de transportes. Existe uma comissária para os transportes, existe uma Direção Geral de transportes (...) quando nós identificamos um problema e identificamos uma solução, é claro que fazemos a nossa campanha mobilizando os filiados. Mas em vez de fazer boicotes ou fazer manifestações, organizamo-nos de maneira a influenciar o plano político a vários níveis. A nível europeu, com o Parlamento, a Comissão e o Conselho. E a nível nacional, com os parlamentos nacionais e com os governos. Aí atuam, sobretudo, os sindicatos filiados. (Entrevista a secretário-geral da ETF, janeiro de 2018).

Do ponto de vista das estruturas nacionais, o exercício da atividade sindical no plano internacional deveria estar, pelo menos no que concerne ao sector dos transportes e num período ainda marcado por diversas dificuldades, mais alavancado numa conceção clássica do conflito que se joga no espaço público e não tanto nos bastidores políticos. Nesse sentido, o recurso ao *lobbying* é minimizado como estratégia, enfatizando-se assim o papel das campanhas. No fundo, trata-se de preferir o «mais visível», ainda que o *lobbying* possa garantir resultados mais concretos, principalmente no caso da UE, onde existe, como é sublinhado pelo entrevistado, uma política comum de transportes que se joga no espaço político.

A predisposição à filiação em organizações supranacionais parece ser influenciada por duas ordens de fatores. Em primeiro lugar, no caso de uma federação como a ETF (que engloba a totalidade do sector dos transportes), pela capacidade em conferir igual importância a cada um dos subsectores que abrange. Em segundo lugar, as campanhas e a ação reivindicativa, nomeadamente sob a forma de greve, conferem visibilidade à ação sindical e conquistam um lugar no espaço público, sendo por isso consideradas de grande importância.

Relativamente à primeira, essa importância será visível na existência de quadros oriundos de cada um desses subsectores, de forma a que o tratamento das questões conte com um conhecimento aprofundado e baseado na experiência concreta. Em particular, o processo de revisão da Diretiva 2000/79/CE, relativa à organização do tempo de trabalho do pessoal móvel da aviação civil, terá despoletado o processo de saída do SNPVAC da ETF. O sindicato considerava que a federação não devia aceitar os compromissos que foram encontrados com o Parlamento Europeu, opinião que era de resto partilhada por outros sindicatos que acabaram também por efetivar a sua saída da estrutura europeia. O «incómodo» gerado pela atuação da ETF é bem patente nas seguintes declarações:

> Saímos da ETF, porque a ETF não tinha ninguém da aviação para decidir... Aliás, foi criada legislação europeia que é absurda e aberrante. Exatamente porque tinham pessoal de navios e ferroviários a decidir coisas sobre a aviação. É o mesmo que eu ir ao dentista e ele me faça uma operação ao coração. E nós saímos. (Entrevista com membro da direção do SNPVAC, fevereiro de 2018).

Ainda que possa não ter tido uma influência direta, a saída da ETF ocorre na mesma altura em que o SNPVAC se desfiliou da UGT. As principais razões podem ser situadas no posicionamento da confederação sindical em relação ao processo de privatização da TAP, face ao qual a UGT não terá expressado uma posição frontalmente contra, que o sindicato considerava ser necessária. Nesse sentido, podemos olhar para o processo de privatização como uma questão fraturante ao nível da própria lógica associativa.

As limitações da atuação de estruturas internacionais como a ETF ou a ITF são, no entanto, mitigadas pelo facto de as mesmas estabelecerem regras comuns que abrangem um conjunto alargado de países. Além disso, constituem importantes focos de disseminação de informação:

> As regras existem. Nós temos que estar dentro dessas associações para termos a informação que é emanada dessas associações. É como se fossem sindicatos à escala grande. E vamos imaginar que além do nosso sindicato depois há um sindicato maior. Que além de me apanhar a mim, apanha o indivíduo da British, o indivíduo da Iberia e por aí afora. E depois há outro sindicato que ainda apanha mais não sei quem... Então temos que estar perto desses parceiros para que também no momento que possamos precisar... para que exista solidariedade internacional. (Entrevista a dirigente do SITEMA, junho de 2018).

A disseminação e partilha de informação atuam como fator promotor de solidariedades no plano internacional. Principalmente num sector como o da aviação civil, extremamente regulado e que, por razões de segurança, tanto de passageiros como do pessoal tripulante (sejam pilotos ou hospedeiros de bordo), exige a observância de princípios comuns aos vários espaços aéreos, a solidariedade internacional tem um papel extremamente importante enquanto estratégia para avançar determinado tipo de reivindicações. Esse é talvez o principal fator a impulsionar os sindicatos a filiarem-se nas organizações sindicais internacionais existentes.

A solidariedade internacional remete para a questão das campanhas. A participação em campanhas internacionais é um bom indicador da aposta dos sindicatos na dimensão internacional. E contrariamente a uma ideia comummente veiculada, isso não significa necessariamente o alheamento em relação às questões nacionais. Nalguns casos, pode até fortalecer o sindicato, promover a sua imagem pública no espaço nacional e, consequentemente, o seu poder societal, além de reforçar os laços de solidariedade com sindicatos de outros países e de proporcionar novas ligações, exponenciando as latitudes para a ação disponíveis. As campanhas e a ação reivindicativa são um fator que pode ter um grande peso na filiação e permanência em estruturas de âmbito internacional. Por exemplo, no caso do SNPVAC, esse é um fator ao qual é conferido grande peso:

> A coordenação é, talvez, o mais importante, coordenação de greves e de ações mais musculadas com os sindicatos de cada país, em que existe uma situação que afete uma empresa... Por exemplo, na Easyjet. A Easyjet está espalhada pela Europa toda. Existem determinadas situações que nós estamos a coordenar

com vários sindicatos europeus, através da EurECCA, porque é uma situação que atinge vários países. Então já é uma coordenação europeia dessa luta. (Entrevista com membro da direção do SNPVAC, fevereiro de 2018).

A par da polémica diretiva europeia sobre a organização do tempo de trabalho, a reduzida expressão da aposta da ETF em campanhas e na ação reivindicativa foi outro dos fatores a influenciar a saída desse sindicato daquela estrutura. O abandono da ETF não pode, de forma alguma, ser encarado como uma atitude de minimização da importância da dimensão internacional do sindicalismo, já que pouco tempo depois emergiu uma nova estrutura, de âmbito europeu, dirigida exclusivamente aos tripulantes de cabine, a Associação Europeia de Tripulantes de Cabine (European Cabin Crew Association, EurECCA), a que já antes fizemos referência:

> [C]riámos uma associação que é a EurECCA. São nove sindicatos europeus, onde se incluem a Lufthansa, a Air France, a KLM... (...) a EurECCA é só para a aviação, mas são nove sindicatos muito importantes — basta só a Lufthansa e a Air France para ser quase 70% da Europa. (Entrevista com membro da direção do SNPVAC, fevereiro de 2018).

As vantagens das ligações internacionais com outros sindicatos da categoria profissional dos tripulantes de voo da aviação civil ficaram bem patentes num caso de ocorrência relativamente recente: a campanha em relação à companhia *low cost* Ryanair. A par das preocupações decorrentes do processo de venda da TAP, o SNPVAC assumiu como uma das suas bandeiras a luta contra o «*dumping* social» e o repúdio para com comportamentos de *bullying* praticados sobre os trabalhadores por parte da transportadora irlandesa. Como corolário disso, tomou como principal reivindicação a aplicação das leis nacionais — em vez da irlandesa, como é defendido pela Ryanair. O SNPVAC juntou-se a outros sindicatos europeus — nomeadamente da Alemanha, Bélgica, Espanha, Holanda e Itália — na convocação de greves que paralisaram em grande medida as operações da Ryanair em 25 e 26 de julho de 2018. No entanto, muito embora os sindicatos envolvidos façam parte, na sua maioria, da EurECCA, a ação contra a Ryanair não foi articulada através desta, o que sugere que a grande vantagem que é retirada da filiação internacional é o contacto em rede e que este pode ser explorado à margem das estruturas internacionais em si mesmas.

A campanha contra a Ryanair e a greve europeia exemplificam a ativação e desenvolvimento do poder societal por parte do SNPVAC, visível, por um lado, na capacidade de estabelecer (ou reativar) uma rede que incluía vários sindicatos europeus, integrando-se assim num contexto de cooperação que transcendeu o espaço nacional. Por outro, este sindicato geriu a situação no plano discursivo, ao situar a convocação da greve europeia no quadro de uma reação ampla ao desrespeito deliberado da Ryanair pelos direitos dos seus trabalhadores, colocando, assim, o enfoque na alienação de direitos básicos de que aqueles eram alvo. Esse tipo de enquadramento não é despiciendo quando estamos a lidar com a perturbação de um serviço que afeta a esfera individual no âmbito da mobilidade. Nesse sentido, pelo menos em Portugal, as razões que levaram à greve foram, de uma forma geral, compreendidas.

As organizações sindicais internacionais como «espaço de encontro» é uma ideia que também é veiculada por outros sindicatos do sector auscultados:

> Estamos sempre nos meetings que essas associações fazem. Nós mais uma vez fomos inteligentes nisso, temos dois elementos da nossa direção que são elementos presentes nesses *meetings* e que acompanham em tempo real todos esses *meetings* que essas associações fazem. É importante ter capacidade de estar ligado internacionalmente. É mais uma associação. (...) temos de lá estar, até para poder opinar também sobre a nossa realidade. (Entrevista com dirigente do SITEMA, junho de 2018).

Este depoimento reforça a ideia de que a filiação em organizações sindicais internacionais proporciona um espaço de construção de solidariedades externas, que pode designar-se de *network embeddedness* (Lévesque e Murray, 2010), e, assim, a formação de redes que reforçam o âmbito de uma determinada ação, bem como o seu potencial em termos de eficácia.

Uma outra estrutura laboral transnacional cujo potencial não deve ser descartado são os Conselhos de Empresa Europeus (CEE). Como referido anteriormente (capítulo 2), trata-se de uma estrutura de informação e consulta de trabalhadores nas empresas de dimensão comunitária (empresas com pelo menos mil trabalhadores no Espaço Económico Europeu e com pelo menos 150 trabalhadores em dois Estados desse espaço). Todavia, a TAP não dispõe de um CEE e isso ajuda a explicar, em parte, o frequente desconhecimento acerca do alcance e propósitos dos CEE. Por outro lado, a escassez de familiaridade com tais estruturas de representação transnacional de trabalhadores concorre também para um reforço do já mencionado enfoque na dimensão nacional.

4.5. Nota de síntese

Depois da exposição do estudo de caso e dos seus aspetos mais salientes, o quadro seguinte visa, de forma sintética, chamar a atenção quer para o cruzamento entre os recursos de poder e os critérios analíticos, quer para alguns dos elementos caracterizadores desses critérios no que ao caso da TAP diz respeito.

Quadro 5 — Recursos de poder, critérios analíticos e suas características mais salientes no contexto do estudo de caso da TAP

	Critérios Analíticos					
Recursos de Poder	Representatividade	Qualificação	Conflito/Negociação	Nacional/Internacional	Público/Privado	Inovação
Poder Estrutural	X	X	X	X		
Poder Associativo	X				X	X
Poder Institucional			X		X	
Poder Societal				X	X	X
	Características mais salientes					
TAP Air Portugal	Representatividade	Qualificação	Conflito/Negociação	Nacional/Internacional	Público/Privado	Inovação
	▪ Aumento da sindicalização, sobretudo em segmentos profissionais específicos.	De nível elevado: ▪ Licenciatura (ex.: SNPVAC); ▪ Elevada formação técnica especializada (ex.: SITEMA); ▪ Formação diversificada, em função da atividade desempenhada (ex.: SITAVA).	▪ Tentativas de denúncia do AE pela TAP (SNPVAC); ▪ Rejeição de acordos pelos sócios (SNPVAC); ▪ Resistência da TAP em alterar o regulamento de proteção da maternidade e paternidade; ▪ Horários de trabalho; ▪ Negociação de novos protocolos de voo; ▪ Recurso ao trabalho extraordinário.	▪ Nacional (temas): segurança de passageiros; combate à precariedade; estabilidade do emprego; aumentos salariais; caducidade dos acordos coletivos; ▪ Internacional (temas): redes, greves (ex.: contra a Ryanair); filiação em estruturas internacionais (SNPVAC na EurECCA; Sitema na AEI; Sitava na ETF).	▪ Tensão gerada pelo processo de privatização; ▪ Alastramento da problemática à sociedade; ▪ Congelamento salarial; ▪ Flexibilização das condições de trabalho (horários).	▪ Aposta nas TIC e novas plataformas de comunicação com os sócios; ▪ Campanhas criativas para a captação de sócios (ex.: Sitavina); ▪ Campanha «Não TAP os olhos» (articulação com a sociedade civil).

Em resumo, o estudo de caso de TAP tratado neste capítulo colocou em evidência a combinação de vários critérios analíticos e a possível reafirmação de algumas formas de poder. O critério analítico «nacional/internacional» tende a ocupar uma grande centralidade pela pertinência de matérias para que nos convoca, tanto à escala nacional (questões da segurança, respeito pelas relações laborais, denúncia de acordos, processo de privatização, etc.), quanto internacional (filiações em estruturas internacionais, campanhas e formas de solidariedade, redes, etc.). Porém, as matérias emanadas desse critério analítico garantem, por si só, a interface com outros critérios de análise. Ficou claro, por exemplo, que sempre que se denuncia um acordo de empresa à escala nacional, está-se a convocar para a discussão o critério «conflito/negociação», do mesmo modo que sempre que se alude ao processo de privatização da TAP é da relação entre «público/privado» que falamos. E inevitavelmente os recursos de poder são convocados a partir de tais dinâmicas: como sucedeu, por exemplo, quer com o movimento «Não TAP os olhos» (inscrito preferencialmente no critério «público/privado») quer na greve da Ryanair (acontecimento inscrito preferencialmente no critério «conflito/negociação») que conferiram maior destaque ao poder *societal*, em especial na vertente discursiva de sensibilização da opinião pública.

Por outro lado, constatou-se ainda que, em geral, a «qualificação» dos trabalhadores do sector do transporte aéreo representados pelos sindicatos estudados é relativamente elevada, ao passo que o aumento de «representatividade» (e consequentemente a retoma do *poder associativo*) registado foi mais notório no caso de alguns segmentos profissionais específicos. E também aqui, em matéria de representatividade, estiveram omnipresentes outros critérios analíticos: como o critério «público/privado», desde logo porque o processo de privatização, pelo que transporta de pernicioso para as vidas dos trabalhadores, estimulou a procura sindical como forma de compensar tais efeitos; ou mesmo o critério «inovação» pois o recurso a procedimentos alicerçados nas novas tecnologias de informação e comunicação pode ser uma via para a captação de novos associados (reforçando, assim, o *poder associativo*) ou mesmo para «atrair», por meio de processos de comunicação externa, a sensibilidade da opinião pública para as causas sindicais (reforçando, assim, o *poder societal*).

CAPÍTULO 5

SECTOR DAS TELECOMUNICAÇÕES: ESTUDO DE CASO DA PT/ALTICE

Neste capítulo final, ocupamo-nos do sector das telecomunicações, mais concretamente da PT/Altice. Nele acaba por sobressair o critério analítico *público/privado* que, assim, assume um lugar central neste estudo de caso. Mas o seu tratamento é feito de forma articulada com outros critérios analíticos, em especial com os critérios *representatividade*, *qualificação* e *inovação*. Ainda que, como se reporta abaixo, o processo de privatização não se tenha iniciado recentemente, nos últimos anos (no quadro do «reino» da Altice) várias implicações tiveram eco público na sociedade portuguesa do ponto de vista dos direitos dos trabalhadores, desafiando as organizações sindicais a (re)organizar-se.

5.1. Da origem à Altice

A PT tem mais de cem anos de história e um passado ligado aos ingleses. Atualmente as suas atividades abrangem áreas como o negócio do telefone fixo e móvel, multimédia, dados e soluções empresariais, não só em Portugal, mas também em outros países como Angola, Brasil, Cabo Verde ou Hungria. Constituiu, até há pouco tempo, um símbolo nacional, conotado com salários elevados, benefícios sociais e perspetivas de carreira, embora se destaque também pela sua afinidade com os processos de inovação. Ainda que se possa recuar mais no tempo, os antecedentes da PT residem na criação da Empresa Pública Telefones de Lisboa e Porto (TLP), em 1968. Na altura, os Correios, Telégrafos e Telefones (CTT, que posteriormente, em

1970, se tornaram uma empresa pública) exploravam o serviço telefónico no resto do país.

Em 1989, os TLP transformam-se em Sociedade Anónima, detida integralmente pelo Estado. A Portugal Telecom SA nasceu em 1992, com a autonomização das telecomunicações em relação aos CTT, tendo ficando a seu cargo as comunicações nacionais — com a exceção do serviço telefónico nas áreas de Lisboa e Porto (que continuou a ser explorado pelos TLP, que ficaram sob a alçada da Comunicações Nacionais, SPGS SA, criada no mesmo ano para gerir todas as participações do Estado no sector das comunicações) —, para a Europa e Bacia do Mediterrâneo, enquanto a Marconi assegurava o tráfego intercontinental. A Portugal Telecom como operador único nacional de telecomunicações surgiu em 1994 com a reunião das empresas do sector antes detidas pela Comunicações Nacionais: a Telecom Portugal, os TLP e a Teledifusora de Portugal (TDP).[58]

O processo de privatização da Portugal Telecom, SA iniciou-se a 1 de junho de 1995 com a concretização da 1.ª fase de privatização, que resultou na passagem para o sector privado do equivalente a 27,26% do seu capital social. Em junho de 1996 concretizou-se a 2.ª fase que envolveu 21,74% do capital, tornando 49% do capital da empresa privado. Com a aprovação da Lei de Delimitação dos Sectores, em 1997, passou a ser possível ao Estado deter menos de 51% do capital da empresa e mesmo assim manter o controlo sobre ela (a chamada *golden share*). Mediante isso, a 3.ª fase de privatização concretizou-se em outubro desse ano com a alienação de cerca de 26% das ações, elevando para cerca de 75% o capital social privado. Em 1999, concluiu-se a 4.ª fase da privatização da Portugal Telecom, SA, com a alienação de 13,5% do capital da empresa, reduzindo a participação do Estado de 25,15% para cerca de 11%. No entanto, o Estado mantinha o seu poder de decisão, assegurado pela *golden share*. O processo foi concluído em dezembro de 2000, ficando o capital da Portugal Telecom, SA privatizado praticamente na totalidade. Nessa altura, a Portugal Telecom, SA modificou o seu objeto social para Sociedade Gestora de Participações Sociais, passando a denominar-se Portugal Telecom, SGPS, SA.

---

[58] Para uma análise aprofundada do processo evolutivo da PT, bem como dos contextos políticos, estratégias de organização dos trabalhadores, processo de privatização, etc., cf. Silva (2007a; 2007b).

O Estado manteve na empresa 500 *golden shares* que permitiam ao poder público exercer o poder de veto sobre vários aspetos. Através delas era ainda possível controlar a indicação de parte do corpo de gestores da PT e, assim, influenciar a escolha dos membros do Conselho de Administração, nomeadamente do presidente. Nesse sentido, apesar de privada, a Portugal Telecom era dependente do Estado, o que motivou, em 2005, a queixa da Comissão Europeia contra o Estado português no Tribunal de Justiça da União Europeia por violação das regras comunitárias de livre circulação de capitais. Um pouco antes, em 2003, a PT SGPS, SA iniciou a sua aposta no mercado da América Latina através de uma *joint-venture* com a Telefónica de Espanha, dando origem a uma das maiores operadoras móveis da América Latina, a VIVO.

A história da PT na primeira metade da década de 2000 ficou ainda marcada pela Operação Pública de Aquisição (OPA) hostil da Sonaecom em 2005. A OPA no valor de 11,1 mil milhões de euros não foi para a frente pois, em 2007, a maioria dos acionistas da PT votaram contra a desblindagem dos estatutos. O fracasso da OPA obrigou a PT a vender os seus 50% na Vivo à Telefónica e a formar uma nova parceria com a Oi, consolidada em 2010, o que permitiu à PT transformar o mercado brasileiro na principal área de atuação do grupo no exterior.

O início da crise do grupo PT pode ser situado precisamente na compra da Oi, uma compra por um montante muito acima do seu valor real. Posteriormente, já em 2013, a PT SGPS e a Oi anunciaram a fusão das duas empresas e das *holdings* da operadora brasileira, passando a constituir uma entidade única, liderada por Zeinal Bava, com o objetivo de elevar a operadora à posição de líder. No entanto, a PT acabou por ser vendida pela Oi à Altice em 2014, em resultado do investimento mal sucedido na Rioforte (empresa do Grupo Espírito Santo — GES) (Martins e Machado, 2015). Com a queda do Banco Espírito Santo (BES), as empresas do GES, que eram financiadas pela PT, entraram em insolvência, deixando um buraco de 900 milhões de euros que obrigou à renegociação da combinação de negócios e à separação do grupo PT em duas *holdings*: a PT Portugal e a PT SGPS[59] (Pharol desde maio de 2015).

---

[59] A PT SGPS ficou com a dívida da Rioforte e gere uma participação direta ou indireta de 27,5% da Oi.

A Altice assumiu a gestão em junho de 2015, com Armando Pereira como líder da administração, passando a PT a ser uma subsidiária integral da Altice Group, uma multinacional líder no fornecimento de serviços de telecomunicações com presença em países como França, Israel, Bélgica, Luxemburgo e República Dominicana. Três anos mais tarde apenas, em 2018, a marca PT desapareceu. Foi adotada a denominação Altice Portugal, muito embora tenham sido mantidas as suas marcas comerciais MEO, PT Empresas, SAPO, MOCHE e UZO.

5.2. Implicações da privatização nas relações laborais

Os processos de privatização têm uma influência tangível sobre as relações laborais, refletindo-se negativamente nos salários e nas condições de trabalho, além de conduzirem, na maior parte das vezes, a uma redução dos postos de trabalho, bem como à quebra de qualidade dos serviços. De outro modo, enfraquecem os sindicatos, colocando à prova os vários recursos de poder à sua disposição. Os poderes associativo e institucional serão, porventura, os mais «testados» pelos processos de reestruturação e «emagrecimento» a que as empresas são invariavelmente sujeitas aquando da sua transferência para o capital privado. Essas mudanças podem suscitar diferentes tipos de estratégias por parte dos trabalhadores e dos sindicatos que os representam.

Ainda que, conforme explicitado, a privatização não seja algo novo no caso da PT, a venda à Altice em 2015 pode ser considerada um ponto de viragem no que diz respeito às relações laborais. Estas sofreram uma franca erosão, o que se refletiu sobre os sindicatos com implantação na empresa, nomeadamente ao nível do trabalho sindical: «na PT já começa a ser muito difícil chegar à fala com eles [os trabalhadores] desde que foram comprados pelo Grupo Altice».[60] Também outra estrutura de representação coletiva dos trabalhadores (ERCT), a comissão de trabalhadores (CT), sublinhou o agravar das relações laborais face ao que era o habitual na empresa: «sempre

[60] Entrevista a dirigente do Sindetelco – Sindicato Democrático dos Trabalhadores dos Correios, Telecomunicações, Media e Serviços (Sindetelco), em fevereiro de 2018.

houve um clima de conflitualidade grande mas com a entrada da Altice isso ficou mais vincado e o modelo social degradou-se muito».[61]

A venda à Altice não deixa de se inserir também no contexto mais vasto da crise da zona Euro e da intervenção da *troïka* em Portugal. Assim, somos remetidos para uma conjugação de fatores que decorrem tanto do processo de privatização em si mesmo, como das consequências da austeridade, que induziu processos de «emagrecimento» através da contração do número de trabalhadores, e da venda à Altice que se traduziu num período particularmente difícil para os sindicatos com representação na empresa, durante o qual as conquistas alcançadas ficaram muito aquém dos objetivos estabelecidos pelos sindicatos. As suas consequências são particularmente evidentes em termos do número de trabalhadores do grupo cujo decréscimo é notório:

> Em 1994, nós eramos 22 mil trabalhadores na PT e a taxa de sindicalização andava pelos 90%. E esses 22 mil trabalhadores eram praticamente todos trabalhadores efetivos e mais de metade desses trabalhadores eram trabalhadores técnicos, que são os trabalhadores que em todo mundo dão força aos sindicatos. (...) Hoje, a PT tem menos de 9 mil trabalhadores. Mais de metade são quadros superiores. São trabalhadores que estão mais longe dos sindicatos — isto é histórico, não é uma crítica, é histórico. A outra parte grande são os trabalhadores administrativos, que também por razões históricas estão sempre mais distantes dos sindicatos. E, portanto, hoje o índice de sindicalização é mais baixo. Outra causa: em 1994, a taxa de sindicalização era muito alta e os 22 mil trabalhadores eram trabalhadores do quadro efetivos. E hoje qual é a percentagem de trabalhadores efetivos? Praticamente, hoje tem mais de metade dos trabalhadores em *outsourcing*. Trabalhadores que não são efetivos, portanto. Se formos a outra componente, e a maior componente de trabalhadores que trabalham para a PT são os trabalhadores de *call center*, que fazem o serviço de atendimento. Noventa e nove por cento desses trabalhadores não são efetivos. Um trabalhador que não é efetivo receia estar sindicalizado, aliás não sabe o que será o mês seguinte. (Entrevista a dirigente do Sindicato Nacional dos Trabalhadores das Telecomunicações e Audiovisual —Sinttav, março de 2018).

[61] Entrevista a porta-voz da CT da MEO em abril de 2018.

5.2.1. Perceções sindicais da «representatividade» e «qualificação»

A redução do número de trabalhadores teve um impacto direto sobre a sindicalização, no sentido do seu declínio. Em todos os sindicatos abrangidos por este estudo com representação na empresa – o Sindicato Nacional dos Trabalhadores das Telecomunicações e do Audiovisual (Sinttav), o Sindicato Democrático dos Trabalhadores dos Correios, Telecomunicações, Media e Serviços (Sindetelco), o Sindicato Nacional dos Trabalhadores dos Correios e Telecomunicações (SNTCT) e o Sindicato dos Trabalhadores do Grupo Portugal Telecom (STPT) – esse declínio é também correlacionado com, como já ficou patente acima, a adoção de práticas conducentes à precarização do vínculo laboral mas também à passagem de trabalhadores à reforma sem que ocorram novas contratações. A tendência de contração apresenta algumas *nuances* conforme o sindicato em causa, assumindo significados diferenciados.

No caso do Sinttav, segundo fonte sindical, verificaram-se perdas sensivelmente até 2007. A concretização da venda da PT à Altice funcionou como elemento desencadeador de novos processos e, em particular, potenciou a captação de novos sócios, verificando-se, portanto, segundo a mesma fonte, uma inflexão em termos das taxas de sindicalização. O total de sindicalizados situava-se em torno dos 7000 em 2017. Embora inferior em relação a 2007, esse valor já reflete a inflexão mencionada. Outra razão que nos foi apontada para a recente recuperação prende-se com a expansão das empresas de trabalho temporário, muito presentes no sector das telecomunicações, nomeadamente ao nível dos *call centers*. Aliás, no caso deste sindicato, estas empresas tornaram-se numa das áreas prioritárias de intervenção.

A igualdade de género em termos dos cargos de direção e mesmo no que respeita aos delegados sindicais é reportada como um objetivo ainda por atingir. A sobrerrepresentação do sexo masculino em funções de delegado e dirigente sindical constitui uma limitação que tem sido difícil de ultrapassar, até por questões culturais e outras que se prendem com a vida familiar. O rejuvenescimento dos dirigentes é também uma situação que inspira preocupação, sendo que a média de idades tanto dos filiados como dos dirigentes rondará os 45 anos. Ainda assim, é referido um decréscimo da idade média no que concerne às novas filiações e aos novos dirigentes.

Aliás, estatutariamente o Sinttav apenas permite dirigentes em situação de reforma até a um limiar de 10%. No que respeita à filiação de jovens, os obstáculos encontrados não deixam de se articular com a natureza do vínculo contratual.

A maior percentagem de jovens encontra-se nas ETT, que são também os locais onde é mais difícil sindicalizar, ser delegado sindical ou dirigente, sendo aí também onde as mulheres se encontram sobrerrepresentadas. O padrão das qualificações dos seus associados é muito variado. Por exemplo, ao nível da PT/Altice, a grande maioria dos associados possuem qualificações elevadas, incluindo licenciaturas, enquanto em sectores como o do cinema o padrão das qualificações alterou-se radicalmente, no sentido da sua diminuição, tendo em conta o nível de especialização que era exigido aos trabalhadores há uns anos. No que concerne aos dirigentes, as qualificações médias no Sinttav variam entre técnicos qualificados e quadros licenciados.

Em relação ao Sindetelco, a média de idades dos sócios também se concentra na faixa etária acima dos 55 anos, reproduzindo-se, portanto, o padrão de envelhecimento encontrado no caso do Sinttav. Segundo fonte sindical, cerca de 30% dos sócios serão trabalhadores mais jovens com um padrão de qualificações mais elevado. Em relação à representatividade em termos de género, essa questão não é vista como um problema, sendo apenas apontadas algumas falhas no que concerne à utilização de uma linguagem inclusiva pelos dirigentes e delegados sindicais, nomeadamente ao nível dos comunicados emitidos pelo sindicato. Persiste uma preocupação constante quanto a esse aspeto, como é possível verificar a partir das seguintes declarações:

> Temos carreiras profissionais onde se enquadra tanto o homem como a mulher. Se calhar, se falarmos que não existe uma linguagem inclusiva, se calhar é verdade, não dizemos o trabalhador ou a trabalhadora. Falamos no trabalhador em geral. (...) temos aqui um membro da comissão das mulheres [da UGT] e às vezes quando começo a olhar para os comunicados que vêm para o exterior, começo logo a tentar corrigir. (Entrevista a dirigente do Sindetelco, em fevereiro de 2018).

O envolvimento das mulheres no trabalho sindical é aliás considerado uma mais-valia. As equipas mistas, isto é, compostas por mulheres e homens, são consideradas mais eficazes, pois conseguem penetrar em locais de trabalho onde predomina um dos dois géneros, produzindo identificações que podem culminar na angariação de novos sócios ou no apoio ao trabalho desenvolvido pelo sindicato.

Já no que diz respeito ao STPT — Sindicato dos Trabalhadores do Grupo Portugal Telecom (que passou a designar-se Sindicato dos Trabalhadores do Grupo Altice em Portugal desde julho de 2018) —, as perdas de associados tiveram um impacto maior, pois trata-se de um sindicato de empresa. Conforme nos foi dado a conhecer, a PT/Altice terá à data cerca de 9000 trabalhadores no ativo, dos quais cerca de 2000 são sócios do STPT. O número de associados é claramente superior se forem contabilizados os trabalhadores em pré-reforma ou situação de suspensão do contrato, tratando-se de indivíduos que ainda pertencem à empresa de algum modo, mas que detêm capacidade reivindicativa e negocial residual. O número de sócios atualmente contrasta de forma gritante com os números de há dez anos, quando o sindicato contabilizava cerca de 5600 sócios.

No que respeita às características dos filiados, estes são maioritariamente homens, com um padrão de qualificações transversal que abrange desde trabalhadores menos qualificados a quadros superiores licenciados, embora seja possível mencionar a existência de um certo equilíbrio quanto ao género, que se estima ser na proporção 60/40. O mesmo não se verifica em relação à média etária. A faixa etária predominante é a dos 40–60 anos, sendo que o segmento mais jovem não ultrapassará os 20%, segundo as estimativas de um dirigente. Este padrão reflete-se ao nível da ocupação de cargos de direção, o que coloca também problemas no que concerne à ocupação de cargos, não se verificando qualquer renovação. Os jovens demonstram menor predisposição para assumirem esse tipo de responsabilidades:

> Em termos etários, em termos da direção, um terço é uma direção já antiquada. Tem continuado ao longo dos anos, porque também este afastamento e esta situação dos sindicatos estarem a perder credibilidade e a perder, naturalmente, atração, tem levado a que no nosso caso... Por exemplo, chegou a haver eleições com quatro listas concorrentes. Nos últimos anos, lamentavelmente, tem sido sempre a lista da direção cessante, só uma lista, da direção cessante que em princípio concorre, não há listas concorrentes. (...) Mas não é fácil, mesmo

> que tente arranjar novos elementos, não há essa disponibilidade, não há essa vontade de atrair novas pessoas, criar novas listas, criar novos pensamentos. Não está a ser fácil. (Entrevista a dirigente do STPT, fevereiro de 2018).

É importante reforçar que, no caso deste sindicato, a redução de trabalhadores na PT através de programas de incentivo à pré-reforma de trabalhadores com mais tempo de casa e, na maior parte das vezes, com maior «cultura sindical», teve impactos importantes:

> [P]erde-se muita gente em termos de reforma e, lá está, não é compensado com a entrada de gente nova. (...) com a saída dessa geração do 25 de Abril, que era a que tinha mais ligação, isso foi-se perdendo, essas pessoas foram saindo, umas para a reforma, outras para a pré-reforma, e a empresa infelizmente não meteu muita gente nova. Ao longo destes anos também não entrou muita gente jovem. De qualquer forma, a camada mais nova, digamos assim, a média dos 40 que ainda estão e dos 40 para baixo não sente essa necessidade, não tem vindo aos sindicatos. (Entrevista a dirigente do STPT, fevereiro de 2018).

A saída de trabalhadores mais velhos e a sua substituição por trabalhadores mais jovens, normalmente admitidos sob condições precárias em termos contratuais, coloca desde logo obstáculos à filiação. Tais trabalhadores, além disso, demonstram um maior afastamento dos sindicatos e menor predisposição para a mobilização e ação reivindicativa, num contexto em que ocorrem processos de restruturação que podem envolver, por exemplo, o *outsourcing* de algumas áreas e serviços. Desse modo, o panorama de empresas como a PT, conhecidas por proporcionarem uma situação estável aos seus trabalhadores, bem como possibilidades de carreira, é notoriamente afetado.

O SNTCT é outro caso em que os fatores atrás referidos tiveram um impacto expressivo, somando-se, além da venda da PT, o processo de privatização dos CTT, empresa onde o sindicato tem o seu principal foco de atividade. Este sindicato situa o período de maior contração da filiação entre 2008 e 2013. Conforme nos foi dado a conhecer, o número de sindicalizados rondava, em 2007, os 6600, passando a cerca de 5450 em 2018, no momento em que foram recolhidos os dados. Além da redução de efetivos nas empresas em que tem implantação, é assinalada a concentração das novas admissões nas áreas técnica e de quadros superiores, que são também sectores da força de trabalho mais distantes dos sindicatos e, portanto, mais difíceis de sindicalizar, ao que se somam pressões de vária ordem conducentes à dessindicalização. A perda de filiados é também atribuída à competição intersindical, caracterizada como «feroz»: «anda toda a gente a roubar sócios uns aos outros. São utilizados todos os argumentos para aliciar sócios».[62]

Este sindicato reproduz o padrão de sobrerrepresentação do sexo masculino no exercício de cargos de direção: em 53 dirigentes à data da recolha de dados, só 13 eram mulheres. No que concerne à média de idades desses dirigentes, apenas quatro têm menos de 40 anos. O padrão de qualificações não foge ao apresentado pelos restantes sindicatos com representação na PT. Apesar de apenas um dirigente apresentar qualificação ao nível da licenciatura, tem aumentado o número de sócios com essa habilitação.

No seio do universo PT, o sindicato reporta um aumento do número de sócios nos últimos dez anos: se em 2008 eram 270 os trabalhadores sindicalizados no SNTCT, em finais de 2017 esse número ascendeu aos 450, o correspondente a cerca de 12% dos trabalhadores sindicalizados. Desses 450 sócios, um terço são quadros superiores.

Conforme referiu um dirigente do sindicato, o número de filiados «cresceu fruto do bom trabalho que foi feito mas também de algum mau trabalho que outras organizações sindicais fizeram».[63] Apesar desse aumento, uma das maiores preocupações colocadas pelo decréscimo da sindicalização no geral prende-se com os seus reflexos ao nível dos recursos financeiros disponíveis para o funcionamento dos sindicatos e da sua infraestrutura. De uma forma geral, este sindicato tem tentado compensar a diminuição da sindicalização através da aposta nas empresas de correio expresso e nos *call centers* também, locais onde tem aumentado a base de sindicalização, apesar de tal não ser suficiente para mitigar as perdas. Portanto, tem sido mais fácil para o SNTCT captar trabalhadores mais jovens fora da PT/Altice e dos CTT dada a política de admissões aí praticada:

[62] Entrevista a dirigente do SNTCT em abril de 2018.

[63] Entrevista a dirigente do SNTCT em abril de 2018.

a PT só tem admissões para quadros superiores e técnicos, e são contratados (...) Portanto, aí a média etária dos sócios vai aumentando. Nas outras empresas a percentagem de sindicalizados jovens é muito grande. (Entrevista a dirigente do SNTCT em abril de 2018).

À semelhança dos outros sindicatos do sector aqui analisados, o SNTCT ressente-se da dificuldade em encontrar sócios disponíveis para abraçarem a atividade sindical, inclusive no que respeita ao exercício de cargos de direção.

Num sector como o das telecomunicações, onde a expansão das empresas de trabalho temporário (ETT) é recorrente, nomeadamente ao nível dos *call centers* — frequentemente vulneráveis ao ressurgimento de formas tayloristas de organização das relações de trabalho e onde a eficácia da ação sindical está sempre a ser posta à prova (Costa e Costa, 2018) —, essa adversidade parece constituir um estímulo para a retoma sindical. Pelo menos nos casos do Sinttav, Sindetelco e do SNTCT. Assim sendo, a necessidade de conquistar novos membros levou a que as ETT se tornassem uma área prioritária de intervenção:

> Então, uma das maneiras que nós tivemos de arranjar foi alargar o âmbito. E já tínhamos uma abertura naquela área porque estávamos a ser requisitados. Então, enveredámos por aquele caminho e tentámos ficar também com aquelas pessoas (...) não ligávamos muito, não ligávamos, ou seja, não fazíamos dinamização, não íamos também buscar trabalhadores naquela área. Como eu disse no início, as telecomunicações e os correios são dois pilares, e começando a perder força os pilares começam a enfraquecer. E nós começámos a achar que, se calhar, estava na altura de enveredar por outro caminho, e foi isso que fizemos. Começámos a entrar dentro dessas empresas, hoje temos grandes relações com duas empresas de trabalho temporário que é a Randstad e a ManPower, conseguimos chegar à fala e ter reuniões com essas empresas, e numa outra área, na área das telecomunicações que é a área onde a gente está, existe muita dificuldade, nomeadamente, a falar com outras empresas do sector que não sejam a PT, nomeadamente a Vodafone e a Nos. (Entrevista a dirigente do Sindetelco, em fevereiro de 2018).

Os *call centers* são, na generalidade locais de trabalho difíceis em termos de trabalho sindical. Nomeadamente porque a rotatividade da força de trabalho é bastante elevada. Mesmo assim, no caso do SNTCT, os resultados reportados são positivos:

> nos *call centers*, nós neste momento, na zona de Lisboa, nós temos 180 trabalhadores sindicalizados. Nós temos delegados sindicais eleitos em todos os *call centers*. Mesmo assim a gente consegue. Eles veem o que a gente consegue fazer. Condições de trabalho, horários e pausas, a gente consegue resolver (...) Já há negociações para a revisão da matéria salarial. (Entrevista a dirigente do SNTCT, abril de 2018).

Podemos, assim, constatar que, ainda que as consequências da austeridade e do processo de venda da PT à Altice se tenham traduzido numa redução expressiva do número de trabalhadores, o conjunto de sindicatos com representação naquela empresa tem vindo a recuperar sócios, porventura com exceção do STPT, o que não deixa de estar relacionado com a sua natureza de sindicato de empresa. Se, como mencionado, a venda à Altice em 2015 pode ser tida como um ponto de viragem no que respeita às relações laborais, é possível afirmar que o agravamento da situação dos trabalhadores pode, a partir de um determinado limiar, ter efeitos positivos em termos da sindicalização. As dificuldades em dialogar com a administração e o aprofundamento de medidas de reestruturação da empresa com o objetivo de a tornar mais lucrativa têm estimulado novos processos que potenciam a captação de novos membros, verificando-se uma recuperação da sindicalização entre os trabalhadores da empresa:

> [N]ão há diálogo. É o facto consumado: eles decidem e depois chamam os sindicatos e a CT para dizerem o que decidiram, e não alteraram até hoje uma vírgula. É um diálogo de surdos. Nós temos transmitido isto aos trabalhadores com tanta força que isto tem tido um efeito de sindicalização. Os trabalhadores como sentem que a empresa está nesta situação de instabilidade e, portanto, os trabalhadores não têm nenhuma garantia do dia de amanhã, procuram a sua defesa. Tem havido um crescimento, pelo menos da parte do nosso sindicato, um crescimento grande da sindicalização. (Entrevista a dirigente do Sinttav, março de 2018).

5.2.2. Perceções sindicais da «inovação»

A questão da representatividade, principalmente no que concerne à sua expressão numérica, conecta-se com a capacidade e estratégias delineadas pelos sindicatos para a captação de novos sócios (ou inversão de processos de desfiliação). Nessa medida, o critério de representatividade não deixa de se articular com o da inovação. No entanto, no sector das telecomunicações e no que à filiação diz respeito, as práticas inovadoras não foram muito mais além do que já é habitual em termos de estratégias.

Todos os sindicatos auscultados sublinham a presença no local de trabalho e o contacto direto com os trabalhadores como a estratégia mais eficaz no que respeita tanto à angariação de novos sócios como à manutenção da filiação. Por outro lado, o fornecimento de serviços é também um forte estímulo. De acordo com um dirigente sindical,

> isso tem garantido um acréscimo de sócios em determinadas empresas. (...). Em termos gerais, é falar com os trabalhadores, resolver-lhes os problemas, reivindicar. É essa a nossa base para a sindicalização. Depois há vantagens ou regalias que os sócios podem ter: descontos nisto e naquilo, formação, etc., etc. Basicamente não há nada de novo porque isto dá resultado. Ainda não está provado que não dá resultado. (Entrevista a dirigente do SNTCT, abril de 2018).

Na verdade, a tradicional fórmula baseada na proximidade dos dirigentes e delegados sindicais com os associados é prevalecente, ainda que se abra cada vez mais espaço para o fornecimento de serviços que vão para lá do apoio na resolução de conflitos laborais. Ainda que a via do apoio jurídico fornecido pelas estruturas sindicais seja preponderante (no caso do SNTCT, o gabinete jurídico é o serviço com maior peso na fidelização de sócios), é emergente a tendência de alargamento a outras esferas da vida dos associados, como a formação, os protocolos com instituições de ensino superior (o Sindetelco é um exemplo disso), o acesso a serviços de saúde mediante protocolos ou seguros, ou o lazer. O fornecimento de serviços afigura-se cada vez mais como uma aposta central, principalmente no que respeita a captação de sócios mais jovens e mais distantes dos sindicatos. Ainda que não constituam propriamente uma novidade, as campanhas são outra estratégia direcionada para a captação de sócios. Em alguns casos, como no do STPT, aparecem associadas a uma vertente pecuniária, como é o caso de uma campanha de apoio à natalidade. O peso do fornecimento de serviços como estratégia de filiação e da sua manutenção fica bem patente no fragmento que a seguir transcrevemos:

> porque, principalmente as pessoas novas perguntam muito "o que é que o sindicato me dá?" A parte social, de uma contrapartida, pode ser muito importante e ser uma fonte de captação de novas filiações, principalmente, dos mais jovens. Um seguro de saúde, um plano de reforma, uma coisa qualquer. Uma coisa qualquer que o trabalhador sinta que materialmente não está só a pagar, tem dali qualquer coisa de benéfico para ele próprio e não só a questão da luta, dessas coisas, porque isso é bonito, mas para o jovem não parece muito atraente. (Entrevista a dirigente do STPT, fevereiro de 2018).

No entanto, a valorização do fornecimento de serviços como estratégia de filiação e da sua manutenção favorece a dimensão individual do associado, relegando para segundo plano a construção de solidariedades centradas na identidade profissional ou na situação contratual, o que mina a construção da ação coletiva e por isso a ação sindical. Acresce ainda que o fornecimento de serviços depende muito da capacidade financeira do sindicato, bem como da sua influência na sociedade, o que pode colocar em desvantagem sindicatos de menor dimensão ou que têm como população alvo segmentos da força de trabalho com rendimentos mais baixos. Nesses casos, isso parece ser compensado por uma maior aposta na atividade reivindicativa:

> As componentes sociais não são tudo o que a gente gostava mas, por exemplo, nos primeiros meses do calendário há sempre mais sindicalizações. Porque é uma forma de contactar com as pessoas. E temos uma quantidade de protocolos com associações, com universidades, portanto... As convenções coletivas, os salários... Depois há aquela componente social, e onde a gente pode apostar, a gente aposta nela (...) O nosso sindicato sempre foi um sindicato que tem umas características... enfim, que é conhecido por andar sempre nos locais de trabalho. Nós andamos sempre nos locais de trabalho, mas esta situação levou

a que a intervenção ainda se redobrasse. (Entrevista a dirigente do Sinttav, março de 2018).

No caso do sector das telecomunicações, a inovação através da introdução das novas tecnologias no quotidiano da vida sindical parece estar a ganhar ímpeto, como forma de comunicação tanto no interior dos sindicatos como entre estes e o exterior. Porém, é claro que as novas tecnologias não podem substituir em absoluto os métodos mais tradicionais, como a distribuição de comunicados em mão:

> Nós apostamos nas novas tecnologias como forma de comunicar com os membros e com o exterior, só que não eliminamos a informação tradicional. Por exemplo, nós temos uma página (...) Há uma reunião, a gente faz um resumo e põe lá. Por exemplo, estive agora em Madrid e está lá uma informação sobre o que se passou. Depois vai o relatório para os dirigentes. Apostamos nas vertentes todas, mas aquilo que é tradicional — ter um comunicado no placard, dar um comunicado em mão aos trabalhadores... — isso não se pode substituir. (Entrevista a dirigente do Sinttav, março de 2018).

Os sindicatos do sector abrangidos por este estudo disponibilizam, por exemplo, a ficha de inscrição no *site*, e algumas sindicalizações processam-se por essa via, pelo que o *site*, por exemplo, é visto como uma ferramenta que pode ter um papel na captação de novos sócios. A ficha de inscrição encontra-se normalmente disponível para *download*, sendo posteriormente necessário a sua impressão e envio do original para o sindicato pois muitas vezes as empresas exigem os originais:

> [As novas tecnologias têm ajudado a captar novos sócios] Têm ajudado. Não consigo quantificar, mas têm ajudado. Os sócios visitam a página do sindicato, os trabalhadores visitam a página do sindicato, e há um número crescente de trabalhadores que se sindicalizam na página. Tem lá um formulário para *download*. Não dá para ser diretamente na página por causa das empresas. As empresas agora, tal como está no Código do Trabalho, exigem o original. Portanto não é possível a nenhum sindicato fazer essa inscrição online diretamente. (Entrevista a dirigente do SNTCT, abril de 2018).

Em diferentes graus, os *sites* dos sindicatos deste sector encontram-se atualizados, disponibilizando uma panóplia variada de informação. O acesso dos sócios ou de outras pessoas à informação é, portanto, melhorado por essa via. Outros aspetos que influenciam a eficácia dessa ferramenta enquanto veículo de transmissão de informação e meio de captação de novos sócios prendem-se com a capacidade de construir *sites* atrativos, de fácil utilização, e com o tipo de informação disponibilizada (por exemplo, relevância da informação sindical, disponibilização dos acordos celebrados), sendo importante não só a forma gráfica que assumem, mas também a linguagem utilizada. Um dos entrevistados referiu, por exemplo, a necessidade de formular títulos atrativos, que captem a atenção dos cibernautas e que reflitam o conteúdo das notícias e dos comunicados.

Essa visão «otimista» em relação ao papel do *site*, nomeadamente no que concerne às novas sindicalizações, é contrariada, pelo menos, por um dos sindicatos, embora as expectativas iniciais fossem de que o *site* iria ajudar a aliciar novos sócios. Esse defraudar de expectativas conduziu o sindicato em questão (o STPT) a privilegiar o Facebook, até porque este último exige um investimento menor em termos da alocação de recursos humanos. Por outro lado, tendo em conta a disseminação e importância das redes sociais no contexto atual, o Facebook acaba por conferir maior projeção ao sindicato e é considerado muito importante quando se trata de captar a atenção de um público mais jovem. Contudo, apesar de se constatarem vantagens como a projeção pública, a disseminação de informação, a facilitação do contacto com os sócios em locais de trabalho hostis ou o facto de proporcionar fóruns de discussão e de assim promover o envolvimento dos membros, são reconhecidos vários problemas em relação à utilização do Facebook, como que a conceder crédito à ideia de que «o sindicalista virtual está ainda aquém do sindicalista real» (Costa, 2018b: 23). Alguns dos problemas mais referidos são, além da falta de recursos humanos para levarem a cabo a sua gestão, o controle efetivo sobre a publicação de informação, a verificação da sua autenticidade, as motivações e a responsabilização dos intervenientes. Algumas dessas questões encontram-se plasmadas na seguinte afirmação:

> Há sempre aquele problema que é da questão também dos limites das pessoas poderem chegar assim e poderem... poderem chegar assim com uma mensa-

gem, sem a conhecer, sem ter... levantam-se estes problemas. A segurança que existe por causa dos dados. E há sempre alguém que pode não gostar da coisa e depois dizem assim, «eh pá, é giro mas pode criar problemas». Vamos ter que pensar melhor nisto. (Entrevista a dirigente do STPT, fevereiro de 2018).

As novas tecnologias também começam assim a ocupar um lugar nos métodos de captação de novos membros, mas de forma residual. A importância do contacto pessoal, direto, é assim enfatizada de forma clara, continuando a ser considerado o meio mais eficaz no que diz respeito à filiação e à sua manutenção.

Como se esperava, o poder organizacional dos sindicatos com representação na PT foi efetivamente colocado à prova. A quebra de sindicalização motivada pelo conjunto de fatores já referidos fragilizou os diferentes sindicatos. No entanto, essa fragilização motivou a busca de novos espaços de intervenção, e o sinal de *fraqueza* inerente às ETT converteu-se num sinal de *força* potencial orientado para a criação de possibilidades de afirmação junto de outros segmentos de trabalhadores. Nesse ponto, fica claro que o poder associativo dos sindicatos beneficiou da inovação em termos de práticas e estratégias de captação de novos sócios, nomeadamente da utilização das novas tecnologias. Por outro lado, a degradação das condições de trabalho ou a sua expectativa, bem como a incerteza quanto ao futuro *da* e *na* empresa, parecem atuar como fatores que impulsionam a filiação. Nesse sentido, é possível falar de uma recuperação do poder organizacional até certo ponto. Porém, esse tipo de poder não se restringe ao número de filiados e à capacidade de recuperação dos sindicatos nesse âmbito. Como veremos de seguida, envolve outros fatores.

5.3. A negociação colocada em questão

A austeridade e a venda à Altice produziram implicações nos processos de negociação. Tais processos foram, como referido anteriormente, atravessados por diversos bloqueios, principalmente durante o período de intervenção da *troïka* em Portugal. As alterações da legislação laboral introduzidas pela Lei n.º 23/2012 vieram enfraquecer a negociação coletiva e o papel dos sindicatos de forma notória, refletindo-se negativamente sobre um recurso de poder em particular: o poder institucional. As consequências são, pois, a fragilização da posição negocial dos sindicatos e a contração da sua margem de manobra nos fóruns de negociação coletiva, desequilibrando a balança em favor das entidades patronais.

Um dos aspetos que mais tem perturbado o equilíbrio relativo preexistente à introdução do racional austeritário em Portugal está relacionado com a caducidade das convenções coletivas. Como salienta Campos Lima (2016), não obstante as recomendações em contrário, foi promulgada, pelo governo de coligação PSD/CDS, a Lei n.º 55/2014, que reduziu o período de validade das convenções coletivas de 5 para 3 anos, e o período de sobrevigência de 18 para 12 meses (artigo 501). Essa lei não foi ainda revertida pelo atual governo, o que coloca pressão sobre as organizações sindicais e fragiliza ainda mais a sua posição negocial. Portanto, pelo menos quanto a esse aspeto, o poder institucional dos sindicatos mantém-se cerceado, afetando as estratégias e objetivos negociais. Esse ponto, aliás, é dos mais mencionados pelas ERCT abrangidas por este estudo de caso em particular, reconhecendo, de uma forma geral, que «os trabalhadores estão a negociar em perda»:[64]

> A principal restrição que ainda hoje existe é de facto a chamada caducidade dos acordos, o que obrigou os sindicatos na maior parte dos casos a terem de ser a parte que cede sempre. Porque se houver a coragem de um sindicato chegar ao fim e não, principalmente numa empresa como a nossa, não vier a fazer o acordo final, naturalmente passados 18 meses a empresa faz a denúncia do acordo. Passado um ano, dois anos, o acordo entra em caducidade e passa-se para a Lei. Isso naturalmente tem obrigado os sindicatos a fazerem cada vez mais maiores cedências (...) Penso e tenho a ideia de que foi de facto a maior força que se perdeu. Foi essa incapacidade de resistir, de dizer "não concordamos", "não assinamos", "não subscrevemos". Porque isso faz-se uma vez. No segundo ano, a empresa faz a denúncia. Se nós não assinarmos a segunda vez, entra em contagem para a caducidade e acaba-se o acordo. Entra a Lei e do acordo apenas fica a antiguidade, o salário que não podem baixar, e a categoria.

[64] Entrevista a porta-voz da CT da MEO em abril de 2018.

De resto, todos os direitos e garantias vão ao ar. (Entrevista a dirigente do STPT, fevereiro de 2018).

A questão da caducidade não deixa de estar relacionada com a tendência de perda de direitos. A reposição dos direitos perdidos com as alterações introduzidas pela Lei n.º 23/2012 tem ficado aquém das expectativas, ainda que possam ser reconhecidas melhorias em alguns casos. Porém, como foi possível verificar, a questão da retribuição pela prestação de trabalho suplementar continuou a ser um problema no período mais recente, tal como a da já mencionada caducidade que é utilizada pelas empresas como mecanismo para forçar os sindicatos a cedências. As restrições com que se defrontam as estruturas sindicais que representam trabalhadores da PT/Altice tornam-se bem visíveis ao tomar como unidade de análise o Acordo Coletivo de Trabalho da MEO de 2016 (ACT MEO 2016). De forma unânime, as estruturas sindicais envolvidas consideram-no um ACT cuja negociação se relevou difícil. Desde logo porque se encontravam em cima da mesa questões complexas como a retribuição pelo trabalho suplementar, sobre a qual a Lei n.º 23/2012 tinha introduzido alterações no sentido da sua redução, e a prevenção em caso de avaria,[65] bem como outras regalias que tinham sido alvo de cortes. É importante sublinhar que em algumas destas matérias o próprio acordo entre sindicatos foi difícil, como no caso da prevenção ou das diuturnidades.

Por outro lado, tratou-se da primeira negociação com a Altice e, dado o contexto geral em que se inseriu, suscitou a apreensão dos intervenientes afetos aos trabalhadores. Apesar de, à partida, se tratar de uma negociação em perda, à exceção da matéria da prevenção, foi possível não negociar condições mais negativas que as constantes do ACT MEO 2013. É importante sublinhar que até 2011 os acordos celebrados eram Acordos de Empresa, não abrangendo os trabalhadores de todas as empresas do grupo, e que o ACT 2013 já foi negociado durante o período de intervenção da *troïka*, estando, portanto, sujeito a restrições de várias ordens.

[65] Regime de prevenção em caso de avaria é um regime específico que concerne à prestação de serviços de urgência. Os técnicos em regime de prevenção estão disponíveis para ser chamados a qualquer hora e essa disponibilidade é alvo de um pagamento suplementar. Desde 2011 que a PT tem envidado esforços no sentido de diminuir a retribuição pela prestação de trabalho em regime de prevenção.

Relacionando a força e capacidade dos sindicatos no plano da negociação coletiva com dois recursos de poder em particular, os poderes estrutural e institucional, fica claro que a primeira foi fortemente afetada pelo contexto de imposição da austeridade em Portugal, sendo que as suas repercussões se estendem ao período mais recente e são exacerbadas pelas dinâmicas de privatização. No caso da PT/Altice, a negociação do ACT 2016 permite-nos retirar ilações quanto a esse aspeto. Nomeadamente, a negociação de aumentos salariais revestiu-se de dificuldades, fazendo eco de uma tendência mais geral:

> Já há uma série de anos que nem aumentos salariais se consegue. Portanto, na questão dos salários, mas também dos direitos, muitos dos direitos se vão perdendo, mas isso tem a ver essencialmente com essa questão da chamada caducidade que ainda existe no Código do Trabalho. (Entrevista a dirigente do STPT, fevereiro de 2018).

Os resultados obtidos no âmbito da negociação do ACT MEO 2016 foram considerados insuficientes, notando-se aqui a influência de uma recuperação económica ténue e de uma conjuntura ainda relativamente instável com impactos indesmentíveis sobre o poder estrutural dos sindicatos envolvidos. Naturalmente que neste ponto o clima imposto pela estratégia da Altice teve uma influência negativa. Ainda assim, e tendo em linha de conta os fatores mencionados, alguns dos atores envolvidos nas negociações consideraram que o acordo ficou aquém do que seria possível, nomeadamente em matéria salarial.

Os processos negociais com a Altice destacam-se pelas dificuldades de que se revestem e por despertarem a apreensão dos representantes dos trabalhadores. A empresa é tida como um interlocutor difícil, que impõe mais do que dialoga. As declarações que se seguem ilustram-no bem:

> As minhas apreensões aumentaram exponencialmente. Já sabemos, já sabíamos, mas agora já vimos o que é que a Altice andou a fazer, já vimos a maneira como eles são prepotentes e impõem as coisas. E vamos negociar numa situação fragilizada (...) sabemos que eles não querem dar um tostão de aumento. Sabemos a situação financeira da empresa e que eles já disseram que têm que reduzir

> custos. Portanto, vamos ver o resultado, mas estou apreensivo. (Entrevista a porta-voz da CT da MEO, abril de 2018).

O processo de negociação do ACT 2018 foi particularmente emblemático a esse respeito. Além dos obstáculos normais decorrentes de posições diferenciadas quanto a aspetos chave, a negociação deste ACT pautou-se por vários adiamentos e pela intervenção da Direção-Geral do Emprego e das Relações de Trabalho (DGERT). Os sindicatos requereram ao Ministério do Trabalho, Solidariedade e Segurança Social a abertura de um processo de conciliação,[66] pois a Altice não havia apresentado qualquer proposta no âmbito das negociações. A necessidade de solicitar a intervenção da DGERT chama a atenção para dois pontos: em primeiro lugar, a postura negocial «dura» da Altice (ou mesmo prepotente, como referido por alguns entrevistados); segundo, as relações mais crispadas entre os sindicatos e a administração da empresa. As declarações abaixo espelham esses dois pontos:

> Agora estamos à espera. Entregámos a proposta salarial em 28 de novembro [2017]. Até agora não responderam. Eles na conciliação assumiram o compromisso de até 13 de Abril responderem. E nós dissemos lá, na DGERT, "nós queremos resposta à nossa proposta de revisão salarial". Eles provavelmente o que vão fazer é uma proposta global e se calhar sem falar nos salários. E nós dissemos "se vocês não responderem à nossa proposta, na semana seguinte estamos aqui outra vez no Ministério do Trabalho. (Entrevista a dirigente do Sinttav, março de 2018).

Também por isso as expectativas dos sindicatos em relação às negociações deste ACT sempre foram relativamente baixas, antecipando-se que a Altice se escudaria sob o argumento da necessidade de reduzir custos. Nomeadamente, ainda que não seja mencionado com muita frequência, o facto de a PT/Altice contar com um número apreciável de trabalhadores em situação de pré-reforma constitui um acréscimo substancial de despesa no

[66] A conciliação consiste numa negociação assistida, em que intervém um «terceiro» («conciliador da DGERT») nomeado, no respeito pela autonomia de vontade das partes, que mediante recomendações, sugestões ou orientações, se incumbe de auxiliar os interlocutores a encontrarem uma plataforma de acordo com vista à solução do conflito.

caso de serem acordados aumentos salariais acima de valores marginais. Outro argumento utilizado naquelas circunstâncias prendeu-se com o facto de o Grupo Altice se encontrar em fase de reestruturação.

O processo de negociação arrastou-se por mais de dois meses, pautando-se, como vimos, por algumas dificuldades. O conjunto das organizações sindicais subscreveram o acordo. No entanto, não lhe deixam de ser apontadas limitações. De uma forma geral, foi considerado o acordo possível tendo em conta a conjuntura e a linha de negociação da Altice. As alterações introduzidas ao ACT 2011 (revisto em 2013) não afetaram os direitos contratuais e legais dos trabalhadores. Em termos salariais, foram conseguidos aumentos a partir de 4% para os salários mais baixos, muito embora tal não respondesse às aspirações dos sindicatos na totalidade.

5.4. As respostas sindicais: a recuperação do poder organizacional e estratégias de luta

Já antes falámos da inovação como uma possível estratégia sindical (ainda que temerária) para recuperar a representatividade sindical. Trata-se agora de chamar a atenção para as estratégias destinadas a recuperar o poder organizacional por parte dos sindicatos. Por sinal, trata-se de estratégias das quais decorre uma maior visibilidade da dimensão conflitual. O processo de reestruturação (ou de reorganização) da PT levado a cabo pela Altice após a compra em 2015 motivou uma série de ações de resposta por parte dos vários sindicatos com representação no interior da empresa. O caso da PT/Altice enfatiza o recurso à ação coletiva e à litigação, ambas de cariz reativo, enquanto estratégias possíveis face às alterações levadas a cabo em matéria de relações laborais. A tensão no seio da empresa intensificou-se desde a chegada da Altice. Os processos de privatização parecem, assim, estar intimamente relacionados com a preponderância da referida vertente conflitual.

A venda da PT à Altice despertou desde logo a oposição dos sindicatos com representação na empresa, assim como da CT MEO. Não só porque a PT era encarada como uma empresa estratégica no contexto português, mas também porque as práticas adotadas pela Altice em outros países eram conhecidas. Assim, a constituição de uma frente sindical em setembro de 2016 veio responder ao clima conflitual crescente, sendo a sua ação mais evidente durante o ano de 2017. As dificuldades enfrentadas motivaram a criação de unidade entre sindicatos de várias áreas e com estratégias muito diferentes. Todavia, como foi salientado por um entrevistado,

> Apesar de se ter criado uma unidade entre sindicatos (...) no caso da PT não foi possível alcançar grandes coisas. A PT tem uma particularidade que foi a questão da Oi, depois a questão da Altice. Todas estas transformações tornaram mais difícil a ação dos sindicatos. (Entrevista a dirigente do SNTCT, abril de 2018).

A criação da frente sindical é, de um modo geral, encarada como essencial no período em que ocorreu, em particular pela unidade que criou entre sindicatos que por vários motivos se encontram normalmente em concorrência. Dada a existência de um oponente comum — a Altice —, essa unidade tende a ser valorizada pelos trabalhadores, mesmo reconhecendo que prevalecem divergências quanto a aspetos essenciais. Como é assinalado por um entrevistado, «aquela unidade faz com que os trabalhadores pensem que está tudo virado para o mesmo lado, que estão mais protegidos».[67] Contudo, a definição de um oponente comum e de objetivos idênticos não tem sido suficiente para garantir um relacionamento isento de tensões entre as várias ERCT que compõem a frente sindical. Os pontos de fricção são de vária ordem. Em primeiro lugar, como já foi mencionado, a frente reúne sindicatos afetos quer à CGTP quer à UGT, bem como independentes. Logo aí são previsíveis tensões que decorrem de posicionamentos político ideológicos diferenciados que se refletem na formulação tanto de objetivos como de estratégias. Esses enquadramentos diferenciados têm, por exemplo, efeitos em aspetos tão triviais como a linguagem utilizada na formulação de comunicados conjuntos, sendo comuns as discordâncias a esse nível, o que torna o processo mais complexo e demorado. Outro aspeto atravessado por tensões prende-se com o plano reivindicativo, muito embora os objetivos estabelecidos pelas diferentes estruturas convirjam no essencial — por exemplo,

[67] Entrevista a dirigente do SNTCT em abril de 2018.

quanto à necessidade de aumentos salariais —, nem sempre tem sido fácil «afinar» propostas. Alguns sindicatos têm sido mais flexíveis do que outros no que diz respeito a cedências no sentido da convergência. Assim, no que concerne à ação reivindicativa, «há dois anos ou ano e meio que isto está a ser tratado com pinças a ver se isto não se desfaz».[68]

O equilíbrio precário em que assenta o funcionamento da frente sindical decorre também, como já deixámos antever, de tensões entre os vários sindicatos que a compõem, tensões que podem ser situadas ao nível da evolução de cada um em termos históricos, bem como da normal competição intersindical entre estruturas com o mesmo âmbito, mas também das diferentes filiações em termos confederais. A auscultação de diferentes intervenientes sublinhou o peso desses aspetos no funcionamento interno da frente. É visível desde logo um certo distanciamento entre o STPT e os restantes sindicatos. O facto de o primeiro representar exclusivamente os trabalhadores da agora Altice tem gerado algumas dificuldades no relacionamento com os demais sindicatos, ao que se soma o seu estatuto independente em relação às confederações sindicais. Não obstante, a unidade conseguida terá sido fulcral para lidar com os aspetos mais negativos do período da austeridade e da entrada da Altice, como pode ser inferido a partir das seguintes declarações:

> Depois a nossa dificuldade também em termos uma relação com o sindicato das centrais sindicais, um sindicato que, em princípio, não só representa trabalhadores da PT como representa trabalhadores, por exemplo, da Vodafone, da Nos, ou outros. De qualquer maneira procurámos essencialmente ter negociações, as negociações do acordo que são, normalmente, anuais, procurámos fazer uma frente sindical com os sindicatos mais representativos e foi por aí que conseguimos, mais ou menos, passar esse período mais difícil. Agora estamos ainda num mais difícil. Esta situação agora, não por causa da crise do país, mas por causa da crise da própria PT, dos gestores da PT. Alargámos, de facto, a nossa ação de forma a alargar e a conseguir, como é que eu direi, alguns entendimentos com os outros sindicatos. De algum modo, conseguimos passar menos mal essa parte porque sozinhos tínhamos maiores dificuldades

[68] Entrevista a dirigente do SNTCT em abril de 2018.

> em conseguir alguma coisa que fosse possível. Mesmo assim, não conseguimos muito, mesmo em conjunto. (Entrevista a dirigente do STPT, fevereiro de 2018).

Já no caso do Sinttav, filiado na CGTP, que se apresenta como um sindicato que «sozinho representa mais que os outros todos no sector»,[69] as relações com os parceiros da frente sindical são descritas como «institucionais». Depreende-se, pois, que se pautam pela cortesia, mas também por algumas desconfianças, nomeadamente em relação ao STPT — sindicato com o qual disputam mais diretamente a hegemonia no interior da PT/Altice — e também ao Sindetelco, que pode ser considerado o sindicato correspondente do campo da UGT (aliás, no plano ideológico, o STPT é visto pelo Sinttav como mais próximo da UGT). Apesar disso, a relação com aqueles sindicatos é classificada como de respeito recíproco.

É percetível que a relação entre as estruturas que compõem a frente sindical é bastante complexa, o que pode colocar entraves à sua continuidade para lá de um contexto ou circunstância específica. As diferenças e divergências só se esbatem nos momentos em que estiverem definidos um oponente e objetivos comuns. Essa avaliação é corroborada pelo seguinte depoimento:

> Agora, nós não temos dúvidas nenhumas. Esta frente até agora tem abanado e não caiu, mas a qualquer altura desfaz-se. Enquanto nós acharmos que ela é necessária, nós estamos na frente e não vamos fazer nada para desmanchar o "arranjinho". Mas não temos dúvidas que as divergências até do ponto de vista político sindical são grandes e que há sindicatos que a partir de determinada altura começam a sair da carroça. (Entrevista a dirigente do SNTCT, abril de 2018)

O modelo de gestão da Altice tem sublinhado o recurso a uma série de práticas baseadas no assédio e pressão sobre os trabalhadores, como a violação do dever de ocupação efetiva (os chamados «trabalhadores sem funções», obrigados a cumprirem horário sem que lhes sejam atribuídas

[69] Entrevista a dirigente do Sinttav, março de 2018.

tarefas), a atribuição de tarefas que correspondem a funções inferiores para as quais foram contratados, a ausência da consulta obrigatória determinada pela lei e o não pagamento de retribuições e contribuições para a segurança social. Essas práticas motivaram, aliás, várias queixas à Autoridade para as Condições de Trabalho (ACT), tendo sido levadas a cabo uma série de ações inspetivas em 2017 e identificadas mais de uma centena de infrações laborais.

O recurso à figura jurídica de transmissão de estabelecimento encaixa nesse *modus operandi*, assumindo um lugar de destaque enquanto mecanismo de subversão da lei para facilitar despedimentos encapotados:

> A política deles é a redução de efetivos. A redução de efetivos é a primeira questão deles, e quando avançaram para aquele projeto da transmissão de estabelecimento percebeu-se o que é que estava aqui em causa. Portanto, eles ensaiaram com quatro sectores: informática, certificação (...) Envolveram 155 trabalhadores, mas o projeto era muito mais amplo. Nós fomos para o terreno, conseguimos transmitir aos trabalhadores preocupações, os trabalhadores entenderam as preocupações e o que estava em causa, entenderam que estava em causa o futuro da empresa, que a empresa podia ficar sem trabalhadores dentro de pouco tempo. (Entrevista a dirigente do Sinttav, março de 2018).

Legitimando uma estratégia de «antiemprego» (Silva, 2017), a Altice pôs em marcha a transmissão de 155 trabalhadores para prestadores externos como a Visabeira, a Tnord, Sudtel e a Winprovit. A transmissão fragilizava o seu estatuto laboral pois, findo o período de garantia, o processo poderia culminar no despedimento sem acesso às compensações devidas, além de a adesão à transmissão não ser necessariamente voluntária. Nas últimas décadas, a mobilização contra a transmissão de estabelecimento foi um dos marcos da ação reivindicativa e da contestação no seio da agora PT/Altice. Os sindicatos com representação na empresa, bem como a CT Meo, opuseram-se-lhe liminarmente e mobilizaram-se, trazendo a questão para a esfera pública. Foi colocada como uma luta mais geral, pois poderia estar em causa o «contágio» dessa estratégia a outras empresas do universo PT/Altice:

> Quando isto apareceu, a transmissão, caiu que nem uma bomba. Nós conseguimos capitalizar bem e dizer, atenção, se não travamos, isto a seguir vão

os outros todos. E iam, e iam! Eles dizem que não. Ninguém vai fazer uma transmissão de uma empresa de 9000 pessoas para transmitir 155 e dizer, ok, já transmitimos estes, está o assunto resolvido. A seguir iam os outros todos porque eles continuam a dizer que no rácio que eles fazem, que é a receita por trabalhador, nós temos 4000 trabalhadores a mais comparando com a concorrência. (Entrevista a porta-voz da CT da MEO, abril de 2018).

Essa medida, bem como a possibilidade da sua repetição num futuro próximo, esteve na base da convocação da greve de 21 de julho de 2017. Por sinal, a primeira greve em mais de dez anos motivada por razões especificamente ligadas à empresa. A gravidade da situação e o facto de se estar a atingir um ponto de rutura colocava a greve como a única estratégia possível, mobilizando até estruturas sindicais que tradicionalmente têm maior afinidade com uma postura negocial:

> [F]oi a única greve ao nível do país, até à data, em que estiveram lado a lado os dois secretários-gerais das centrais sindicais. O que aí também demonstra que, sem dúvida nenhuma, era uma greve justa e fundamentada. (Entrevista a dirigente do Sindetelco, em fevereiro de 2018).

A greve foi convocada pelo conjunto das estruturas de representação coletiva dos trabalhadores (ERCT), que inclui a CT Meo, Sinttav, STPT, Sindetelco, o Sindicato Nacional dos Trabalhadores dos Correios e das Telecomunicação (SNTCT), o Sindicato dos Trabalhadores de Telecomunicações e Comunicação Audiovisual (STT), o Sindicato dos Trabalhadores e Técnicos de Serviços, Comércio, Restauração e Turismo (Sitese) e o Sindicato dos Quadros das Comunicações (Sinquadros). Além de ser uma inovação em termos de estratégias sindicais, o facto dessas estruturas se terem aliado configurou um grande desafio tendo em conta as especificidades dos seus pontos de vista no que concerne a objetivos e estratégias. Importa, por isso, sublinhar a capacidade de articulação de distintas perspetivas relativamente a um problema comum às várias estruturas:

> Portanto, as estruturas todas, com pontos de vista diferentes, com posicionamentos diferentes, mas conseguiram perceber que o fundamental é a luta

> conjugada. Até hoje, continuam todos. Está a CT, estão os sindicatos, todos na luta. Pela primeira vez, nem no tempo do [Sr.] Todo Bom, em 1994, que foi quando nós travámos a maior luta de sempre na PT, nem nesse tempo nós conseguimos ter as estruturas todas com o mesmo projeto. (...) É um trabalho de todos, uma responsabilização e um trabalho de todos. Deixando que cada um expressasse os seus pontos de vista, tivesse as suas opiniões, sem se forçar nada, mas todos perceberam o que estava aqui em causa. (Entrevista a dirigente do Sinttav, março de 2018).

Uma das consequências que pode ser apontada ao estilo de gestão da Altice é sem dúvida o facto de ter criado um ambiente conflitual que incentivou à união das estruturas de representação coletiva dos trabalhadores. E essa união forjou-se em torno de uma oposição clara e da contestação aberta às estratégias e medidas implementadas pela Altice. A polémica da transmissão de estabelecimento pode, por isso, ser considerada um ponto nodal desencadeador da constituição de uma frente comum em termos mais concretos. A seguinte declaração não poderia ser mais elucidativa em relação ao exposto:

> O que a Altice conseguiu foi pôr todos os sindicatos de acordo em que a empresa não pode fazer o que está a fazer. Independentemente se é da esquerda, se é da direita, ou da área que for a central sindical. Porque são duas centrais sindicais completamente distintas. Independentemente das centrais sindicais, nós entendemos que não pode acontecer. Isso está a ser replicado pelos sindicatos da Frente na PT. (Entrevista a dirigente do Sindetelco, em fevereiro de 2018).

Ainda assim, e apesar da pressão «agregadora» exercida pelo modelo de gestão da Altice, não pode deixar de ser referido que a união entre as diferentes ERCT assenta sobre um equilíbrio algo precário. Em primeiro lugar, porque a Plataforma das ERCT da PT/Altice, criada em 2016, é constituída por sindicatos e outras estruturas, como, por exemplo, a Federação dos Engenheiros (FE), cujos programas e ação são oriundos de orientações político-ideológicas diferenciadas, o que naturalmente pode causar pontos de fricção. Segundo, é possível reconhecer a existência de dinâmicas de competição intersindical, nomeadamente entre os sindicatos afetos a cada uma das duas confederações sindicais. Em terceiro lugar, a circulação de informação entre as diferentes estruturas não raras vezes carece de fluidez, provocando «ruído», colocando obstáculos ao debate e tomada de decisão. Nessa medida, o funcionamento da plataforma é rodeado de cautelas, procurando proporcionar o espaço para confluência de visões distintas e para o esbatimento de tensões. Por outro lado, e como foi referido atrás, o funcionamento da plataforma não deixa de sofrer os efeitos colaterais das dinâmicas de competição intersindical, colocando em «confronto» sindicatos de maior dimensão e representatividade e outros menos representativos. É, portanto, uma relação — ou «união» — de contornos paradoxais, baseada na identificação de um oponente comum e de objetivos relativamente consensuais. Nessa medida, não deixa de ser bastante frágil. Tendo em conta este contexto, a posição da CT não deixa de ser curiosa, colocando-se a si mesma como uma espécie de «fiel da balança», ao mesmo tempo que a sua relação com os sindicatos se pode revestir de alguma tensão.

O enquadramento (*framing*) mais geral da questão da transmissão de estabelecimento mencionado acima e a concretização da greve proporcionaram um movimento de pressão sobre o poder político para que fossem levadas a cabo alterações ao Código do Trabalho. A atuação dos sindicatos enquanto agentes desse enquadramento coloca em evidência a sua capacidade de mobilização do poder societal. É necessário referir ainda que a ação sindical relativamente a essa matéria também se desenvolveu no plano propriamente político, com o estabelecimento de múltiplos contactos com os vários grupos parlamentares:

> E por isso é que nós batemos às portas todas. Nós solicitámos não sei quantas reuniões ao Sr. Primeiro-Ministro, ao Ministro do Trabalho, aos grupos parlamentares, a tudo. Batemos sempre nessa tecla, de que era necessário alterar o código do trabalho. Fizemos propostas. A última proposta que fizemos aos grupos parlamentares fomos a este pormenor: escrevíamos as nossas propostas, mas primeiro definíamos objetivos (...) conseguimos, com esta pressão, com as reuniões que tivemos e com a explicitação da situação, conseguimos que os grupos parlamentares percebessem que era necessário alterar o CT. (Entrevista a dirigente do Sinttav, março de 2018).

A mobilização do poder societal foi também particularmente evidente na decisão das ERCT da PT/Altice de levarem a cabo pelo menos uma ação pública por mês durante o ano de 2018. O objetivo era não deixar a questão da transmissão de estabelecimento esmorecer, mantendo assim a opinião pública mobilizada, o que, em princípio, trabalharia a favor das pretensões avançadas pelos sindicatos. As tribunas públicas organizadas no Porto e em Lisboa são exemplos de ações desenvolvidas nesse âmbito. Ao serem acompanhadas pela comunicação social, conferiram grande visibilidade à questão. Essas ações também envolveram a mobilização do poder associativo, potenciando-o, pois, como reconhecem Lehndorff *et al.* (2017), o poder associativo depende em grande medida das atividades desenvolvidas no e pelo sindicato.

É certo que a mobilização do poder societal beneficiou da imagem pública negativa que recaia sobre a Altice e o seu modelo de gestão. As ERCT capitalizaram esse facto, congregando em torno da luta contra a transmissão de estabelecimento um amplo apoio social. Não será, portanto, despicienda uma certa «conjuntura favorável» composta por polémicas como a possível compra da TVI pela Altice, que acabou por não se concretizar, e que tiveram um efeito «benéfico» sobre a atenção concedida pela comunicação social à temática em questão:

> Nós estávamos a aproveitar o tempo de antena que a comunicação social nos dava para passar a nossa mensagem e a nossa preocupação com os trabalhadores da PT/Altice. E a comunicação social estava a aproveitar esta luta para denegrir a imagem da Altice para tentar pôr a opinião pública contra a compra da TVI. (Entrevista a porta-voz da CT da MEO, abril de 2018).

A degradação da imagem pública da Altice, as polémicas transmissões, a greve e os contactos com o poder político e a esfera parlamentar confluíram na aprovação na Assembleia da República, em fevereiro de 2018, da alteração ao Código do Trabalho no sentido de reforçar os direitos e garantias dos trabalhadores nas situações de transmissão de empresa, estabelecimento ou unidade económica, o que pode ser apontado como um enquadramento normativo de potencial emancipatório (Estanque e Costa, 2018). Embora sem efeitos retroativos, essa alteração legislativa consagrou o direito de oposição do trabalhador aquando da transmissão do estabelecimento, garantiu os direitos individuais e coletivos dos trabalhadores envolvidos pela transmissão e alargou «a responsabilidade solidária do transmitente durante os dois anos seguintes» (Leite, 2018: 46). Acresce ainda que além do dever de informar os trabalhadores ou os seus representantes, no caso de grandes ou médias empresas, o transmitente, fica, também, obrigado a comunicar à ACT o conteúdo do contrato em causa.

O facto de a greve ter contado com uma adesão bastante significativa — segundo um dirigente sindical do Sinttav entrevistado (em março de 2018), «ultrapassou todas as expectativas», afirmação corroborada pelos números avançados tanto pela comunicação social como pelos próprios sindicatos envolvidos — remete-nos para a identificação de uma utilização bem-sucedida de competências estratégicas como a intermediação e o *framing* (Lévesque e Murray, 2010). Tal facto permitiu a mobilização do poder societal, tanto na vertente colaborativa (estabelecimento de uma aliança com vista à convocação da greve) como na vertente discursiva (enquadramento das circunstâncias e objetivos da greve de forma a legitimá-la perante a sociedade civil e a recolher apoios).[70] Por outro lado, a greve também levou a um recuo da empresa em relação a futuras transmissões e a uma alteração legislativa com a promulgação, a 19 de março de 2018, da Lei n.º 14/2018, que veio alterar o regime jurídico aplicável à transmissão de empresa ou estabelecimento e reforçar os direitos dos trabalhadores.

5.5. As preocupações internacionais num contexto nacional «em ebulição»

O contexto de austeridade e o processo de venda da PT à multinacional Altice colocaram, sem dúvida, a tónica sobre preocupações de carácter

[70] Recorde-se a importância e visibilidade que, em setembro de 2017, o *Manifesto pela dignidade laboral* (https://manifestoalticeblog.wordpress.com) adquiriu. Nele se denunciavam situações como: "assédio moral, a violação do dever de ocupação efetiva (com dezenas de trabalhadores sem funções atribuídas), a ausência da consulta obrigatória determinada pela lei e o não pagamento de retribuições e contribuições para a segurança social".

nacional no que concerne à ação sindical. No entanto, isso não significa que os sindicatos abrangidos por este estudo não tenham atividade no plano internacional. Todos são filiados numa organização sindical internacional: a UNI — Global Union (antiga United Network International). As vantagens da filiação prendem-se com a partilha de conhecimento e com o estabelecimento de contactos, de um modo geral, fatores que proporcionam uma integração em rede — a *network embeddedness* ou solidariedade externa (Lévesque e Murray, 2010) — que está diretamente relacionada com o desenvolvimento do poder societal. O estabelecimento de redes e o conhecimento de outras realidades é, portanto, um aspeto muito valorizado:

> Para nós, dá-nos a escala que nós não temos internamente, dá-nos também conhecimento da vida e da vivência dos problemas. Por exemplo, agora nesta fase da Altice é extremamente importante. Nós, através da UNI, ainda há pouco tempo tivemos aqui um encontro em Lisboa com vários sindicatos, sindicatos de França, neste caso até as próprias centrais sindicais, sindicatos da América, sindicatos da República Dominicana, de Israel, onde a Altice está, conseguimos com isso ter a ideia de como é que a Altice atua. Curiosamente é da mesma maneira. É exatamente da mesma maneira. Desrespeito pelos sindicatos. (Entrevista a dirigente do STPT, fevereiro de 2018).

As vantagens da filiação internacional também são visíveis ao nível da resolução de conflitos em relação a aspetos contratuais. As organizações internacionais, pelo seu peso institucional, ainda que este possa ser meramente simbólico, parecem ter maior capacidade de pressão que os sindicatos nacionais, ou confederações sindicais, em alguns casos:

> Temos resolvido muitas vezes... Por exemplo, em 2006 nós tínhamos aí um conflito muito grande com a empresa. Nós, Sinttav, fomos o único sindicato que não assinou o contrato. Porque nós não estávamos de acordo com aquelas carreiras, nem com a avaliação de desempenho, e não assinámos o acordo. O que é que a empresa [a PT] fez? Ofereceu 300 euros a cada filiado nosso para assinar o acordo desvinculando-se do sindicato. E alguns foram atrás do dinheiro. Nós tínhamos uma conferência da UNI Europa em Atenas e eu levei uma moção, apresentei-a à conferência. A conferência aprovou a moção,

> mandou-a para cá e eles tiveram de recuar. (Entrevista a dirigente do Sinttav, março de 2018).

A entrada em cena da Altice enfatizou a relevância de uma aposta maior no plano internacional. Tratando-se de uma multinacional, a solidariedade internacional pode reforçar o impacto de campanhas dirigidas à empresa. Têm vindo a ser identificados uma série de problemas comuns aos vários países onde a empresa tem atividade, nomeadamente as práticas de *dumping* social e antissindicais, razão pela qual a organização de campanhas internacionais adquire importância. Mas ainda que assim seja, a aposta na dimensão internacional parece estar de alguma forma subordinada às preocupações nacionais. Pelo menos no período mais recente, são principalmente as dificuldades geradas pela gestão Altice e o confronto direto com a administração que têm motivado o diálogo no seio das estruturas internacionais. Não fica por isso claro se a aposta na dimensão internacional decorre de uma efetiva valorização da solidariedade internacional e de organizações como a UNI, ou se esse interesse tem subjacente objetivos mais pragmáticos, portanto, se é gerado por uma necessidade pontual — por exemplo, para responder às práticas de *dumping* social da Altice:

> [Existem vantagens na filiação na UNI?] Sim, em princípio sim. As iniciativas que a UNI tem tomado de contestação, de comunicação, de intervenção junto da Altice, mesmo a nível de... A UNI tem outro tipo de contactos com sindicatos dos patrões, portanto, e até a esse nível. Portanto, em nome de todas as organizações está-se a tentar ver se se consegue criar um comité internacional que reúna todos os sindicatos ligados, pelo menos, à Altice, se não às próprias telecomunicações. Isso foi decidido na última reunião que tivemos aqui. Só que também não é fácil. Aquilo, quanto maiores são as coisas mais difícil é organizá-las... (Entrevista a dirigente do STPT, fevereiro de 2018).

Uma outra estrutura laboral transnacional que se reveste de grande importância são os Conselhos de Empresa Europeus (CEE). Como referido anteriormente (capítulo 2), trata-se de uma estrutura de informação e consulta de trabalhadores nas empresas de dimensão comunitária (empresas com pelo menos mil trabalhadores no Espaço Económico Europeu e com pelo menos 150 trabalhadores em dois Estados desse espaço). Tendo em conta a dimensão multinacional das principais operadoras de telecomunicações em território nacional, bem como o cada vez mais frequente recurso ao *outsourcing* de áreas de atividade através da utilização de empresas de trabalho temporário, também elas multinacionais, no campo das telecomunicações, os CEE emergem como ferramentas importantes no plano negocial e da resolução de conflitos. No entanto, a importância que lhes é reconhecida fica aquém do seu potencial «no papel»:

> Quer dizer, tem alguma importância, enfim... Antes de mais, nós só damos importância aos Conselhos Europeus de Empresa se forem compostos por pessoas dos sindicatos. Caso contrário ainda é pior a emenda que o soneto. Por exemplo, as pessoas que estão daqui de Portugal no comité europeu de empresa da Vodafone: nem os trabalhadores sabem quem é que lá está porque a pessoa foi indicada pela empresa, de maneira que tem receio; nem os trabalhadores sabem, nem a pessoa traz informação nenhuma. E os da Manpower a mesma coisa. Agora, aquilo funcionando, a empresa é obrigada a reunir duas vezes por ano; tem que prestar informação — embora depois tenha de haver sigilo, mas tem de dar informação; se há uma reestruturação tem de informar o Comité Europeu de Empresa. Aquilo tem dois órgãos: é o grupo especial de negociação e é o Comité Europeu de Empresa. E as empresas são obrigadas a prestar informação regular a esses dois órgãos. De maneira que pelo menos as coisas sabem-se, pode não se saber tudo, podem sonegar alguma informação, mas tem alguma importância (...) se [os representantes] não for gente ligada aos sindicatos, não somos apologistas. (Entrevista a dirigente do Sinttav, fevereiro de 2018).

Recorde-se que são de vária ordem os problemas detetados em relação ao funcionamento dos CEE. Existem dúvidas, por exemplo, em relação à forma como são escolhidos os representantes. O facto de as empresas poderem indicar o representante levanta questões em relação ao seu possível alinhamento com as orientações patronais. Por outro lado, os CEE parecem ser importantes apenas se os representantes estiverem ligados às estruturas sindicais, o que remete para uma atitude de afirmação e de defesa de um espaço de ação exclusivo. Por último, a própria transmissão de informação, que é um dos elementos centrais ao funcionamento dos CEE, nem sempre parece ser eficaz por não ser veiculada em tempo útil.

Além de o alcance da ação dos CEE ser perspetivado de uma forma limitada, os sindicatos podem enfrentar vários obstáculos quando tentam efetivar a sua participação que resultam dos fatores já mencionados. Na área das telecomunicações, as multinacionais recorrem frequentemente a estratégias que colocam entraves ao seu envolvimento ou que as levam a colocarem-se à margem:

> Não [participamos em nenhum CEE]. Temos aí um conflito com a Manpower. A lei determina que numa empresa, por exemplo, em Portugal, se os sindicatos não chegarem a acordo para o seu representante, há eleições. O que é que a Manpower faz como as outras, como a Vodafone e outras, indicam eles a pessoa. E este ano indicaram uma pessoa. E nós fizemos um protesto para a Manpower em Inglaterra e eles deram-nos uma resposta. Já vamos para aí em quatro cartas com eles. Que o processo tinha sido legal, que tinham indicado um indivíduo do Sindetelco porque era o mais representativo, que tinha havido eleições. [E é o mais representativo?] Sim. Mas agora não tem lá ninguém. Ainda tiveram lá sócios. Neste momento não têm quase ninguém. (Entrevista a dirigente do Sinttav, março de 2018).

5.6. Em forma de fecho

Em síntese, o estudo de caso da PT/Altice que abordámos neste capítulo pôs ao rubro as consequências decorrentes do processo de privatização iniciado em 1995. Designadamente, no que concerne às tendências de redução do número de efetivos da empresa e da precarização generalizada das relações laborais (de que o processo de transmissão de estabelecimento foi apenas um dos mais eloquentes). Daí ter-se analisado o impacto do ponto de vista da representatividade sindical, das qualificações e perfil sociográfico da força de trabalho, bem como dos desafios da inovação para a ação sindical. Também a esfera da negociação, por um lado, e a do conflito, por outro, foram trabalhadas no sentido de ilustrar como os primeiros processos têm sido construídos com base em inúmeras dificuldades colocadas pelas administrações e os segundos dão azo à construção (nem sempre fácil, em face dos distintos posicionamentos político-ideológicos) de estratégias conflituais de atuação sindical conjunta. Num contexto em que as preocupações laborais devem ser progressivamente desenhadas num quadro internacional, o foco continua a ser a realidade nacional, na qual, por sinal, se vislumbram alguns sinais de recuperação do «poder associativo» (ou organizacional) dos sindicatos.

Na linha dos estudos de caso anteriores, atente-se no quadro-síntese dos recursos de poder, seus cruzamentos com os critérios analíticos e as características mais salientes destes no contexto da PT/Altice.

Quadro 6 — Recursos de poder, critérios analíticos e suas características mais salientes no contexto do estudo de caso da PT/Altice

	Critérios Analíticos					
Recursos de Poder	Representatividade	Qualificação	Conflito/Negociação	Nacional/Internacional	Público/Privado	Inovação
Poder Estrutural		X	X			
Poder Associativo	X				X	X
Poder Institucional			X		X	
Poder Societal			X	X		
	Características mais salientes					
	Representatividade	Qualificação	Conflito/Negociação	Nacional/Internacional	Público/Privado	Inovação
PT/Altice	▪ Quebra do n.º de trabalhadores; ▪ Inflexão da tendência de redução da taxa de sindicalização; ▪ Foco nos *call centres;* ▪ Filiação de trabalhadores precários (falsos trabalhadores independentes e trabalhadores temporários — ETT); ▪ Alargamento do âmbito de atividade (SINDETELCO).	▪ Quadros qualificados, intermédios e com qualificações mais baixas; ▪ Aposta nas oportunidades formativas de associados e dirigentes.	▪ Dificuldades na negociação de AE; ▪ Conflito da transferência de estabelecimento; ▪ Greve de 21.07.2017 na PT/Meo; ▪ Tribunas públicas (Porto e Lisboa); ▪ Vigília de 22.01.2018 na PT; ▪ Obstáculos à revisão salarial.	▪ Nacional (temas): precariedade; estabilidade do emprego; aumentos salariais; condições de trabalho; caducidade dos acordos coletivos; ▪ Internacional (temas): ações de solidariedade com os trabalhadores do grupo Altice em outros países; participação na UNI e nos Comités de Diálogo Social (telecomunicações e trabalho temporário).	▪ Cortes da despesa; ▪ Redução do valor do fator trabalho; ▪ Práticas de assédio; ▪ Pressões para rescisão.	▪ Aposta nas TIC e novas plataformas de comunicação para recuperar sócios; ▪ Prioridade à captação de jovens; ▪ Relações com outros atores da sociedade civil tidas como importantes, mas não prioritárias; ▪ Reforço da presença nos locais de trabalho; ▪ Renovação de lideranças/dirigentes (ex.: limitação de mandatos); ▪ Articulação entre atores sindicais: ações conjuntas das ERCT da PT/Altice.

CONCLUSÃO

Os anos de austeridade colocaram o sindicalismo numa posição particularmente difícil, o que só por si permitiria situar a questão do poder sindical como algo mais imaginado do que real. Mas a investigação subjacente a este trabalho permitiu concluir que a evolução recente dos recursos de poder *aconteceu*, ainda que de forma assimétrica, tanto no que se refere à relação dos vários tipos de poder entre si, como na forma como evoluíram consoante o sector de atividade. Ou seja, foi possível registar um comportamento não só dinâmico como complexo dos recursos de poder. O modo como procurámos analisar tais recursos baseou-se na observação do «comportamento» de seis critérios analíticos contemplados nos três casos de estudo relativos a três sectores de atividade.

Quanto ao critério «representatividade», constatou-se que a evolução da sua expressão quantitativa não corresponde *tout court* à perceção generalizada da tendência de perda de membros, nem à incapacidade de captação de novos membros. E mesmo que o período de austeridade se tenha traduzido numa quebra da sindicalização, a forma como isso se refletiu em cada um dos três sectores foi distinta e mediada por circunstâncias específicas, podendo inclusive variar quando o foco da análise é fixado ao nível das empresas tomadas como estudos de caso.

Começando pelo sector metalúrgico, o panorama geral aponta para uma quebra da sindicalização durante o período da intervenção da *troïka*, muito embora a mesma tenha sido de alguma forma mitigada por fatores que decorrem das características do próprio sector, nomeadamente a prevalência, em termos históricos, de uma filiação sintonizada com uma postura «militante».

A quebra verificada terá sido motivada por fatores de ordem económica — diminuição acentuada ou estagnação das remunerações, depreendendo-se que o pagamento da cota sindical teria um peso extraordinário sobre os rendimentos disponíveis —, assim como pela assunção de uma postura mais defensiva e reativa por parte dos sindicatos do sector, frustrando as expectativas dos filiados. Mais recentemente, assistiu-se a uma tendência de recuperação, ainda que moderada, de um sindicato específico: o Site-Sul.

As duas ordens de fatores invocadas para ajudar a explicar a quebra de sindicalização motivaram (ainda num período anterior à fase mais crítica da austeridade) a implementação de processos de reorganização, por exemplo, no seio das estruturas afetas à CGTP. Em termos gerais, tais processos — ocorridos sob a forma de fusão — tiveram efeitos positivos no que respeita a perda de filiados, exercendo um efeito de contenção e permitindo potenciar os meios humanos e financeiros existentes. De igual modo, possibilitaram uma partilha de experiências entre vários subsectores do sector metalúrgico, o que se revelou enriquecedor em termos da capacidade de atuação dos dirigentes, que passaram a ser «transversais» a várias empresas de diferentes âmbitos, desenhando-se, assim, redes de interligação. Em alguns casos, medidas deste tipo terão provocado um crescimento exponencial em termos de filiação, além de terem permitido aumentar a influência dos sindicatos. Outros efeitos apontados são os incentivos à participação dos trabalhadores e à promoção da solidariedade. O estabelecimento das redes de articulação em empresas de âmbito nacional é um meio de mitigar as insuficiências das estruturas, principalmente no que concerne a meios humanos disponíveis. Mas ainda que tenham sido feitos progressos, a inovação introduzida afigurou-se insuficiente.

A representatividade em matéria de género tende a constituir um problema no sector metalúrgico. Tratando-se de um sector onde prevalece uma força de trabalho do sexo masculino, o padrão de sindicalização acaba por refletir esse facto, verificando-se a mesma tendência no que concerne aos delegados sindicais. Têm vindo a ser desenvolvidos esforços no sentido de contrariar essa tendência, como por exemplo a criação de um grupo de trabalho para a igualdade de género. Porém, ainda que o número de mulheres a exercer funções de delegado sindical tenda a crescer, este fica ainda muito aquém do número global de associadas. A ocupação de cargos de direção é ainda mais reduzida. A sobrerrepresentação do sexo masculino é, portanto, uma limitação que tem sido difícil de ultrapassar, até por questões culturais e outras que se prendem com a vida familiar. Em termos etários, continua a predominar uma faixa «madura», próxima dos 50 anos. Essa média de idades repercute-se nas estruturas sindicais que compõem a Fiequimetal, corroborando as perceções que apontam para um sindicalismo «envelhecido».

Nos outros dois sectores, das telecomunicações e dos transportes, a tendência de quebra de sindicalização seguida de uma inflexão também se observou, ainda que com várias *nuances*. Por exemplo, no caso específico de um sindicato do sector das telecomunicações, o Sinttav, verificaram-se perdas em termos de filiação sensivelmente até 2007. Tais perdas foram maioritariamente atribuídas aos efeitos decorrentes de processos de flexibilização do emprego. No entanto, a concretização da venda da PT à Altice em 2015 veio potenciar a captação de novos sócios e, assim, contribuir para uma inflexão na tendência de declínio da sindicalização. Por outro lado, a expansão das empresas de trabalho temporário, em especial ao nível dos *call centers*, fez com que as mesmas se tivessem constituído como espaços de intervenção prioritária para alguns dos sindicatos estudados.

No sector dos transportes — que teve a TAP como empresa de referência — a investigação permitiu observar um crescimento do número de filiados. No caso específico de um dos sindicatos abrangidos pelo nosso estudo, o SNPVAC, o aumento do número de sócios registado acabaria por ser impulsionado pelo processo de privatização da TAP e pelas novas condições oferecidas aos trabalhadores. No que concerne especificamente aos tripulantes de cabine, a representatividade em matéria de género e o perfil etário dos associados revelaram-se equilibrados. Mas convirá recordar que este sindicato representa um grupo muito específico cujas características profissionais restringem o acesso à profissão a camadas mais jovens e onde a questão do género também se esbate.

Entretanto, note-se que o critério da representatividade (designadamente na sua vertente quantitativa) não deixa de articular-se de perto com outros dois critérios. Por um lado, com o critério «público/privado», uma vez que ficou bem patente, nos casos da PT/Altice e da TAP, a influência exercida pelos processos de privatização e pela degradação das condições de trabalho e flexibilização contratual que lhes está associada. Em ambos os casos, foi possível assinalar a existência de uma tendência de recuperação. Por outro lado, com o critério «inovação», em particular no que concerne aos métodos de captação de novos membros, reorganização sindical e comunicação com os associados e com o exterior. Vejamos o que foi apurado em relação aos três sectores.

A captação de novos membros, nomeadamente entre as franjas mais precarizadas e por isso mais afastadas dos sindicatos, nem sempre foi alvo de estratégias específicas. Por exemplo, no caso do sector metalúrgico, não foram mencionadas novas estratégias voltadas para essa população-alvo. A fórmula «tradicional» — presença no local de trabalho e contacto direto com os trabalhadores — parece constituir-se como a solução padrão a seguir.

A inovação no sentido da integração de novas tecnologias na atividade dos sindicatos, tanto em termos da comunicação interna como com o exterior, não é uma questão consensual, sendo de referir a existência de perspetivas bastante diferenciadas. No caso do sector metalúrgico, as novas tecnologias e plataformas de comunicação, como, por exemplo, o Facebook, *site* e as *mailing lists*, apresentam um estatuto «ambíguo», pois quer na forma de comunicação em geral e contacto com os associados, quer enquanto ferramenta importante para a captação de novos sócios, persistem algumas reservas. Em geral, as vantagens identificadas estão relacionadas com a disseminação dos objetivos e atividades sindicais. No caso do sector das telecomunicações, a inovação através da introdução das novas tecnologias no quotidiano da vida sindical parece estar a ganhar ímpeto, apesar de ser claro que estas não podem substituir em absoluto os métodos mais tradicionais, como por exemplo a distribuição de comunicados em mão.

As novas tecnologias começam também a ocupar um lugar nos métodos de captação de novos membros no caso dos sindicatos abrangidos pelo estudo de caso da PT/Altice, ainda que de forma muito residual. Por exemplo, ainda que a ficha de inscrição seja disponibilizada online, foram poucas as sindicalizações por essa via. A importância do contacto pessoal, direto, é assim enfatizada de forma clara, continuando a ser considerado o meio mais eficaz no que diz respeito à filiação e à manutenção de associados. Por outro lado, a escassez de meios humanos para levar a cabo a gestão de conteúdos em plataformas como o Facebook é apontada como um problema, levando a que esta rede social não seja assim tão utilizada, além de suscitar reservas ao nível da transparência das participações e da veracidade dos conteúdos por vezes avançados pelos utilizadores. Já a utilização do *site* para a divulgação de informação através de comunicados e resoluções parece ser mais consensual.

O panorama revelou-se totalmente diferente no sector dos transportes. Para o sindicato que representa os tripulantes de cabine (o SNPVAC), a utilização das redes sociais no quotidiano da vida interna do sindicato — ou seja, na sua relação com os membros — é de extrema importância, principalmente tendo em conta a natureza das funções exercidas, que implicam horários de trabalho disruptivos e uma mobilidade geográfica intensa. A utilização destas plataformas garante uma resposta atempada a dúvidas e problemas que possam afetar o desempenho dos tripulantes de cabine.

Curiosamente, e apesar de ser clara a aposta nas novas tecnologias e na inovação, no caso deste sindicato em particular, não lhes é atribuído um papel relevante no que diz respeito à captação de novos sócios. Esta é feita «internamente», através do contacto direto entre colegas de profissão no seu dia a dia. Acresce ainda que, no caso de sindicatos particularmente «fortes», como é o caso do SNPVAC, que conta com um poder negocial considerável, além de fornecerem um conjunto de serviços bastante apelativos (como um plano de saúde ou um seguro), os trabalhadores recém-chegados são, logo à partida, informados das vantagens de que dispõem pelo facto de estarem sindicalizados.

A inovação ocorre também no plano das estratégias utilizadas e do estabelecimento de alianças com outros atores da sociedade civil. As alianças encerram um enorme potencial de legitimação das campanhas sindicais e de enquadramento da mensagem que se pretende passar para «fora». Um exemplo importante dessa inovação com base na conceção de campanhas que envolvem diretamente a sociedade civil e que amplificam o «poder societal» dos sindicatos foi levado a cabo pelo SNPVAC em relação ao processo de privatização da TAP (portanto, além do critério «inovação», neste exemplo está também em jogo o critério «público/privado»). Tratou-se da campanha «Não TAP os olhos» contra a privatização da companhia. Do ponto de vista sindical, o «Não TAP os olhos» — «o braço armado da luta contra a privatização» — foi uma inovação porque se tratou de uma estratégia que foi para lá do *modus operandi* tradicional, captando a atenção da opinião pública, além de ter pressionado os atores políticos a assumirem uma posição clara — contra ou a favor da privatização —, colocando na ordem do dia a discussão sobre o estatuto da TAP como empresa de interesse público e alertando para as consequências nefastas da privatização. Ainda que tenha sido dinamizada por ativistas sindicais, a mensagem veiculada pela campanha terá sido mais claramente entendida pelo cidadão comum por ter sido uma figura pública (o cineasta António Pedro Vasconcelos), e não um sindicalista, a assumir o papel de porta-voz da causa. A criação de movimentos como aquele, apoiados em alianças com protagonistas/grupos da sociedade civil pode, pois, legitimamente ser vista como uma forma de maximizar a transmissão da mensagem sindical e de despertar consciências.

Outro exemplo de inovação foi protagonizado pelas estruturas de representação coletiva dos trabalhadores da PT/Altice, que se aliaram no âmbito da convocação da greve de 21 de julho de 2017. Tratou-se, sem dúvida, de um desafio amplo atendendo à especificidade dos seus pontos de vista em matéria de objetivos e estratégias. Daí ser importante sublinhar a capacidade para enquadrar os diferentes pontos de vista em torno de um problema comum às várias estruturas. Retomando a sistematização sobre os recursos de poder sindical, foi possível identificar uma utilização bem-sucedida de competências estratégicas como a intermediação e o *framing* (Lévesque e Murray, 2010), permitindo a mobilização do «poder societal», tanto na vertente colaborativa (estabelecimento de uma aliança com vista à convocação da greve), como na vertente discursiva (enquadramento das circunstâncias e objetivos da greve de forma a legitimá-la perante a sociedade civil e a recolher apoios).

A mobilização do «poder societal» foi igualmente evidente na decisão das estruturas de representação coletiva dos trabalhadores da PT/Altice de levarem a cabo pelo menos uma ação pública por mês durante o ano de 2018. O objetivo era não deixar a questão da transmissão de estabelecimento esmorecer, mantendo assim a opinião pública mobilizada, o que, em princípio, trabalharia a favor das pretensões avançadas pelos sindicatos. As tribunas públicas organizadas no Porto e em Lisboa são exemplos de ações desenvolvidas nesse âmbito. Ao receberem a atenção da comunicação social, conferiram grande visibilidade à questão. Além de assinalarem as datas de transmissão de estabelecimento de trabalhadores da PT/Altice, carregando, por isso, um enorme simbolismo, essas ações também envolveram a mobilização do «poder associativo». Como reconhecem Lehndorff *et al.* (2017), tal forma de poder depende em grande medida das atividades desenvolvidas no e pelo sindicato.

A análise centrada no critério «conflito/negociação» revelou resultados interessantes para os três sectores. Foi notória uma aposta dos sindicatos numa estratégia de pendor conflitual em detrimento de uma outra mais centrada na negociação, principalmente no que diz respeito aos sindicatos afetos à CGTP. A preponderância do conflito foi potenciada pelos constrangimentos impostos pela aplicação das medidas de austeridade, que levaram, entre outras coisas, à introdução de alterações profundas no Código do Trabalho, cerceando a capacidade de atuação dos sindicatos. Tanto no sector das telecomunicações como no dos transportes, a opção pela greve como estratégia para obter concessões ou travar processos altamente nocivos para os trabalhadores é ilustrativa da preponderância da vertente conflitual. No caso das telecomunicações, referimo-nos concretamente à greve de 21 de julho de 2017 levada a cabo pelos trabalhadores da PT, na sequência das polémicas transmissões de estabelecimento. Tal conflito levou a um recuo da empresa em relação a futuras transmissões e a uma alteração legislativa com vista ao reforço dos direitos dos trabalhadores. Na verdade, as tensões no seio da empresa tenderam a crescer desde a compra da PT pela Altice em 2015, pois as alterações complexas no seio da empresa acabariam por contribuir para um exacerbamento do conflito.

O estudo de caso centrado na TAP foi também emblemático a esse respeito. A eleição da greve como forma de luta pelos sindicatos veio responder à indisponibilidade da administração da TAP para negociar. No início de 2018, os processos de negociação estavam bloqueados e as organizações sindicais denunciavam o facto de a empresa não estar a respeitar os compromissos assumidos anteriormente, além de ter denunciado o AE. A negociação só se vislumbrava possível mediante o recuo sindical em relação a questões que considerava de suma importância. E uma vez mais a questão da privatização aparecia intimamente relacionada com a preponderância de uma dimensão conflitual.

O sector metalúrgico — analisado através do estudo de caso da Autoeuropa — foi também revelador da expressão da dimensão conflitual (ainda que essa nem seja a norma numa empresa habituada à paz social). Se é certo que durante os anos de austeridade, ou nos que a antecederam, a empresa foi posta à prova a vários níveis (por exemplo, a crise no sector automóvel no início da década de 2000 exigiu que fossem colocadas em prática soluções como o acordo dos *down-days* ou o envio de trabalhadores para outras fábricas europeias), procurando gerir as crises em clima de diálogo, em 2017 a simples produção de um novo veículo, associada a um processo de substituição de um líder histórico da comissão de trabalhadores, ditou um processo de conflitualidade pouco comum na cultura da empresa. Na origem do diferendo esteve o posicionamento distinto quanto à introdução do novo horário de trabalho, que previa a obrigatoriedade do trabalho ao sábado e um terceiro turno, de forma a cumprir as metas de produção. O conflito envolveu três partes — administração, sindicatos e comissão de trabalhadores (o interlocutor preferencial da administração) —, com a particularidade de colocar em confronto direto sindicatos e comissão de trabalhadores. Do ponto de vista dos primeiros, o conflito terá tido até algumas vantagens, designadamente de mostrar aos trabalhadores que os sindicatos também eram capazes de assumir um papel importante no contexto da empresa. Além disso, no que concerne a um sindicato específico, o Site-Sul, os sindicatos passaram a ser convidados a reunir com a administração.

Por outro lado, o Site-Sul (afeto à CGTP) terá desempenhado um papel determinante na convocação da primeira greve na Autoeuropa desde que a fábrica começou a laborar em 1995, dado que, em termos legais, as condições exigidas às comissões de trabalhadores para convocarem greves são muito mais restritivas que no caso dos sindicatos. Além disso, a comissão de trabalhadores tinha-se demitido, o que era mais um obstáculo. A greve de 30 de agosto de 2017 teve repercussões na esfera pública e mediática, lançando o espectro da deslocalização, da qual os sindicatos seriam culpados ao terem partido para a greve. A realidade é que, em termos práticos, e apesar de ter colocado o conflito relativo aos horários de trabalho sob enorme escrutínio, a greve «apenas» levou a administração a relançar as negociações e a receber os sindicatos. As reivindicações em jogo não foram de facto atendidas. Cabe ressaltar que, no caso específico da Autoeuropa, a forma como as negociações se desenrolam foge bastante ao padrão, sendo a comissão de trabalhadores o principal interlocutor. Acresce ainda que este conflito constituiu um exemplo revelador de uma mobilização do poder societal mal sucedida.

O mal-estar no interior da fábrica, a disputa entre comissão de trabalhadores e o sindicato Site-Sul, e o braço de ferro com a administração, tiveram uma enorme projeção mediática, com vários debates televisivos, fomentando uma acesa discussão no espaço público. A opinião pública dividiu-se em relação à legitimidade das posições dos trabalhadores, bem como da comissão de trabalhadores, por um lado, e do Site-Sul, por outro. Não raras vezes, os trabalhadores da Autoeuropa foram caracterizados como «privilegiados» num contexto em que a grande maioria ainda sofria os efeitos decorrentes da crise. Fica bem patente que o Site-Sul em particular teve uma enorme dificuldade em mobilizar o seu poder societal na vertente discursiva. Demonstrou incapacidade em fornecer um padrão de interpretação da crise na Autoeuropa e, assim, de influenciar a opinião pública a seu favor, por forma a legitimar as reivindicações colocadas.

O critério analítico «nacional/transnacional» permitiu-nos retirar ilações quanto ao equilíbrio entre apostas internas e externas dos sindicatos. Desde logo, um traço comum a todos os sindicatos reside na consideração da esfera nacional como prioritária. Principalmente na esteira das medidas de austeridade e das suas consequências, as preocupações fundamentais são todas elas de cariz nacional e giram em torno de questões como os salários (reivindicação de aumentos salariais mais concretamente), precariedade, negociação coletiva (particularmente, preocupações com a erosão do direito à negociação coletiva, com a sua descentralização e consequente risco de desmantelamento, e com a caducidade das convenções coletivas de trabalho). Em boa verdade, estas não são questões estritamente portuguesas — em vários países, os sindicatos confrontam-se com problemas similares —, mas jogam-se no plano dos enquadramentos legais nacionais, daí serem aqui identificadas com a vertente nacional. Não obstante esse facto, a dimensão internacional não deixa de estar presente e de ser vista como importante, muito embora seja secundarizada. Todos os sindicatos abrangidos por este estudo são filiados numa organização sindical internacional e todos alegaram retirar vantagens dessa filiação, com destaque para as decorrentes do contacto em rede. No caso específico das estruturas sindicais do sector metalúrgico, esse aspeto é enfatizado mais do que a ação sindical internacional propriamente dita. Esta ação — sobretudo a conduzida por federações sindicais internacionais — tende a assumir contornos muitas vezes cautelosos, sobretudo quando se trata de agir no contexto das empresas multinacionais.

De forma similar, os sindicatos do sector das telecomunicações contactados encontram-se filiados internacionalmente na UNI. Esta estrutura é considerada relevante na resolução de conflitos que têm o seu foco nas empresas multinacionais. Tem facilitado a construção de ações de âmbito transnacional, como por exemplo as levadas a cabo contra a Altice. Curiosamente, não existem indícios da intervenção da UNI em questões como a transmissão de estabelecimento no plano da Altice Portugal. Em relação a esse aspeto, a estratégia seguida colocou-se estritamente na esfera nacional e, como vimos, num plano conflitual que se alicerçou numa estratégia de mobilização e de recurso à greve.

Os sindicatos do sector dos transportes exibem um padrão bastante diferente num dos casos. O sindicato que representa os tripulantes de cabine assume como uma das suas bandeiras, a par das preocupações decorrentes do processo mais recente de venda da TAP, a ação que tem como foco a transportadora aérea *low cost* Ryanair. Essa ação desenrola-se no plano internacional e é estruturada a partir das ligações com sindicatos de outros países europeus. No entanto, muito embora os sindicatos envolvidos façam parte, na sua maioria, da mesma organização internacional de tripulantes de cabine (a EurECCA), a ação contra a Ryanair não foi articulada através desta. Tomados em conjunto, quanto a este critério analítico, os nossos estudos de caso sugerem que a grande vantagem retirada da filiação internacional é o contacto em rede e que as questões nacionais continuam a ter prioridade no estabelecimento das agendas sindicais.

O contexto da austeridade funcionou como um estímulo, assistindo-se ao robustecimento de determinadas formas de poder, enquanto outras foram relegadas para uma posição que lhes confere uma influência mais marginal. Por um lado, duas formas de poder — o «poder estrutural» e o «poder institucional» — evidenciaram sinais de maior fraqueza de forma generalizada. As medidas impulsionadas pela aplicação do *Memorando* da *troïka* trouxeram a austeridade e com ela as restrições orçamentais, o aumento do desemprego e as alterações ao Código do Trabalho no sentido de uma maior flexibilização indutora de precariedade, o que teve impactos negativos sobre essas duas formas de poder. Por outro, não deixa de ser verdade que o desemprego evidenciou claros sinais de recuo (sobretudo no ciclo político de 2015–2019), o que contribuiu para uma recuperação (mesmo que tímida e não necessariamente direta) do «poder estrutural» dos sindicatos.

Quanto ao «poder institucional», poucas mudanças se têm verificado, uma vez que as alterações de 2012 ao Código do Trabalho ainda não foram totalmente revertidas, nomeadamente no que à caducidade da contratação coletiva diz respeito. Situações como esta continuam a exercer um efeito pernicioso sobre o poder sindical. Neste ponto, os critérios «conflito/negociação» e «público/privado» proporcionaram informações valiosas ao enfatizarem as dificuldades colocadas aos sindicatos dos diferentes sectores. Em particular, é importante sublinhar nos três sectores o recurso generalizado a estratégias de conflito, nomeadamente à greve, em detrimento do enfoque na negociação. Aliás, esse facto não deixa de estar relacionado com a perda de poder estrutural assinalada, pois esta enfraquece a posição negocial dos sindicatos. Ou seja, como referimos no início, se as assimetrias de poder na estrutura da sociedade capitalista são vincadas e as instâncias de diálogo ficam bloqueadas, o conflito (greve) é o último recurso a que os sindicatos (de qualquer filiação) podem recorrer.

O enfraquecimento dos poderes estrutural e institucional dos sindicatos foi compensado nos planos «associativo» e «societal». Essas duas formas de poder evidenciaram sinais de revigoramento. Contrariamente ao veiculado pelo senso comum, os sindicatos vêm evidenciando alguma recuperação em termos de filiação (sobretudo entre o segmento mais precário dos trabalhadores, que, entretanto, conquistou vínculos mais estáveis). Principalmente entre os sindicatos dos sectores das telecomunicações e dos transportes, esse aumento está muito relacionado com os processos de privatização das empresas que compõem os nossos estudos de caso. As novas estratégias empresariais nos casos da PT/Altice e da TAP impuseram condições extremamente difíceis aos trabalhadores, levando-os a procurar os sindicatos. No caso da Autoeuropa (sector metalúrgico), o conflito em torno dos horários e da laboração contínua também terá estimulado um aumento da filiação. Portanto, é possível avançar com a existência de uma relação entre as consequências dos processos de privatização e alguma recuperação do «poder organizacional» (ou associativo), ou seja, uma ligação dinâmica entre os critérios «público/privado» e de «representatividade» e o «poder organizacional».

Ainda que possa parecer contraditório, o «poder societal» terá sido o recurso de poder dos sindicatos que ganhou maior fôlego com a austeridade e no período subsequente, sobretudo na sua vertente discursiva, o que se refletiu na capacidade de os sindicatos comunicarem. Não obstante o clima de crise económica e de contenção orçamental, foi possível aos sindicatos, ainda que, por vezes, com alguma dificuldade, avançarem com as suas reivindicações e tornarem-nas legítimas aos olhos da opinião pública, reunindo dessa forma o apoio da sociedade.

Tanto no caso da PT/Altice como no da TAP, os sindicatos conseguiram enquadrar de forma bastante eficaz as suas reivindicações e mensagens. O caso da transmissão de estabelecimento na PT/Altice, por exemplo, congregou um amplo apoio societal e teve um impacto bastante negativo sobre a imagem pública da empresa, favorecendo indesmentivelmente as reivindicações sindicais. O mesmo é válido para o sector dos transportes. Como antes se sugeriu, a campanha «Não TAP os olhos» deu testemunho cabal da mobilização do poder societal dos sindicatos, tanto no plano da cooperação como no plano discursivo. Porém, no cômputo geral, pode ser dito que a vertente discursiva do poder societal foi a que conheceu mais desenvolvimentos. Ainda assim, as alianças com movimentos sociais ou com outros atores sociolaborais, que corresponderiam a avanços na vertente colaborativa deste recurso de poder, não se têm materializado, ficando circunscritas ao domínio da retórica sindical.

REFERÊNCIAS BIBLIOGRÁFICAS

Adler, Glenn; Webster, Eddie (1999), «The Labour Movement, Radical Reform and the Transition to Democracy in South Africa», *in* Ronaldo Munck, Peter Waterman (orgs.), *Labour Worldwide in the Era of Globalization. Alternative Union Models in the New World Order*. Londres: Palgrave Macmillan, 133–157.

Agostini, Chiara; Natali, David (2013), «The European governance of education: progresses and challenges», *ETUI Policy Brief n.º 2*, disponível em https://www.etui.org/Publications2/Policy-Briefs/European-Economic Employment-and-Social-Policy/The-European-governance-of-education progresses-and-challenges, acedido em 14.11.2018.

Almeida, João Ramos (2017), «Novo emprego. Que emprego?», *Barómetro das crises*, 16, 1–14.

Almeida, João Ramos; Silva, Manuel Carvalho da; Ferreira, António Casimiro; Costa, Hermes Augusto (2017), «A concertação social em tempo de crise», *in* M. Carvalho da Silva; P. Hespanha; J. Castro Caldas (orgs.), *Trabalho e políticas de emprego: um retrocesso evitável*. Lisboa: Actual Editora, 301–361.

Alves, Paulo Marques (2014), «O Movimento Sindical Português no Turbilhão da Crise Global do Sindicalismo», *in* Raquel Varela; Paulo Mattos (orgs.), *Demografia e Relações Laborais*. Lisboa: Edições Colibri, 267–299.

Antunes, Ricardo (2013), *Os sentidos do trabalho: ensaio sobre a afirmação e a negação do trabalho*. Coimbra: Almedina.

Araújo, Sónia (2017), *Aumentar as qualificações em Portugal*. Paris: OECD Publishing.

Bernaciak, Magdalena; Gumbrell-McCormick, Rebecca; Hyman, Richard (2014), *European trade unionism: from crisis to renewal? Report 113*. Bruxelas: European Trade Union Institute.

Bernoux, Philippe (1995), *La sociologie des entreprises*. Paris: Seuil.

Boito Jr., Armando (2003), «A crise do sindicalismo», *in* Marco Aurélio Santana; José Ricardo Ramalho (orgs.), *Além da fábrica: trabalhadores, sindicatos e a nova questão social*. São Paulo: Boitempo Editorial, 319–333.

Boorsma, Peter B. (1994), «Privatization: political and economic considerations», *in* Meine Pieter van Dijk; Nico G. Schulte Nordholt (orgs.), *Privatisation experiences in African and Asia countries*. Amesterdão: SISWO.

Braga, Ruy (2012), *A política do precariado: do populismo à hegemonia lulista*. São Paulo: Boitempo.

Campbell, John L.; Pedersen, Ove K. (orgs.) (2001), *The rise of neoliberalism and institutional analysis*. Nova Jérsia: Princeton University Press.

Campos Lima, Maria da Paz (2016), «O desmantelamento do regime de negociação coletiva em Portugal, os desafios e as alternativas», *Cadernos do Observatório*, 8. Lisboa: Observatório sobre Crises e Alternativas.

Campos Lima, Maria da Paz (2017), «A grande regressão da negociação coletiva: desafios e alternativas», *in* Manuel Carvalho da Silva; Pedro Hespanha; José Castro Caldas (orgs.), *Trabalho e Políticas de Emprego: um retrocesso evitável*. Lisboa: Actual Editora, 219–271.

Campos Lima, Maria da Paz; Martin Artiles, António (2011), «Crisis and trade union challenges in Portugal and Spain: between general strikes and social pacts», *Transfer: European Review of Labour and Research*, 17(3), 387–402.

Campos Lima, Maria da Paz; Martin Artiles, António (2013), «Youth voice(s) in EU countries and social movements in Southern Europe», *Transfer: European Review of Labour and Research*, 19(3), 345–364.

Cantante, Frederico (2018), *O mercado de trabalho em Portugal e nos países europeus. Estatísticas 2018*. Lisboa: Observatório das Desigualdades.

Carneiro, Bia (2018), «Trade unions and Facebook: The need to improve dialogue and expand networks», *ETUI Policy Brief*, 5.

Castel, Robert (2008), *A Discriminação Negativa — Cidadãos ou Autóctones?* Petrópolis, Rio de Janeiro: Vozes.

Castells, Manuel (2013), *Redes de Indignação e Esperança. Movimentos sociais na era da internet*. Rio de Janeiro: Zahar.

Catalano, Ana María (1999), «The crises of trade union representation: new forms of social integration and autonomy-construction», *in* Ronaldo Munck; Peter Waterman (eds.), *Labour worldwide in the era of globalization: alternative union models in the new world order*. Londres: Macmillan Press, 27–40.

CGTP (2014), «Privatizações deixam o país mais pobre», de 17 de novembro de 2014, disponível em http://www.cgtp.pt/cgtp-in/areas-de-accao/accao-reivindicativa/7901--privatizacoes-deixam-o-pais-mais-pobre, acedido em 29.01.2019.

CGTP (2018a), «Resolução — Contra o Acordo Laboral do Governo PS», de 6 de julho de 2018, disponível em http://www.cgtp.pt/cgtp-in/areas-de-accao/accao-reivindicativa/12042--resolucao-contra-o-acordo-laboral-do-governo-ps, acedido em 20.12.2018.

CGTP (2018b), «Combater a precariedade e os baixos salários. Criar mais emprego de qualidade», de 9 de agosto de 2018, disponível em http://www.cgtp.pt/informacao/comunicacao-sindical/12112-combater-a-precariedade-e-os-baixos-salarios-criar-mais--emprego-de-qualidade, acedido em 20.12.2018.

Clausewitz, Carl von (1873), On War [Vom Krieg]. London: N. Trübner & Co [orig. 1832].

Clauwaert, Stefan; Schömann, Isabelle (2012), *The crisis and national labour law reforms: a mapping exercise*. Working Paper. Bruxelas: European Trade Union Institute.

Clegg, Hugh (1976), *Trade unionism under collective bargaining*. Oxford: Basil Blackwell.

Costa, Hermes Augusto (2001a), «Sindicalismo e integração regional: uma visão sobre Portugal e o Brasil», *Sociologia, Problemas e Práticas*, 36, 121–142.

Costa, Hermes Augusto (2001b), «O futuro do trabalho e os caminhos da formação sindical», *Sociedade e Cultura 3 – Cadernos do Noroeste*, 16(1–2), 231–249.

Costa, Hermes Augusto (2002), «A acção sindical na UE e MERCOSUL: limites e desafios», *Revista Crítica de Ciências Sociais*, 62, 69–96.

Costa, Hermes Augusto (2004), «Saving jobs, protecting rights: the Autoeuropa Agreement», *Transfer: European Review of Labour and Research*, 10(1), 123–125.

Costa, Hermes Augusto (2008a), *Sindicalismo global ou metáfora adiada? Discursos e práticas transnacionais da CGTP e da CUT*. Porto: Afrontamento.

Costa, Hermes Augusto (2008b), «A nova confederação sindical internacional», *JANUS: Anuário de Relações Exteriores*, 11, 190–191.

Costa, Hermes Augusto (2012), «From Europe as a model to Europe as austerity: the impact of the crisis on Portuguese trade unions», *Transfer: European Review of Labour and Research*, 18(4), 397–410.

Costa, Hermes Augusto (2017a), «Conselhos de Empresa Europeus militantes? Obstáculos, acordos e boas práticas à luz da experiência portuguesa na VW», *Sociologias*, 19(45), 82–114.

Costa, Hermes Augusto (2017b), «Sindicalismo e atores sociolaborais em contexto de austeridade: do voluntarismo dos protestos ao receio das alianças», *Análise Social*, 224, LII (3.º), 662–688.

Costa, Hermes Augusto (2018a), «O sindicalismo ainda conta? Poderes sindicais em debate no contexto europeu», *Lua Nova*, 104, 259–285.

Costa, Hermes Augusto (2018b), «Work and technology: student and union perceptions in Portugal», *International Union Rights*, 25(3), 22–23.

Costa, Hermes Augusto (2019), «Is the strike still a right? The case of the Portuguese nurses's surgical strile», *International Union Rights*, 26(1), 16–17.

Costa, Hermes Augusto; Araújo, Pedro (2009), *As vozes do trabalho nas multinacionais: o impacto dos Conselhos de Empresa Europeus em Portugal*. Coimbra: Almedina/CES.

Costa, Hermes Augusto; Costa, Elizardo Scarpati (2018), «Precariousness and call centre work: Operators' perceptions in Portugal and Brazil», *European Journal of Industrial Relations*, 24(3), 243–259.

Costa, Hermes Augusto; Costa, Paula Reis (2014), *Conselhos de Empresa Europeus: um estudo dos setores metalúrgico, químico e financeiro em Portugal*. Coimbra: Imprensa da Universidade de Coimbra.

Costa, Hermes Augusto; Dias, Hugo (2016), «The strike as a challenge to the North and to the South», *Workers of the World – International Journal on Strikes and Social Conflicts*, 1(8), 143–159.

Costa, Hermes Augusto; Dias, Hugo; Soeiro, José (2014), «As greves e a austeridade em Portugal: Olhares, expressões e recomposições», *Revista Crítica de Ciências Sociais*, 103, 173–202.

Costa, Hermes Augusto; Estanque, Elísio (2019), «Trade unions and social movements at the crossroads: a Portuguese View», *in* Jürgen R. Grote; Claudius Wagemann (eds.), *Social movements and organized labour. Passions and interests*. London: Routledge, 149–170.

Crouch, Colin (2017), «Membership density and trade union power», *Transfer: European Review of Labour and Research*, 23(1), 47–61.

Crozier, Michel (1981), *O Fenômeno Burocrático*. Brasília: Editorial da Universidade de Brasília [orig. 1963].

Crozier, Michel; Friedberg, Erhard (1981), *L'Acteur et le Système. Les contraintes de l'action collective*. Paris: Editions du Seuil.

Dahrendorf, Ralf (1982), *As classes sociais e os seus conflitos na sociedade industrial*. Brasília: Universidade de Brasília [orig. 1959].

Damasceno Correia, António (2000), «A AutoEuropa: um modelo de produção pós-fordista», *Análise Social*, XXXV (156), 739–779.

Däubler, Wolfgang (2014), «Tendências atuais e perspetivas futuras no direito de trabalho na Europa» (Conferência Internacional, 09.12.2014). Coimbra: Faculdade de Economia da Universidade de Coimbra.

Degryse, Christophe; Tilly, Pierre (2013), *1973–2013. 40 years of history of the European Trade Union Confederation*. Bruxelas: European Trade Union Institute.

Dias, Hugo (2012), "'Greve' e 'Wall Street (Occupy)'", *in* Centro de Estudos Sociais (org.), *Dicionário das crises e das alternativas*. Coimbra: Almedina, 113–114; 215–216.

Dias, Hugo; Fernandes, Lídia (2016), «The November 2012 General Strike and Anti-Austerity Protests — Analysis from the Portuguese case», *Workers of the World*, 1(8), 16–38.

Dörre, Klaus (2017), «Trade unions, power resources and public sociology: a self-experiment», *Österreichische Zeitschrift für Soziologie*, 42(2), 105–128.

Dubet, François (2014), *La préférence pour l'inégalité. Comprendre la crise des solidarités*. Paris: Seuil.

Ebbinghaus, Bernhard; Visser, Jelle (2000), *Trade Unions in Western Europe since 1945*. Londres: Palgrave Macmillan.

Estanque, Elísio (2004), «A reinvenção do sindicalismo e os novos desafios emancipatórios: do despotismo local à mobilização global», *in* Boaventura de Sousa Santos (org.), *Trabalhar o Mundo: os novos caminhos do novo internacionalismo operário*. Porto: Afrontamento, 297–334.

Estanque, Elísio (2005), «Trabalho, desigualdades sociais e sindicalismo», *Revista Crítica de Ciências Sociais*, 71, 113–140.

Estanque, Elísio (2008), «Entre os velhos e os novos activismos: tensões e desafios do movimento sindical», *JANUS: Anuário de Relações Internacionais*, 20, 186–187.

Estanque, Elísio (2009a), «Trabalho, desigualdades e sindicalismo em Portugal», *in* Alfredo Buiza; Enrique Perez (orgs.), *Relaciones Laborales y Ación Syndicale*. Granada: Instituto de Estudios Europeos da Universidad de Valladolid, 127–150.

Estanque, Elísio (2009b), «Diferenças sociais de classe e conflitualidade social», *in* Mário Lages; Artur Teodoro Matos (orgs.), *Portugal Intercultural: Razão e Projeto*. Lisboa: CEPCEP — Universidade Católica Portuguesa / ACIDI — Alto Comissariado para a Integração e Desenvolvimento Intercultural, 123–176.

Estanque, Elísio (2012), *A classe média. Ascensão e declínio*. Lisboa: Fundação Francisco Manuel dos Santos.

Estanque, Elísio (2013), «O Estado social em causa: Instituições, políticas sociais e movimentos sociolaborais no contexto europeu», *in* Filipe Carreira da Silva (org.), *Os Portugueses e o Estado-Providência*. Lisboa: ICS.

Estanque, Elísio (2018), «Desigualdades, tecnologia e revolução», *Oficina do CES*, 442.

Estanque, Elísio; Costa, Hermes Augusto (orgs.) (2011), *O sindicalismo português e a nova questão social: crise ou renovação?* Coimbra: Almedina/CES.

Estanque, Elísio; Costa, Hermes Augusto (2013), «O sindicalismo europeu no centro do vulcão: desafios e ameaças», *JANUS: Anuário de Relações Exteriores*, 16, 176–177.

Estanque, Elísio; Costa, Hermes Augusto (2014), «Austerity policies and trade unionism: a glance at Portugal» [Políticas de austeridade e sindicalismo: um olhar sobre Portugal], *Global Labour Column*, 190, disponível em http://column.global-labour-university.org/2014/12/austerity-policies-and-trade-unionism.html#more, acedido em 12.02.2017.

Estanque, Elísio; Costa, Hermes Augusto (2018), "Trabalho e desigualdades no século XXI: velhas e novas linhas de análise", *Revista Crítica de Ciências Sociais*, Número especial, 261–290.

Estanque, Elísio; Costa, Hermes Augusto; Fonseca, Dora (2018), «Building the 'Contraption': Anti-austerity movements and political alternative in Portugal», *in* Beltran Roca; Emma Martin-Diaz; Iban Diaz-Parra (orgs.), *Challenging austerity. Radical left and social movements in the South of Europe*. Abingdon: Routledge, 111–132.

Estanque, Elísio; Costa, Hermes Augusto; Fonseca, Dora; Santos, Andreia (2018), «Digitalização e precariedade laboral: novos desafios para o sindicalismo e os movimentos sociais no contexto português», *Século XXI — Revista de Ciências Sociais*, 8(2), 589–621.

Estanque, Elísio; Costa, Hermes Augusto; Silva, Manuel Carvalho (2015), «O futuro do sindicalismo na representação sociopolítica», *in* André Freire (org.), *O futuro da representação política democrática*. Lisboa: Nova Vega, 119–142.

Eurofound (2010), *Trade union strategies to recruit new groups of workers*. Luxemburgo: Publications Office of the European Union, disponível em https://www.eurofound.europa.eu/publications/report/2010/trade-union-strategies-to-recruit-new-groups-of-workers, acedido em 03.05.2017.

Eurofound (2014), *Eurofound yearbook 2013: Living and working in Europe*. Luxemburgo: Publications Office of the European Union.

Eurofound (2016a), *The concept of representativeness at national, international and European level*. Luxemburgo: Publications Office of the European Union.

Eurofound (2016b), *New topics, new tools and innovative practices adopted by the social partners*. Luxemburgo: Publications Office of the European Union.

European Trade Union Confederation (2019a), *Organisation and people*, disponível em https://www.etuc.org/en/organisation-and-people, acedido em 29.05.2019.

European Trade Union Confederation (2019b), *ETUC action programme 2019–2023*. Brussels: ETUC.

Fayolle, Jacky (2011), «New skills for new jobs: scope for trade union intervention and sectoral dialogue», *ETUI Policy Brief*, 1. Bruxelas: ETUI.

Ferraz, Marcos (2013), *Disritmia: sindicalismo e economia solidária no interior da CUT*. Dourados: Ed. UFDG.

Ferreira, António Casimiro (2006), *Impacto da negociação colectiva na regulamentação do mercado de trabalho*. Coleção Cogitum, n.º 24. Lisboa: DGEEP/MTSS.

Ferreira, Virgínia; Monteiro, Rosa (2013), *Trabalho, igualdade e diálogo social: Estratégias e desafios de um percurso.* Lisboa: Comissão para a Igualdade no Trabalho e no Emprego.

Foged, Søren K.; Aaskoven, Lasse (2017), «Public sector unions and privatization: evidence from the eldercare sector in Danish municipalities», *Journal of Public Administration Research and Theory*, 27(1), 135–149.

Frege, Carola M.; Kelly, John (2003), «Union revitalization strategies in comparative perspective», *European Journal of Industrial Relations*, 9(1), 7–24.

Gallas, Alexander; J. Nowak, Jörg (2016), «Mass strikes in the global crisis», *Workers of the World*, 1(8), 6–15.

Gallin, Dan (2002), «Labour as a global social force: past divisions and new tasks», *in* Jeffrey Harrod; Robert O'Brien (eds.), *Global unions? Theory and strategies of organized labour in the global political economy*. Londres: Routledge, 235–250.

Ganz, Marshall (2000), «Resources and resourcefulness: strategic capacity in the unionization of Californian agriculture, 1959–1966», *The American Journal of Sociology*, 105(4), 1003–1062.

GEP/MTSS (2016), *Livro verde das relações laborais — 2016: trabalho, solidariedade e segurança Social.* Lisboa: Gabinete de Estratégia e Planeamento do Ministério do Trabalho, Solidariedade e Segurança Social.

Giddens, Anthony (1973), *The class structure of the advanced societies*. London: Hutchinson.

Glassner, Vera; Keune, Maarten (2010), «Negotiating out of the crisis? Collective bargaining in Europe during the economic downturn», *Working paper*, 10. Geneva: ILO, Industrial and Employment Relations Department, 1–26.

Goldthorpe, John (1969), *The affluent worker.* Cambridge: Cambridge University Press.

Goldthorpe, John (1989), *The blackcoated worker: a study in class consciousness.* Oxford: Clarendon Press.

Guardiancich, Igor; Molina, Oscar (2017), *Talking through the crisis: social dialogue and industrial relations trends in selected EU countries*. Genebra: International Labour Office/ILO.

Gumbrell-McCormick, Rebecca; Hyman, Richard (2013), *Trade unions in Western Europe: hard times, hard choices*. Oxford: Oxford University Press.

Hann, Deborah; Hauptmeier, Marco; Waddington, Jeremy (2017), «European Works Councils after two decades», *European Journal of Industrial Relations*, 23(3), 209–224.

Heyes, Jason (2014), *Vocational education and training and the Great Recession: supporting young people in a time of crisis.* Report 131. Bruxelas: ETUI.

Hoffman, Reiner (2000), «European Trade Union Structures and the Prospects for Labour Relations in Europe», *in* Jeremy Waddington; Reiner Hoffmann (orgs.), *Trade unions in Europe: Facing Challenges and Searching for Solutions*. Bruxelas: European Trade Union Institute, 627–653.

Hyman, Richard (1994), «Changing trade union identities and strategies», *in* Richard Hyman; Anthony Ferner (orgs.), *New frontiers in European industrial relations*. Oxford: Blackwell, 108–139.

Hyman, Richard (2001), *Understanding European Trade Unionism: Between Market, Class and Society*. Londres: Sage Publications.

Hyman, Richard (2007), «How can trade unions act strategically?», *Transfer: European Review of Labour and Research*, 13(2), 193–210.

Hyman, Richard (2012), «Can a crisis be an opportunity? The challenges of strategy and democracy». Opening Plenary, Industrial Relations in Europe Conference (IREC). Lisboa, ISCTE, 6 de setembro.

IUR (2013), «Editorial: a right we must defend», *International Union Rights*, 20(2), 2.

Jalette, Patrice; Hebdon, Robert (2012), «Unions and privatization: opening the «black box», *Industrial and Labor Relations Review*, 65(1), 17–35.

Jensen, Carsten S.; Madsen, Jørgen S.; Due, Jesper (1995), «A role for pan-European trade union movement? Possibilities in European IR-regulations», *Industrial Relations Journal*, 26(1), 4–18.

Judt, Tony (2010), *Um tratado sobre os nossos actuais descontentamentos*. Lisboa: Edições 70.

Keune, Maarten; Leschke, Janine; Watt, Andrew (orgs.) (2008), *Privatisation and liberalisation of public services in Europe. An analysis of economic and labour market impacts*. Bruxelas: European Trade Union Institute.

Kloosterboer, Dirk (2008), *Estratégias sindicais inovadoras*. Lisboa: Instituto Ruben Rolo.

Kumar, Pradeep; Murray, Gregor (2006) «Innovation in Canadian unions: patterns, causes and consequences», *in* Kumar Pradeep, Christopher Schenk (orgs.), *Paths to union renewal: Canadian experiences*. Peterborough, Ontário: Broadview Press, 79–102.

Lança, Florival (2010), *Inter Nacional*. Lisboa: ProfEdições.

Lapeyre, Jean (2018), *The European social dialogue. The history of a social innovation (1985–2003)*. Bruxelas: European Trade Union Institute.

Lehndorff, Steffen; Dribbusch, Heiner; Schulten, Thorsten (2017), «European trade unions in a time of crises — an overview», *in* Steffen Lehndorff; Heiner Dribbusch; Thorsten Schulten (orgs.), *Rough waters. European trade unions in a time of crises*. Brussels: European Trade Union Institute, 7–38.

Leitão Marques, Maria Manuela (1990), «A Constituição Económica Portuguesa depois da Revisão Constitucional de 1989», *Oficina do CES*, 19.

Leite, Fausto (2018), «Mudança de empregador e direitos dos trabalhadores», *Público*, 6 de março, 46–47.

Leite, Jorge; Costa, Hermes Augusto; Silva, Manuel Carvalho; Almeida, João Ramos (2014), «Austeridade, reformas laborais e desvalorização do trabalho», *in* José Reis (coord.), *A economia política do retrocesso: crise, causas e objetivos*. Coimbra: CES/Almedina, 127–188.

Lévesque, Christian; Murray, Gregor (2002), «Local versus global: activating local union power in the global economy», *Labor Studies Journal*, 27(3), 39–65.

Lévesque, Christian; Murray, Gregor (2005), «Union involvement in workplace change: a comparative study of local unions in Canada and Mexico», *British Journal of Industrial Relations*, 43(3), 489–514.

Lévesque, Christian; Murray, Gregor (2010), «Understanding union power: resources and capabilities for renewing union capacity», *Transfer: European Review of Labour and Research*, 16(3), 333–350.

Lima, Marinús Pires de; Pires, Maria Leonor; Alves, Paulo (1995), «Transformações das relações laborais em três sectores: os casos das indústrias automóvel, siderúrgica e naval», *Análise Social*, 30(134), 857–879.

Lima, Marinús Pires de; Pires, Maria Leonor; Rodrigues, Maria Eugénia; Duarte, Teresa (1996), «A organização da indústria automóvel na península de Setúbal», *Análise Social*, 31(139), 1117–1182.

Lima, Marinús Pires de; Latas, Ana Guerreiro; Nunes, Cristina (2012), «Boas práticas laborais e negociação coletiva na Autoeuropa e SATA-SNPVAC», *Análise Social*, 47(202), 146–165.

Lousã, Olinda (2011), «Um sindicato ideal é possível! (?)», *in* Elísio Estanque; Hermes Augusto Costa (orgs.), *O sindicalismo Português e a nova questão social: crise ou renovação?* Coimbra: Almedina, 137–170.

Lucena, Manuel de (1985), «Neocorporativismo? Conceito, interesses e aplicação ao caso português», *Análise Social,* 21(87–88–89), 819–865.

Martins, Alda; Machado, Alexandra (2015), *A implosão da PT. Como políticos e empresários se serviram da PT ao longo de 20 anos.* Alfragide: Lua de Papel.

Michels, Robert (2001), *Para uma sociologia dos partidos políticos na democracia moderna.* Lisboa: Antígona.

Moen, Eli (2017), «Weakening trade union power: new forms of employment relations. The case of Norwegian Air Schuttle», *Transfer: European Review of Labour and Research*, 23(4), 425–439.

Moody, Kim (1997a), *Workers in a Lean World. Unions in the International Economy*. Londres: Verso.

Moody, Kim (1997b), «Towards an international social-movement unionism», *New Left Review*, 225, 52–72.

Murray, Gregor (2017), «Union renewal: what can we learn from three decades of research?», *Transfer: European Review of Labour and Research*, 23(1), 9–29.

Naumann, Reinhard (1995), *Privatizações e reestruturações: o desafio para o movimento sindical em Portugal*. Lisboa: Fundação Friedrich Ebert.

Neves, José; Ferreira, José Maria C. (2011), «O conflito nas organizações» e «A negociação como forma de resolução do conflito», *in* José Maria Carvalho Ferreira; António Caetano; José Gonçalves das Neves (orgs.), *Manual de Psicossociologia das Organizações*. Lisboa: McGraw-Hill, 580–601.

Observatório sobre Crises e Alternativas (2018), «Retoma económica: o lastro chamado precariedade», *Barómetro das crises*, 18, 1–10, disponível em https://www.ces.uc.pt/ficheiros2/files/18BarometroCrises_Retoma_precariedade.pdf, acedido em 15.02.2018.

OECD (2016), *Science, technology and innovation outlook 2016*, disponível em http://dx.doi.org/10.1787/sti_in_outlook-2016-en, acedido em 12.05.2018.

Offe, Claus (1995), *Capitalismo desorganizado.* São Paulo: Brasiliense.

OIT (2018), *Trabalho digno em Portugal: da crise à recuperação*. Genebra: Bureau Internacional do Trabalho.

Oliveira, Roberto Véras; Bridi, Maria Aparecida; Ferraz, Marcos (orgs.) (2014), *O sindicalismo na era Lula: paradoxos, perspectivas e olhares*. Belo Horizonte: Fino Traço Editora.

Parkin, Frank (1978), *Class Inequality and Political Order*. Londres: Granada Publications.

Paugam, Serge (2000), *Le salarié de la précarité. Les nouvelles formes de l'intégration profissionnelle*. Paris: PUF.

Pinto, Manuel Serafim (2001), *Tripulantes de cabina da TAP Air Portugal inscritos no SNPVAC. Fragilidade e poder: uma perspetiva sociológica sobre a segurança no transporte aéreo*. Lisboa: Instituto Mediterrâneo da Universidade Nova de Lisboa.

Pinto, Manuel Serafim (2010), *Transporte aéreo e poder político: sob o signo do império*. Lisboa: Editorial Coisas de Ler.

Piven, Frances F. (2008), *Challenging Authority: How Ordinary People Change America*. Plymouth: Rowman & Littlefield.

Portugal, Pedro; Vilares, Hugo (2013), «Sobre os sindicatos, a sindicalização e o prémio sindical», *Banco de Portugal — Boletim Económico (inverno 2013)*, 65–76.

Rebelo, José; Brites, Rui (2012), *A comunicação sindical da CGTP-IN*. Lisboa: CGTP.

Rego, Raquel (2017), «Da legitimidade dos sindicatos para além dos números», *Público*, 6 de setembro.

Rego, Raquel; Alves, Paulo; Silva, Jorge; Naumann, Reinhard (2013), «Os sítios na internet dos sindicatos portugueses», *Sociologia — Problemas e Práticas*, 73, 93–110.

Rego, Raquel; Sprenger, Wim; Kirov, Vassil; Thomson, Greg; Di Nunzio, Daniele (2016), «The use of new ICTs in trade union protests — five European cases», *Transfer: European Review of Labour and Research*, 22(3), 315–329.

Reynaud, Jean-Daniel (1982), *Sociologie des conflits du travail*. Paris: PUF.

Rosanvallon, Pierre (1988), *La question syndicale*. Paris: Calmann-Lévy.

Ross, George (1996), «La grande révolte française contre l'Europe libérale. Noblesse et misères du syndicalisme», *Le Monde Diplomatique*, 502, 14–15.

Ross, George; Martin, Andrew (1999), «European unions face the millennium», *in* Andrew Martin; George Ross (orgs.), *The brave new world of European labor: European trade unions at the millennium*. Nova Iorque: Berghahn Books, 1–25.

Sainsaulieu, Renaud (2014), *L'identité au travail. Les effets culturels de l'organisation*. Paris: Les Presses de Sciences Po [orig. 1977].

Santos, Ariovaldo de Oliveira (2006), «A nova crise do sindicalismo internacional», in Ricardo Antunes (org.), *Riqueza e miséria do trabalho no Brasil*. São Paulo: Boitempo, 447–459.

Santos, Boaventura de Sousa (org.) (2004), *Trabalhar o mundo: os novos caminhos do novo internacionalismo operário*. Porto: Afrontamento.

Schmalz, Stefan; Dörre, Klaus (2013), «El planteamiento de los recursos del poder». Cidade do México: Fundación Friedrich Ebert, disponível em https://bit.ly/2v3GMiE, acedido em 25.05.2018.

Schmalz, Stefan; Ludwig, Carmen; Webster, Edward (2019), «Power resources and global capitalism», *Global Labour Journal*, 10(1), 84–90.

Schmalz, Stefan; Thiel, Marcel (2017), «IG Metall's comeback: trade union renewal in times of crisis», *Journal of Industrial Relations*, 59(4), 465–486.

Schmitter, Philippe (1985), «Neo-corporatism and the State», *in* Wyn Grant (ed.), *The political economy of corporatism. Sociology, politics and cities*. Londres: Palgrave.

Schmitter, Philippe C. (1974), «Still the century of corporatism?», *Review of Politics,* 36, 85–131.

Scipes, Kim (2000), «Social movement unionism: a call for theoretical clarification», *Labour Movements*, 44, 6.

Seidman, Gay (1994), *Manufacturing militance: workers' movements in Brazil and South Africa, 1970–1985*. Berkeley: University of California Press.

Shein, Edgar H. (1985), *Organizational culture and leadership*. San Francisco: Jossey Bass Wiley.

Silva, Manuel Carvalho da (2007a), *Centralidade do trabalho e ação coletiva. Sindicalismo em tempo de globalização*. Dissertação de doutoramento em Sociologia. Lisboa: Instituto Superior de Ciências do Trabalho e da Empresa.

Silva, Manuel Carvalho da (2007b), *Trabalho e sindicalismo em tempo de globalização — reflexões e propostas*. Lisboa: Círculo de Leitores.

Silva, Manuel Carvalho da (2017), «A Altice e o antiemprego», *Jornal de Notícias*, 23 de julho.

Silva, Manuel Carvalho da; Hespanha, Pedro; Caldas, José Castro (orgs.) (2017), *Trabalho e políticas de emprego: um retrocesso evitável*. Lisboa: Actual Editora.

Silver, Beverly J. (2003), *Forces of labor. Workers' movements and globalization since 1870.* Cambridge: Cambridge University Press.

Sousa, Henrique (2011), *Sindicalização: a vida por detrás das estatísticas (alguns problemas metodológicos)*, Working paper. Lisboa: FCSH, Universidade Nova.

Stallabrass, Julian (2012), «Digital partisans: on mutte and the cultural politics of the net», *New Left Review,* 74, 125–139.

Standing, Guy (2011), *The precariat. The new dangerous class*. Londres, Nova Iorque: Bloomsbury Academic.

Stedman-Jones, Gareth (1983), *Languages of class. Studies in English working class history (1832–1982).* Cambridge: Cambridge University Press.

Stoleroff, Alan (2013), «A crise e as crises do sindicalismo: há uma revitalização possível?», *in* Raquel Varela (org.), *A segurança social é sustentável. Trabalho, Estado e segurança social em Portugal*. Lisboa: Bertrand, 207–239.

Stoleroff, Alan; Naumann, Reinhard (1996), "Unions and restructuring of the public sector in Portugal", in P. Leisink, J. Van Leemput & J. Vilrokx (eds.), *The challenges to trade unions in Europe: innovation or adaptation*. Cheltenham: Edward Elgar, 205-220

Supiot, Alain (2007), *Homo juridicus: on the anthropological function of the law*. Londres: Verso.

Tapia, Maite; Alberti, Gabriella (2019), «Social movement unionism: a toolkit of tactics or a strategic orientation? A critical assessment in the field of migrant workers campaigns», *in* Jürgen R. Grote; Claudius Wagemann (orgs.), *Social movements and organized labour. Passions and interests*. Londres: Routledge, 109–127.

Thompson, E. P. (1987), *A formação da classe operária inglesa.* Rio de Janeiro: Paz e Terra (vols. I, II e III) [orig. 1963].

Tilly, Charles (org.) (1975), *The formation of national states in Western Europe*. Princeton: Princeton University Press.

Towalski, Rafal (2002), «Employers' organizations examined [Poland], European Observatory of Working Life», *Eurofound*, disponível em http://www.eurofound.europa.eu/observatories/eurwork/articles/employers-organisations-examined-0, acedido em 30.12.2017.

Vandaele, Kurt (2012), «Youth representatives' opinions on recruiting and representing young workers: A twofold unsatisfied demand?», *European Journal of Industrial Relations*, 18(3), 203–218.

Vandaele, Kurt (2018), «Will trade unions survive in the platform economy? Emerging patterns of platform workers' collective voice and representation in Europe», *Working Paper 2018/05*. Bruxelas: European Trade Union Institute.

Visser, Jelle (1995), «Trade unions from a comparative perspective», *in* Joris van Ruysseveldt; Rien Huiskamp; Jacques van Hoof (orgs.), *Comparative industrial & employment relations*. Londres: Sage, 37–67.

Visser, Jelle (1996), «Traditions and transitions in industrial relations: a European view», *in* Joris van Ruysseveldt; Jelle Visser (orgs.), *Industrial relations in Europe: traditions and transitions*. Londres: Sage, 1–41.

Visser, Jelle (2002), «Why Fewer Workers Join Unions in Europe: A Social Custom Explanation of Membership Trends», *British Journal of Industrial Relations*, 40(3), 403–430.

Visser, Jelle (2012), «The rise and fall of industrial unionism», *Transfer: European Review of Labour and Research*, 18(2), 129–141.

Waddington, Jeremy (1999), «Situating labour within globalization debate», *in* Jeremy Waddington (org.), *Globalization and patterns of labour resistance*. Londres: Mansel, 1–28.

Waddington, Jeremy (2005), «What difference has the merger process made?», *in* Jeremy Waddington (ed.), *Restructuring representation: the merger process and trade union structural development in ten countries*. Bruxelas: PIE-Peter Lang, 375–411.

Waddington, Jeremy (2014), *Trade union membership retention and workplace representation in Europe: Questions on the renewal of trade union organization*. Working paper. Bruxelas: European Trade Union Institute, 1–64.

Waddoups, C. Jeffrey (2014), «Union membership and job-related training: incidence, transferability, and efficacy», *British Journal of Industrial Relations* 52(4), 753–778.

Waterman, Peter (1998), *Globalisation, social movements and the New Internationalisms*. Londres: Mansell.

Waterman, Peter (2002), «O internacionalismo na era de Seattle», *Revista Crítica de Ciências Sociais*, 62, 33–68.

Waterman, Peter (2012a), «An emancipatory global labour studies is necessary!», *Interface: a Journal for and about Social Movements*, 4(2), 317–368.

Waterman, Peter (2012b), *Recovering internationalism. Creating the new global solidarity: labour, social movements and emancipation in the 21st century* (*e-book*). Helsínquia: Into Publishing Books, disponível em http://www.into-ebooks.com/book/recovering_internationalism, acedido em 03.05.2017.

Weber, Max (1992), *Economia y sociedad*. Buenos Aires: Fondo de Cultura Económica [orig. 1922].

Wright, Erik Olin (2000), «Working-class power, capitalist-class interests, and class compromise», *American Journal of Sociology*, 105(4), 957–1002.

Yannakourou, Matina; Tsimpoukis, Chronis (2014), «Flexibility without security and deconstruction of collective bargaining: the new paradigm of labor law in Greece», *Comparative Labor Law & Policy Journal*, 35(3), 331–370.